# लक्ष्मण गायकवाड़

लक्ष्मण गायकवाड़ का जन्म 23 जुलाई, 1956 को धनेगाँव, लातूर, महाराष्ट्र में हुआ। शोषित, पीड़ित समुदायों में सामाजिक परिवर्तन लानेवाले और विमुक्त, घुमन्तू जमातों के लोगों को न्याय तथा उनके अधिकार दिलाने के लिए वे 1978 से कार्यरत हैं। वे महाराष्ट्र में 'विमुक्त भटके (घुमन्तू) संघर्ष महासंघ' के व्यवस्थापकीय अध्यक्ष भी हैं। कामगार, खेत मज़दूर, होटल बॉयज, स्त्री-मुक्ति आदि आन्दोलनों में इनकी सक्रिय सहभागिता रही है। वे 1984 में निकली विमुक्त घुमन्तू लोगों की शोधयात्रा के संयोजक भी रहे हैं।

उनकी पुस्तक 'उचल्या' का अनुवाद हिन्दी, अंग्रेज़ी, कन्नड़, तेलुगू, उर्दू, फ्रेंच, बांग्ला भाषाओं में हुआ। उनकी कृति 'वडार वेदना' भी काफ़ी चर्चित हुई। वे साहित्य अकादेमी के भूतपूर्व जूनियर मेम्बर, सोसायटी फ़ॉर कम्यूनल हार्मनी, दिल्ली के भूतपूर्व जूनियर मेम्बर और राष्ट्रीय मानवाधिकार आयोग के सदस्य रह चुके हैं।

श्री गायकवाड़ 'साहित्य अकादेमी पुरस्कार', 'समता पुरस्कार', 'संजीवनी पुरस्कार', 'महाराष्ट्र गौरव पुरस्कार', सार्क राष्ट्रों द्वारा दिए जानेवाले 'अन्तरराष्ट्रीय पुरस्कार' से सम्मानित किए जा चुके हैं।

# उचक्का

लक्ष्मण गायकवाड़

अनुवाद
डॉ. सूर्यनारायण रणसुभे

राधाकृष्ण पेपरबैक्स

पहला पुस्तकालय संस्करण
राधाकृष्ण प्रकाशन प्राइवेट लिमिटेड द्वारा
1992 में प्रकाशित

राधाकृष्ण पेपरबैक्स में
**पहला संस्करण :** 2001
**पाँचवाँ संस्करण :** 2024



---

**राधाकृष्ण पेपरबैक्स :** उत्कृष्ट साहित्य के जनसुलभ संस्करण

---

राधाकृष्ण प्रकाशन प्राइवेट लिमिटेड
जी-17, जगतपुरी, दिल्ली-110 051
द्वारा प्रकाशित

**शाखाएँ :** अशोक राजपथ, साइंस कॉलेज के सामने, पटना-800 006
पहली मंजिल, दरबारी बिल्डिंग, महात्मा गांधी मार्ग, प्रयागराज-211 001
1, अनमोल सोराबजी संतुक लेन, धोबी तलाव, मरीन लाइंस, मुम्बई-400 002
वेबसाइट : www.radhakrishnaprakashan.com
ई-मेल : info@radhakrishnaprakashan.com

बी.के. ऑफसेट
नवीन शाहदरा, दिल्ली-110 032
द्वारा मुद्रित

**मूल्य :** ₹250

UCHAKKA
*Autobiography* by Lakshman Gayakwad

ISBN : 978-81-7119-617-3

# लेखक की ओर से

जिस समाज में मैं जनमा, उसे यहाँ की वर्ण-व्यवस्था और समाज-व्यवस्था ने नकारा है। सैकड़ों नहीं, हजारों वर्षों से मनुष्य के रूप में इस व्यवस्था द्वारा नकारा गया मेरा यह समाज पशुवत् जीवन जीने के लिए मजबूर किया गया। अंग्रेज सरकार ने तो 'गुनहगार' का ठप्पा हमारे समाज पर लगा दिया और सबने हमारी ओर गुनहगार के रूप में ही देखा और आज भी उसी रूप में देख रहे हैं। रोजी-रोटी के सभी साधन और सभी मार्ग हमारे लिए बंद कर दिए गए और इस कारण चोरी करके जीना ही एक मात्र उपाय हमारे सम्मुख शेष रह गया। हम पर थोपे गए चोरी के इस व्यवसाय का उपयोग ऊपरवालों ने अपनी स्वार्थपूर्ति के लिए किया। सम्भवतः विश्व-भर में हमारी एकमात्र जाति होगी, जिसे जन्म से ही गुनहगार घोषित किया गया है, जिनके माथे पर जन्म से ही 'अपराधी' की मुहर लगाई गई है। आखिर ऐसा क्यों हुआ ? इसका समाजशास्त्रीय अध्ययन कभी तो होगा ही।

बचपन से ही मैं अपने आसपास उठाईगीरों की दरिद्रता, उनकी मजबूरी, भूख के कारण होनेवाली उनकी छटपटाहट और अभावग्रस्तता को देखता आ रहा हूँ। धीरे-धीरे मैं कार्यकर्ता के रूप में उभरने लगा। इस समाज में जीते समय इनमें से प्रत्येक के भीतर होनेवाली छटपटाहट को मैं महसूस कर रहा था। उनकी इन व्यथाओं के रूप में जीने का हमें हक है, इस उठाईगीरी से दूर रहकर, अपने पैरों पर खड़े होकर हमें जीना चाहिए, शिक्षा लेनी चाहिए, अन्याय के विरोध में संगठित हो जाना चाहिए, आदि बातें मैं अपने तरीके से उन्हें समझा रहा था। यह कहते समय मैंने यह महसूस किया कि इस व्यवस्था में स्थित तथाकथित प्रतिष्ठितों, बुद्धिजीवियों और मध्यमवर्गियों को मेरे समाज के दुःखों की कल्पना ही नहीं है। इसलिए इनकी व्यथा को सबके सम्मुख प्रस्तुत करने के उद्देश्य से ही यह लेखन मैंने किया है। अपने पूर्वग्रहों को दूर रखकर प्रस्थापित समाज हमारी ओर नए ताजे मन से देखे, विचार करे और साथ ही इन जनजातियों में तैयार होनेवाले नवशिक्षित युवक इस समाज के प्रति अपनी प्रतिबद्धता बनाए रखें--इस दोहरे उद्देश्य से मैंने यह आत्मकथा लिखी है।

रोटी और छत प्राप्त करने के सभी कानूनी रास्ते बन्द हो जाने के कारण चोरी कर जीनेवाला समाज एक ओर है, तो कानून के अन्तर्गत, कानूनी ढंग से करोड़ों की चोरी करनेवाला तथाकथित प्रतिष्ठित और सुशिक्षित समाज दूसरी ओर है। रिश्वत और

भ्रष्टाचार से लाखों रुपए कमानेवाले लोग यहाँ 'अपराधी', 'गुनहगार' नहीं माने जाते, परन्तु भूख से परेशान होकर 15-20 रुपयों की चोरी करनेवाले यहाँ 'गुनहगार' माने जाते हैं। अपनी सारी भौतिक जरूरतें पूरी हो जाने के बाद भी केवल ऐशो-आराम के लिए गैरकानूनी ढंग से रिश्वत लेने और देनेवाले लोग यहाँ हैं।

इस समाज व्यवस्था की ओर जब मैं गौर से देखता हूँ तो बेचैन हो जाता हूँ। यह महसूस करने लगता हूँ कि मेरे समाज पर सैकड़ों वर्षो से अन्याय होता रहा है। उनके कल्याण के लिए योजनाएँ कार्यान्वित नहीं होती हैं और जो थोड़ी-बहुत होती हैं, वे उन तक पहुँच ही नहीं पातीं। मनुष्य के रूप में जीने का उनका अधिकार ही इस व्यवस्था ने छीन लिया है। ये अधिकार अचानक और एक रात में मिलनेवाले नहीं हैं। इसके लिए निरन्तर जागृति, संघर्ष और संगठन की जरूरत है। इसके साथ ही प्रस्थापित समाज को अन्तर्मुख होकर अपनी सोच की दिशा को बदल लेना भी जरूरी है।

कार्यकर्ता के रूप में मैं समाज के विविध लोगों के बीच घूमता रहा हूँ। मैंने यह अनुभव किया है कि नैतिक मूल्य और ईमानदारी की हमारी संकल्पना में जबरदस्त विसंगति है। हम लोगों ने प्रत्येक जाति के चरित्र को लेकर, उसकी ईमानदारी को लेकर भिन्न-भिन्न परिधियाँ बना रखी हैं। इन परिधियों के अनुसार ही हम प्रत्येक का मूल्यांकन करते रहे हैं। इन भिन्न-भिन्न परिधियों के कारण ही पूरा समाज एक ढोंगी जीवन जी रहा है। इसमें वे ही रौंदे जा रहे हैं, जो उपेक्षित हैं, गरीब हैं, जन्म से गुनहगार माने गए हैं, इच्छा होते हुए भी जिन्हें ईमानदारी का जीवन जीने नहीं दिया जाता। यह सब बदल देने की इच्छा होती है। बदलेगा कि नहीं, यह भविष्य ही बताएगा।

यह आत्मकथा वास्तव में एक कार्यकर्ता का मुक्त चिंतन है। इस कारण इस आत्मकथा का साहित्यिक मूल्यांकन करने की अपेक्षा समाजशास्त्रीय मूल्यांकन हो—यह अपेक्षा है। संवेदनशील मन की एक ईमानदार अभिव्यक्ति ही यह लेखन है। इस लेखन के मूल में 'उपराकार' लक्ष्मण माने और विमुक्त जनजाति के कार्याध्यक्ष श्री बालकृष्ण रेणके की प्रेरणा महत्त्वपूर्ण रही है। कार्यकर्ता के रूप में जब मैं अनेक सभाओं-बैठकों में अपने कड़वे अनुभवों को सुनाया करता था, तब इन दोनों ने आग्रह किया कि यह सब मैं लिख डालूँ। आन्दोलन के लिए इसकी आवश्यकता है। कहना आसान होता है, पर लिखना मुश्किल—इसका अहसास मुझे बाद में कदम-कदम पर होने लगा। ऐसे समय 'अक्करमाशी' के लेखक शरणकुमार लिंबाले ने मेरी बहुत सहायता की। मेरे लेखन को उन्होंने व्यवस्थित रूप देने का प्रयत्न किया। बावजूद इसके, मुझे इसकी सीमाओं का तीव्रता से अहसास हो रहा था। श्री शरणकुमार लातूर से काफी दूर थे। इस कारण इस पर अंतिम नजर डालना उनके लिए संभव नहीं था। ऐसे समय दयानंद कला महाविद्यालय, लातूर के अंग्रेजी और हिन्दी के प्राध्यापक सर्वश्री गो.न. मग्गीरवार और डॉ. सूर्यनारायण रणसुभे मेरी सहायता के लिए आए। उनके प्रयत्न से यह आत्मकथा व्यवस्थित आकार लेती गई। बहुत कम समय में मुद्रण के लिए पांडुलिपि तैयार करनी थी। इसके लिए दयानंद कला महाविद्यालय के बी.ए. और एम.ए. के कुछ छात्र निष्ठा

के साथ लिखने बैठे। सर्वश्री शिंदे, डावरे, पवार, तांदले, घोड़के, राठोड़कर और कु. कोष्ठगाँवकर ने इस कार्य में भरपूर सहयोग दिया। श्री धनंजय कुलकर्णी, सौ. मंजु फलटणकर और मेरे अन्य युवा मित्रों ने रात-दिन काम कर पांडुलिपि तैयार कर दी। उन्हें ही इसका श्रेय देना उचित है। इन युवा मित्रों ने सामाजिक प्रतिबद्धता को स्वीकार किया है। इसी कारण आन्दोलन के एक महत्त्वपूर्ण अंग के रूप में उन्होंने इसे देखा है। इनके सहयोग और प्रेरणा के कारण ही यह आत्मकथा आपके सम्मुख प्रस्तुत हो पा रही है।

सामाजिक कार्य करते समय श्री प्रवीण महाजन ने ऑक्सफॉम से मुझे आर्थिक सहयोग दिलाया। यह सहायता उन दिनों मेरे लिए बहुत उपयोगी साबित हुई।

उपेक्षित समाज का एक युवक रोजी-रोटी की तलाश में लातूर आता है, सूतगिरनी में मजदूर बन जाता है और 15 अगस्त को बहुत बड़े समूह के सम्मुख–जीवन में पहली बार 5-10 वाक्य बोलता है--ऐसे इस अर्धशिक्षित, उपेक्षित युवक को तैयार करने का काम एड. भगवानराव देशपांडेजी ने पूरी निष्ठा के साथ किया है। बाद में वह युवक श्री आसाराम गुरुजी, प्रा. मोतीराम राठोड़ व श्री यल्लप्पा वैदू गुरुजी के सम्पर्क में आया। इस कारण उस युवक का अर्थात् मेरा आत्मविश्वास बढ़ने लगा। श्री लक्ष्मण माने और श्री बालकृष्ण रेणके के साथ मैं आज भी काम कर रहा हूँ। मेरे साढू श्री डी.एस. गायकवाड़ और प्रा. बी.एल. गायकवाड़ ने समय-समय पर मेरी काफी सहायता की है।

इस पूरी प्रक्रिया में मेरी पत्नी श्रीमती छबूबाई विविध आन्दोलनों में परछाईं की तरह मेरे साथ ही नहीं रहीं, पूर्ण सहयोग भी करती रही हैं। अशिक्षित ग्रामीण परिवेश की यह स्त्री मेरे साथ पूरी निष्ठा के साथ खड़ी है। इस स्त्री ने जो त्याग किया है, मन की जिस उदारता का परिचय दिया है, उसी के कारण आज मैं जीवन में इतनी मजबूती के साथ खड़ा हूँ।

महाराष्ट्र के उपेक्षित और संवेदनशील युवकों की आत्मकथाओं को प्रकाशित करने का व्रत श्री विद्या प्रकाशन, पुणे के श्री मधुकाका कुलकर्णी ने लिया है। उनके निरंतर आग्रह के कारण ही मैं इस लेखन को पूर्ण कर सका। आप तक यह आत्मकथा ले आने का श्रेय श्री मधुकाका को ही जाता है।

**–लक्ष्मण गायकवाड़**

1 अगस्त, 1987
तिलकनगर
लातूर-413512

जिस समूह के पास न कोई अपना गाँव है, न खेत, न कोई जाति और न जन्मदिन के हिसाब-किताब की पद्धति—ऐसी ही एक जाति में मैं जनमा। लातूर तहसील के धनेगाँव नामक गाँव की एक उठाईगीर जाति में मेरा जन्म हुआ। इस धनेगाँव को ही मैं अपना 'वतन का गाँव' कहता हूँ। जब मैं छोटा था तब मेरे घर पर घास-फूस का छप्पर था। यह छप्पर मुझे गौरैया के घोंसले की तरह लगता। जमीन पर बैठकर रेंगते हुए ही हम सबको इस घर के भीतर जाना पड़ता था। दादी तरसाबाई घर का खर्चा चलाती थी। दादा बेकार हो चुका था। उसे दिन में दो बार पुलिस-स्टेशन में हाजिरी लगवानी पड़ती थी। इस कारण वह कोई काम नहीं कर सकता था। वैसे बहुत पहले से हमारा पूरा घर दादा लिंगप्पा ही चलाता था। दूर-दराज के फैले गाँवों में वह जेब काटने, उठाईगीरी करने जाता था और घर चलाता था। इस पूरे इलाके में उन दिनों वह उठाईगीरों में बहुत मशहूर था। निजाम सरकार में उसका नाम एक प्रमुख उठाईगीर के रूप में लिया जाता था। हुआ ऐसा कि एक बार शराब के नशे में वह चोरी करने गया। जेब काटने के लिए वह बाजार में घूम रहा था। धोती में बड़ी हिफाजत से रखे पैसों को उड़ाने के लिए वह शिकार के पास गया। पर नशे की हालत में ब्लेड गलत जगह चल गया। परिणामतः उस आदमी की जाँघ बुरी तरह कट गई। खून बहने लगा। वह आदमी जोर-जोर से चिल्लाने लगा। तब पुलिसवालों ने दादा को रँगे-हाथ पकड़ लिया। उसे खूब पीटा। उसे लेकर वे घर की तलाशी के लिए आए। कुत्ते के पिल्ले की तरह उस घास-फूस की झोंपड़ी में मैं कम्बल ओढ़े लाश की तरह पड़ा हुआ था। दादा के हाथों में हथकड़ियाँ थीं। पुलिसवाले पूछ रहे थे, "बोल कहाँ रखा है पैसा, सोना—बोल, नहीं तो बहुत पिटाई होगी।" दादा कह रहा था, "देखो साब, घर में कहाँ कुछ है।" पुलिसवालों ने कहा, "तेरी राँड़ को मालूम होगा।" और दादी के बालों को खींच वे उसे भी पीटने लगे। मेरी माँ, धोंड़ाबाई, 'पुलिस आई है' यह सुनकर ही जंगल की ओर भाग गई थी।

झोंपड़ी में जो भी स्त्री-पुरुष और बच्चे दीख रहे थे, पुलिसवाले उन्हें बेतहाशा पीटने लगे। "घर में क्या है बता," दादी से पूछते हुए पुलिसवाले दादी के स्तनों को पकड़कर उसे भी पीटने लगे। काफी देर बाद, सबकी पिटाई कर, वे दादा को ले गए। कई महीनों तक उसे जेल में रखा। दादा जिस दिन जेल से निकला उस दिन उस पर यह बन्धन डाला गया कि दिन में दो बार सबेरे और शाम पुलिस-स्टेशन पर वह हाजिरी के लिए आए।

पुलिसवालों ने अब दादा को 'मुखबिर' बना लिया था। हमारी बिरादरी में कौन-कौन चोरी करते हैं, उनके नाम वे पूछते और इसके लिए वे उन्हें इनाम भी देते।

इसलिए कई बार पुलिस चोरों का पता लगवाने के लिए दादा को साथ ले जाती। अगर किसी दिन किसी कारण दादा पुलिस-स्टेशन नहीं जाता तो स्वयं पुलिस घर आती और घर में उपस्थित सबको बुरी तरह से पीटती। इसी कारण दादा उठाईगीरी करना छोड़ हाजिरी के लिए पुलिस थाने जाने लगा। निजाम सरकार का मुखबिर बन काम करने लगा। बिरादरी के कई लोग इस कारण पकड़े जाने लगे।

मेरे पिताजी मारतंड बाबा को 'यह उठाईगीरों की जाति का है' कहकर लोग मजदूरी का कोई काम न देते। माँ धोंड़ाबाई को भी खेतों पर काम न दिया जाता। इस कारण दादी चोरी करने मेले में जाने लगी। छोटे बच्चों और स्त्रियों के गले से लाकेट, अलग-अलग प्रकार के सोने-चाँदी के हार, कभी दाँतों से तो कभी 'भारत' ब्लेड से वह काट लाती। साहूकार के पास मिट्टी के मोल बेचती और घर चलाती। कभी-कभार गाँव में उठाईगीरों की तलाश के लिए पुलिस आती। तब जिस साहूकार के यहाँ दादी चोरी का यह सारा माल बेचती, वह और गाँव का पटेल पुलिसवालों को पैसे देकर उन्हें वापस लौटाते। हमारे घर किसी सदस्य को अथवा बिरादरी के किसी को भी अगर गाँव के बाहर जाना हो तो पुलिस-पटेल का प्रमाण-पत्र लेना पड़ता था। पुलिस-पटेल इस दाखिले के लिए काफी बड़ी घूस लेता था। बगैर प्रमाण-पत्र के हम लोग कहीं भी नहीं घूम सकते थे। किसी जानवर को अगर कहीं बेचना हो या एक गाँव से दूसरे गाँव ले जाना हो तो जैसे उसके लिए प्रमाण-पत्र लेना पड़ता है और ऐसे प्रमाण-पत्र के बगैर उस जानवर का सौदा भी नहीं होता, ठीक उस जानवर की तरह हमारी बिरादरी का हाल था। पुलिस-पटेल का प्रमाण-पत्र हो, तब ही दूसरे गाँव का पुलिस-पटेल हमें अपने गाँव में टिकने देता और वह भी केवल तीन दिन के लिए। प्रमाण-पत्र न हो, तो उस गाँव का पुलिस-पटेल हमें चोर समझ बिना किसी अपराध के 'अंदर' कर देता। इस कारण मुझे छोड़कर--क्योंकि मैं सबसे छोटा था--सबके पास प्रमाण-पत्र थे। बिना प्रमाण-पत्र के अगर हम किसी दूसरे गाँव पहुँचते, तो वहाँ का पुलिस-पटेल हम पर चोरी का इलजाम लगाता और खूब पिटाई करता तथा जो भी हमारे पास होता, ले लेता। इस कारण हम उठाईगीरों के घरों में प्रमाण-पत्र का महत्त्व भगवान् से अधिक था। जेब काटने के लिए उपयोगी भारत ब्लेड तो हमें घर की साक्षात् लक्ष्मी लगता।

चोरी करने हेतु या बाहर निकलते समय एक मुर्गा खरीद लाते और ब्लेड से उसे काटते, उस मुर्गे का खून ब्लेड पर तथा प्रमाण-पत्र पर छिड़कते और कहते, "भगवान्, हमें यश दे, पुलिस से बचा ले।" इस प्रकार की कई कामनाएँ करते हुए मंदिर में भगवान् की मूर्ति के सम्मुख झुककर जैसे प्रणाम किया जाता है, ठीक उसी तरह हम सभी बारी-बारी से ब्लेड तथा प्रमाण-पत्र को प्रणाम करते।

दुनिया के सभी लोगों को अपने प्राणों का अत्यधिक मोह होता है। यमदूत शब्द के उच्चारण से ही प्राण लेनेवाला वह जीव सामने दीखने लगता है और आदमी भयभीत हो जाता है। ठीक इसी तरह, मेरे घर जब पुलिस आती, तब मानो यमदूत का बाप ही घर आया है, ऐसा मुझे लगता। मेरी जान वह ले जाएगा, ऐसा डर लगता। घर की

तलाशी लेने जब पुलिस आती, घरवालों को पीटने लगती, तब उस पिटाई को देखकर कई बार मैं नेकर में ही पेशाब कर गया हूँ, हग चुका हूँ। पुलिसवालों की पिटाई से डरकर दादा उनका मुखबिर बन चुका था और तब से हमारी बिरादरी के कई लोगों को पुलिस पकड़ ले गई थी। परिणामतः बिरादरी के अधिकांश लोग हमसे खार खाते थे। एक बार हम लोगों की बिरादरी की पंचायत बैठी, उसमें यह तय किया गया कि लिंगप्पा गायकवाड़ (मेरा दादा) मुखबिर बन चुका है, इस कारण अब धन्धा करना मुश्किल हो गया है। चोरी छोड़कर मेहनत-मजदूरी की इच्छा सबकी है, पर उठाईगीर कहकर कोई काम तो नहीं देता। बाल-बच्चे भूख से परेशान हो रहे हैं। इसलिए जात-पंचायत ने यह तय किया कि लिंगप्पा को खत्म करना जरूरी है। बुढ़ापे में पुलिसवालों की पिटाई वह सह नहीं पा रहा है, इसलिए उसका स्थायी बन्दोबस्त जरूरी है। अन्त में, एक भयानक रात में, हमारी झोंपड़ी के छप्पर को फाड़कर कुछ लोग भीतर आए। दादा के मुँह में उन्होंने कपड़ा ठूँस दिया और कुल्हाड़ी से उसके टुकड़े कर दिए। केस को पुलिस-स्टेशन में जाने ही नहीं दिया गया। बिरादरी के निर्णय के विरुद्ध हमारे यहाँ कोई भी पुलिस में जा ही नहीं सकता। तब भी नहीं, आज भी नहीं। दादा की लाश को जात-पंचायत ने जला दिया। मानो उसकी स्वाभाविक मौत हुई हो। कोई चर्चा नहीं, कोई शिकायत नहीं। अब घर की सारी जिम्मेदारी दादी के कंधों पर आ गई।

दादा की मौत के बाद बिरादरी के लोग निर्भय होकर चोरियाँ करने लगे। 'संतामुच्चर' नामक हमारी इस जाति को देशभर में पहचान मिल चुकी है। तेलुगु भाषा में हमारी जाति को संतामुच्चर कहा जाता है। हमारी जाति की भाषा तेलुगु है। 'संता' शब्द का अर्थ है बाजार, 'मुच्चर' का अर्थ है चोरी करनेवाला, उठाईगीर। संतामुच्चर का अर्थ हुआ—हर सप्ताह भरनेवाले बाजार में चोरी करनेवाला। हमारी सही जाति क्या है, यह मुझे नहीं मालूम। हमारी जाति के दो ही कुलनाम हैं—जाधव और गायकवाड़। विवाह हेतु जाधव गायकवाड़ को लड़का-लड़की देंगे या गायकवाड़ जाधव को। जाधव जाधव या गायकवाड़ गायकवाड़ में बेटी-व्यवहार नहीं होता। ये दो कुलनाम प्रमुख हैं, अलावा इसके इन दोनों कुलनामों में अनेक उपकुल हैं। गायकवाड़ों में उड़ोनोर, बुमोनीर, काकपीटनोर, जाधवों के कासकोनोर, पपोनोर, इलेनोर आदि उपकुल हैं। इन सभी बारीकियों की चर्चा के बाद ही विवाह तय किए जाते हैं। वैसे हमारी जाति का महाराष्ट्र में एक नाम नहीं है, अनेक नाम दिए गए हैं। पाथरूट, टकारी, भामटा, उचले, गीरनेवड़ार कामाटी, घंटी-चोर, वड़ार आदि विभिन्न नामों से हमारी पहचान होती है। अलग-अलग जिलों में, अलग-अलग विभागों में अलग-अलग नामों से हम जाने जाते हैं। इस कारण महाराष्ट्र में हमारी एक जाति नहीं है। अनेक जातियों के नाम लेने पड़ते हैं।

माँ-बाप के अलावा किसी दूसरे रिश्तेदार की कोई जानकारी मुझे नहीं है। हमारी जड़ें कहाँ हैं, हम कहाँ से आए, इसका कोई इतिहास मुझे मालूम नहीं है। मामा, मौसी, चाचा, ताऊ कुछ भी नहीं मालूम।

उठाईगीरी करनेवाले हमारे पूर्वजों को पकड़-पकड़कर निजाम सरकार ने कभी

बेजेपल्ली का सबसे बड़ा तालाब बनवाया था। तालाब खुदवाने के काम पर हमारी बिरादरी के हजारों लोगों को जबरदस्ती लगाया गया था। उस स्थान पर उन दिनों पुलिस रात-दिन हाजिरी लेती थी। इस कड़ी निगरानी में से भी मेरी दादी और माँ-बाप धनेगाँव भागकर आए थे। यहीं बस गए। मेरी दादी चोरी करती। कभी वह पकड़ी जाती तो पुलिस दो-तीन महीने उसे जेल में डाल देती। फिर घर में फाके पड़ते। घर में जब कुछ न होता तो बाबा (मैं अपने पिताजी को बाबा कहता हूँ, मारतंड उनका नाम है), माँ धोंड़ाबाई, बड़ा भाई माणिकदादा रात को दूर खेतों की ओर निकल जाते, जवार के भुट्टे, मिर्च, बाजरा और फलियाँ चोरी कर ले आते। हम सभी भाई-बहन घर में भूखे बैठे रहते। काफी देर रात में वे आते। भुट्टों से जवारी निकाली जाती। उसे कूटते और पकाकर खाते। माणिकदादा को चोरी सिखलाने के लिए हमारे बहनोई—नेवली के संतराम—एक दिन धनेगाँव आए। माणिकदादा को उन्होंने भाड़गाँव के सखाराम के दल में भरती करा दिया। संतराम और सखाराम दादा को चोरी सिखलाने लगे। दल के सभी लोग माणिकदादा को जूतों से पीटते थे। इस पिटाई को दादा सहन नहीं कर पा रहा था। दादा जब घर आता तो कहता कि दल के लोग उसे गठरियाँ और चप्पलें चोरी करने के लिए कहते हैं। जब वह यह नहीं करता तब बेतहाशा पीटते हैं। लड़का हो या लड़की, आठ-नौ वर्ष की आयु से ही हमारी जाति में उसे बेतहाशा पीटा जाता है, केवल इस उद्देश्य से कि आगे चलकर चोरी करते समय या बाद में अगर पुलिसवाले उसे पकड़ लें और पीटने लगें, तो उसकी जुबान से किसी और का नाम न निकले। इस कारण चोरियाँ करने की विधि सिखलाने के पूर्व मार खाने की शिक्षा हमारे यहाँ दी जाती है।

एक बार माणिकदादा को रेणापुर के बाजार में चोरी करते हुए लोगों ने पकड़ लिया। "चप्पलें चुराता है, बता, तेरे और साथी कहाँ हैं ?" पिटाई शुरू हुई। अधिक पिटाई के डर से दादा की जुबान खुल गई। गिरोह के संतराम और तुकाराम तो पहले ही भाग चुके थे। जैसे-तैसे दादा भी वहाँ से निकल आया। गिरोह के सदस्यों को बताया, "लोगों ने मुझे बेतहाशा पीटा।" सब चुप थे। दूसरे दिन, उन्होंने मछली पकड़ने के बहाने माणिकदादा को नदी किनारे बुलाया। गिरोह के अन्य सदस्य मछलियाँ पकड़ रहे थे। काफी मछलियाँ इकट्ठी हो गईं। दोपहर तक काफी धूप चढ़ आई। रेत खूब गरम हो गई। अब संतराम और तुकाराम दादा को गालियाँ देने लगे—"माणक्या, तेरी माँ... बामन-लाला की तरह पिटाई से घबराने लगा है तू, चोरी करते समय पकड़े जाने पर दल के अन्य सदस्यों के नाम बताता है, अपनी जाति की बेइज्जती कराता है तू...तेरी माँ की..." सबके सब दादा को गालियाँ देने लगे। भूख तो सबको लग ही चुकी थी। दादा को मछलियाँ भूनने के लिए कहा गया। उसने घास-फूस इकट्ठी की। चार पत्थर रखकर आग जलाई। भोजन के लिए धीरे-धीरे सब इकट्ठे हो गए। दादा को भी तेज भूख लगी थी। खाना खाने के लिए वह हाथ में रोटी ले चुका था, भुनी मछली खाने की वह सोच ही रहा था कि उसी समय बहनोई संतराम और तुकाराम ने उसे अपने पास बुलाया और पूछने लगे, "बता, पकड़े जाने पर अपना और हम सबका सही नाम

तूने क्यों बताया ? इतनी देर तू वहाँ क्या करता रहा ? तूने चोरी क्यों नहीं की ?"

दादा कहने लगा, "वे लोग मेरी आँखों में मिर्च डालकर मेरी पिटाई कर रहे थे। मुझे यह सब असह्य हो रहा था, इस कारण मैंने सबके नाम बता दिए।" तब संतराम जीजा ने दादा को उठाकर रेत पर फेंक दिया। तुकाराम ने दादा के सब कपड़े उतारकर नंगा कर दिया। संतराम जीजा बूट पहने पैरों से दादा के नंगे बदन को कुचलने लगे। दादा करुण स्वर में चिल्लाने लगा। दोपहर की कड़ी धूप, नीचे तपती रेत। तपी रेत पर दादा को नंगा डालकर बूटों से बेतहाशा पीटा जा रहा था। पेट और पीठ दोनों लाल हो गए। तुकाराम पूछ रहा था, "बोल माणक्या, अब ठीक से चोरी करेगा न ?" दादा कहता, "अब और मत पीटो, करूँगा, चोरी करूँगा।" फिर संतराम जीजा पूछते, "पुलिस या अन्य लोग अगर तेरी इस तरह पिटाई करें, तो क्या तू अपना सही नाम बताएगा ? हमारे नाम बताएगा ?" दादा गिड़गिड़ाते हुए कहने लगा, "नहीं, कतई नहीं।" तुकाराम ने कहा, "उन्होंने तेरी आँखों में मिर्च डाल दी थी न और इसलिए तूने हमारे नाम बताए न ?" यह पूछते हुए तुकाराम ने रोटी पर रखी मिर्च की पाउडर उठाई और दादा की गुदा तथा आँखों में डाल दी। दादा तड़पने लगा। तपती रेत, भयंकर गर्मी और आँख-गुदा में तीखी मिर्च। इस हाल में भी उसे पीटा जा रहा था। आखिर पिटाई रुक गई। जाल में फँसा खरगोश अवसर पाकर जैसे तेजी से भाग खड़ा होता है, वैसे दादा बोंब मारते हुए नदी के पानी में जा गिरा। उसका पूरा बदन जल रहा था। बहुत देर तक वह पानी में पड़ा रहा। गिरोह के लोग किनारे बैठे हुए थे। थोड़ी देर बाद उन्होंने दादा को आवाज दी। दादा घबराकर उनके निकट गया। उन्होंने कहा, "कल परली का बाजार है। कमाई करके लाओगे न ?" दादा ने कहा, "तुम लोगों की पिटाई की तुलना में पुलिस या अन्य लोगों की पिटाई कम ही होती है। मैं अब चोरियाँ करने जाऊँगा।" ऐसा कहने के बाद ही उन्होंने दादा को एक रोटी और एक भुनी हुई मछली दी। उस रात दादा घर पर था। दूसरे दिन दल ने दादा को बाजार में चोरी करने भेज दिया।

पिटाई के डर से दादा ने परली के बाजार से आधे थैले से अधिक चप्पलें चुराईं। इसके अलावा पाँच अन्य गठरियाँ भी वह ले आया। फिर क्या था ? इस खुशी में संतराम जीजा ने दादा को एक किलो जलेबी खिलाई। दादा अब चोरी करने में माहिर हो गया। काफी कमाई करने लगा। दादी काफी थक चुकी थी। पुलिसवालों की पिटाई सहने की उसमें अब क्षमता नहीं थी। दादी कहती, "पुलिस जब पकड़ लेती है तब उल्टा टाँग देती है, हंटर से मारती है, जलती सिगरेट से दागती है। अगर चोरी कबूल न की, तो मुँह में गू ठूँसने की कोशिश करती है। अब तक मैंने बहुत सहा, अब बहुत हो गया। माणिक चोरियाँ करने लगा है, मैं अब यह काम बंद कर दूँगी।" कुछ दिनों बाद ही किसी बीमारी से दादी मर गई। अब माणिकदादा ही घर चलाने लगा।

बाबा ठीक से चल नहीं पाता था। लोग कहते कि पिशाच बाधा के कारण उसके चेहरे और पैरों में दोष आ गया है। बोलते समय वह तुतलाता और चलते समय लँगड़ाता। इसलिए वह चोरियाँ करने कहीं नहीं जाता था। गाँव के एक किसान चामलेजी

ने अपने बाग की रखवाली हेतु उसे नौकरी पर रख लिया। बहुत गिड़गिड़ाने के बाद, बड़ी मुश्किल से उसे अपने यहाँ रखने के लिए चामले तैयार हुए। घर में अब माँ-बाबा, माणिकदादा, भगवान अण्णा, संबाभाऊ और हरचंदा थे। मेरी माँ का बाप, मतलब मेरा नाना, सायबू ताता हमारे ही निकट एक झोंपड़ी में रहता था। मेरे पाँच भाई, दो बहनें थीं। बहनों में रत्ना बड़ी थी। पारबतीबाई माणिकदादा से बड़ी थी। रत्नाबाई की ससुराल निवली, संतराम उसके पति का नाम। मैं जब छोटा था तभी रत्नाबाई गुजर गई थी। पारबतीबाई की ससुराल गुँजोटी में थी। यूँ हमारे घर में खानेवाले ज्यादा थे, पर कमाई बहुत नहीं थी। नाना सायबू ताता शिकार के लिए जाता। मछली, खरगोश, हिरन, गीदड़, जंगली बिलाव, चूहे, केकड़े, कछुआ, नेवला आदि का शिकार करता। इस कारण घर में कुछ-न-कुछ खाने के लिए मिलता। घर में दो बड़े शिकारी कुत्ते थे। शिकार पकड़ने में दोनों सायबू ताता की सहायता करते। यूँ ताता बूढ़ा था, पर था बहुत ही होशियार, चालाक और बुद्धिमान। ताता की चोरी माणिकदादा, दादी या अन्य सभी से भिन्न थी। उसे कोई 'चोर' नहीं कह सकता था। मैं और ताता चूहे पकड़ते। घर में चूहे तो भरपूर थे ही। इन चूहों का उपयोग ताता चोरी करने के लिए करता। इस प्रकार पकड़े हुए चूहों को लेकर ताता अँधेरी रात में निकलता। जिस किसान के खेतों का गेहूँ काफी पक गया होता, उसके खेत में इन चूहों को छोड़ देता। गेहूँ की बालियों को कुतर-कुतरकर ये चूहे उन्हें जमीन के भीतर बिलों में छिपाते। गेहूँ की कटाई के बाद ताता उस खेत के मालिक के पास पहुँचता। कहता कि चूहों के बिलों को खोदकर उन्हें साफ कर दूँगा। मालिक तैयार हो जाता। मैं और ताता चूहों के बिलों को खोजते, उन्हें खोदते। खेतों के उन बिलों से गेहूँ की बालियाँ निकालते। उन बिलों से गेहूँ की बहुत सारी बालियाँ निकलतीं। उन बालियों को मैं जल्दी से कपड़े में बाँधने लगता। सभी किसान यह सब देखने के लिए उत्सुकता से इकट्ठे होते। अच्छा, इस बात का उन्हें कोई एतराज भी नहीं होता। उलटे वे कहते कि "चलो, अच्छा हुआ, चूहों को पकड़कर ये लोग उन्हें भूनकर खाते हैं, चूहों के दाँत लगी बालियाँ ले जाते हैं और जमीन साफ करते हैं। अगली फसल तो चूहों से बची रहेगी।" किसान खुश हो जाते। मैं बालियों को गठरी में बाँधकर झोंपड़ी की ओर दौड़ता। गेहूँ की बालियाँ तो मैं उठाता ही, पर बिल से जो चूहे निकलते, उनका शिकार कर उन्हें भी साथ ले जाता। बाद में घास-फूस इकट्ठी करता। ताता चकमक से आग पैदा करता। हम दोनों चूहों को भूनकर खाते। अगर बच जाता तो माँ को देते। इस प्रकार फसल कटाई के कुछ दिन पहले घर के चूहों को वहाँ छोड़कर, किसानों की उपस्थिति में गेहूँ की बालियों की चोरी हम करते। इस प्रकार से प्राप्त गेहूँ से ताता ने चार बोरे भर रखे थे। इस गेहूँ से ताता ने मेरे दो भाइयों की शादियाँ करवाई थीं। ताता के संग मैं शिकार के लिए जाता, इसलिए हर किसी जानवर का मांस मैं खाने लगा। चूहा, खरगोश, मछली, नेवला, हिरन, गोह, लखापक्षी, बतख, बगुला, कछुआ, पंगली, बिल्ली, सुअर, गीदड़, कबूतर, केकड़ा, भेड़, बकरी, मैना, सारस, मोर—कितनों के नाम गिनाऊँ, इन सबके मांस मैंने खाए हैं।

धीरे-धीरे माणिकदादा के साथ भगवान अण्णा और संबा भी चोरी का सामान सँभालने के लिए निकलने लगे। संबाभाऊ और भगवान नौकरी करने योग्य थे। परन्तु उठाईगीर कहकर उन्हें कोई नौकरी नहीं देता। खेतों में मजदूरी भी नहीं मिलती थी।

ये उठाईगीर दिन में मजदूरी करने जाते हैं, काम भी करते हैं, काम करते-करते सभी चीजों को नजर में रखते हैं और रात में अपने दल के साथ आकर चोरी करते हैं—ऐसा सभी लोग कहते। इस कारण अण्णा और भाऊ को काम ही नहीं मिलता। यूँ वास्तव में, इन दोनों ने कभी चोरियाँ नहीं की थीं। परन्तु अब मजबूरी में ये दोनों उसी रास्ते पर निकल पड़े। दोनों अब दादा के साथ चोरी करने लगे। खूब पिटाई कर इन्हें तैयार किया गया। दादा की तरह दोनों को पीट-पीटकर मजबूत किया गया।

चोरियाँ कैसे की जाएँ, इसे सिखलाने वाले दल हमारी जाति में होते हैं। अन्य स्थानों पर बच्चों की पढ़ाई के लिए शिक्षक होते हैं। बच्चे ठीक से पढ़ें-लिखें, इसलिए शिक्षक और माँ-बाप उनकी पिटाई भी करते हैं। परन्तु हम उठाईगीरों में सब कुछ भिन्न है। हमारे यहाँ बच्चों को चोरियाँ सिखलाने के लिए अलग-अलग प्रकार के दल होते हैं। हमारे यहाँ चोरियों के चार प्रमुख प्रकार किए गए हैं—1. खिस्तंग मतने (जेबकतरे), चप्पल-मुठल (चप्पल अथवा गठरी की चोरी), 2. पड्ड़ घालने (चतुराई से सामनेवाले को बेवकूफ बनाकर उसका माल ऐंठना), 3. उठेवारी (बातचीत करते-करते किसी को फाँसना। इसके प्रशिक्षित शिक्षक भी हैं। यह पढ़ाई पूरी होने के बाद उस लड़के को अपनी पहली छह माह की कमाई अपने शिक्षक को देनी पड़ती है।

माणिकदादा से तीन महीने की कमाई दलवालों ने ली थी। अब अण्णा और भाऊ की कमाई भी वे लेने लगे। अब हमारे घर से अण्णा, भाऊ और दादा तीनों ही चोरियाँ करने निकलते। मैं सबसे छोटा था, इस कारण सबका लाड़ला था। मुझसे हरचंदा बड़ा था। उसे बकरियाँ चराने भेजते क्योंकि उसे समय-असमय और खासकर अमावस और पूनम को मिरगी का दौरा आता। उसके मुँह से झाग निकलती। वह पागलों की तरह गोल-गोल घूमता। उस समय उसे चप्पल सुँघानी पड़ती। करीब दो घंटे बाद वह सामान्य स्थिति में आ जाता। मैं उम्र में उससे छोटा था, पर मैं ही उसे सँभालता। हरचंदा जब आग या पानी के पास जाता तो मिरगी से परेशान हो जाता। हर अमावस-पूनम को मैं किसी के जूते या चप्पल लिए हरचंदा के पीछे-पीछे चलता। ओढ़ने के लिए हम दोनों के लिए एक ही चादर थी। पहनने के लिए चोरी की कमीजें और नेकर होते। मुझे ही क्यों, घर में किसी के लिए भी नए कपड़े कभी आए ही नहीं। आते भी कहाँ से ? सभी चोरी के ही होते, औरतों के लिए साड़ियाँ भी चोरी की। जब रिश्तेदार चोरी करके साड़ियाँ ले आते तो उनसे सस्ते में खरीद लेते। ये कपड़े फट जाने के बाद इनसे गुदड़ियाँ बना ली जातीं।

हमारा घर बहुत ही छोटा था। उसमें सभी लोग चीलर की तरह भरे रहते। एक ही छप्पर के नीचे बकरियाँ भी बाँधी जातीं और आदमी-औरतें भी सोते। मैं और हरचंदा बकरियों के पास सोते। जाड़े के दिनों में तो बहुत परेशानी होती। हमारी एक चादर

में कुत्ता भी घुस जाता। बकरियाँ पास में बँधी रहतीं। रात में वे पेशाब करतीं। उनकी पेशाब ठीक मेरे नीचे फ़ैलती। बकरियों की वह गरम पेशाब जाड़े की उस ठंड में सुखद लगती। जाड़े से परेशान मैं सोचता कि बकरियाँ लगातार गरम पेशाब करती रहें, ताकि ठंड तो न लगे। सबेरे हम जागते, पर ओढ़ी हुई चादर को धोते नहीं थे। छप्पर पर यूँ ही सुखाने डाल देते। बकरियों की पेशाब की दुर्गन्ध उससे निकलती। पर रात में हम फिर उसी को ओढ़ते। हमारा मन, हमारी संवेदनाएँ मर चुकी थीं। कुछ महसूस ही नहीं होता था। उस ओढ़ने की चादर में चीलर हो जाते। हम दोनों उन्हें मारते। एक, दो, तीन, कभी-कभी सौ तक। कड़ी धूप जब होती तो वह चादर हम सूखने डालते। उसमें से हजारों चीलर धूप की गरमी के कारण आसपास फैल जाते। हम उन्हें मारने बैठते। फिर भी चादर धोते नहीं थे। साल में केवल एक बार उसे धोते--दशहरे के अवसर पर। बाद में सालभर उसे ओढ़ते। मैं महीने में से किसी एक दिन ही नहाता। कोई कहता भी नहीं था कि नहा ले। जब नहाने की यह स्थिति थी, तब चादर धोने की बात तो बहुत दूर की रही।

हमारी बिरादरी के संभा, भीमा और तुलसीराम हमारे पड़ोस में रहते थे। कभी-कभार हमारे बीच झगड़े होते और ये झगड़े किसी एक का सिर फूटने के बाद ही रुकते। बचपन के दिनों में मेरा झगड़ा शशि, केरी, पंचफली, नार्‍या आदि के साथ हुआ करता था। कारण होता सुअर के पिल्ले। तुक्या, शशि, नार्‍या हमारे सुअरों के पिल्लों को चुराकर ले जाते और भूनकर खाते। एक दिन जब मुझे यह पता चला तब मैंने उनके सुअर के पिल्लों को चुराकर अपने सुअर के पिल्लों के साथ छोड़ दिया। तुलसीराम, पांडुरंग, माणिकदादा, भगवान अण्णा किसी बड़े त्यौहार के दूसरे दिन जवान सुअर या मादा सुअर काटते। इस समय हम सुअर को पकड़ने में मदद करते। तुलसीराम सुअर पकड़ने के लिए उनके पीछे जाल लेकर गलियों में दौड़ता। जाल में फँसने के बाद सुअर के चारों पैरों को वह रस्सी से बाँधता और माणिकदादा के कन्धे पर रखता। झोंपड़ी के पास ही सुअरों को काटने की जगह बनाई गई थी। हमारी छोटी फौज पूरे गाँव में घूमकर घास-फूस, लकड़ियाँ, उपले आदि इकट्ठा करती। सुअर भूनने की जगह पर हम इस जलावन को लाकर रख देते। गाँव की सवर्ण औरतें इसी स्थान पर शौच के लिए आतीं। दादा, अण्णा हम बच्चों से कहते कि देखो बच्चो, तुम्हें सुअर का सबसे बढ़िया माँस (सुअर की पीछ के नीचे का माँस) देंगे, पहले किसी झाड़ू से पूरे मैले को हटाकर जमीन साफ करो। हमारी फौज झाड़ू बनाती और पूरे मैदान को साफ करती। फिर तुलसीराम लोहे की सब्बल से उस सुअर को मारता। धीरे-धीरे सुअर निष्प्राण हो जाता। उसके बाद उस मृत सुअर के आसपास आग लगाकर उसे भून लिया जाता। उस समय गाँव की सवर्ण औरतें थोड़ी दूरी पर शौच के लिए आतीं। गाँव की सभी औरतें हमारी झोंपड़ियों के पास दिशा-मैदान के लिए आतीं। सभी ओर मैला-ही-मैला। हमें वहाँ से निकलना भी मुश्किल हो जाता। इस हगनहट को हम साफ करते। यहीं सुअर भूनते और खाते। सुअर को ठीक से भूनने के बाद तुलसीराम उसे काटता। पहले पेट फाड़

उसकी अंतड़ियाँ बाहर निकाल देता। माणिकदादा कलेजी निकाल उसके छोटे-छोटे टुकड़े कर हम में बाँट देता। हम बच्चे उस गरम कलेजे के टुकड़े को बगैर चबाए निगल लेते। हाथ और मुँह खून से लाल हो जाते। बार-बार हम हाथ फैलाकर कलेजी माँगते। बस्ती के कुत्ते वहाँ इकट्ठे हो जाते। वे अंतड़ियाँ उठाने के लिए झगड़ते। तुलसीराम अंतड़ियाँ दूर ले जाकर फेंकता। सभी कुत्ते वहाँ इकट्ठा होकर एक-दूसरे पर झपटते, भौंकते। तुलसीराम धीरे-धीरे मांस के टुकड़े काटने लगता। चरबीदार मांस हम वहीं खाना शुरू कर देते। मैदान में सवर्ण औरतें हगते हुए हमें यह सब खाते देख नाक पर धोती ओढ़ लेतीं। मैं सोचता, चरबी और भी मिलती रहे और मैं खाता रहूँ। नारियल की तरह यह चरबी जायकेदार लगती। सवर्ण औरतों का नाक पकड़कर बैठना हमें अच्छा न लगता। अगर हमारे खाने से इतनी ही नफरत है तो ये यहाँ हगने ही क्यों आती हैं—ऐसा मैं सोचता। वैसे उनके हगने से हमारा फायदा ही होता था। हमारे सुअर उनका गू खाकर ही तैयार होते। इस क़ारण मैं तो सोचता कि ये औरतें यहाँ घरों के आसपास हगती रहें।

अब हमारे घर में चोरियाँ करनेवाले तीन सदस्य हो गए। अण्णा या भाऊ के साथ दल के पीछे रहकर सामान सँभालने के लिए मैं कभी लातूर, अंबाजोगाई या रेणापूर के साप्ताहिक बाजार में जाता। चोरी का सामान लाकर वे मुझे सौंपते, मैं सँभालने बैठता। अण्णा, दादा, भाऊ आढ़त पर जाते। वहाँ से कभी कोई गठरी, तेल का डिब्बा या चप्पलें ले आते। मैं उनके द्वारा तय किए गए स्थान पर बैठकर इन चीजों को सँभालता। काफी कमाई होते ही हम लोग गाँव की ओर निकल पड़ते। चोरी के लिए अब हमारे ही घर का एक गिरोह बन गया था। चोरियों में प्राप्त गठरियों में रोटी, साग, चटनियाँ भी मिल जातीं। मैं उन्हें खा लेता। चोरी की सफलता की खुशी में दादा जलेबियाँ, पेड़े ले आता। इस कारण उनके साथ जाने में मजा आता। हमारे साथ नार्‍या धोबी भी आता। उससे मेरी काफी अच्छी दोस्ती हो चुकी थी। इस नार्‍या की कहानी भी अजीब है। इस नार्‍या को हमारे एक रिश्तेदार तुलसीराम ने एक धोबी से केवल सौ रुपए में खरीद लिया था। एक बार की घटना है। मछलियाँ पकड़ने के लिए हमारे कुछ लोग नदी पर गए थे। एक धोबी वहाँ कपड़े धोने आया था। इस धोबी की जवान बीवी अपने दो बच्चों को छोड़ किसी सवर्ण के साथ भाग गई थी। इस कारण धोबी हमेशा इन दो बच्चों को साथ लिए रहता था। सलगरा और भोरगाँव की हमारी बिरादरी के लोग चोरी का प्रशिक्षण इसी नदी पर दिया करते थे। धोबी को यह सब पता था। बच्चों के कारण धोबी बहुत परेशान हो चुका था। एक दिन उसने हमसे पूछा, "क्या मेरे इन बच्चों को आप लोग ले लेंगे?" हमारी बिरादरी में तीन दल थे। वे खुश हो गए। कहने लगे, "चलो, अच्छा हुआ। बच्चे बड़े होकर चोरियाँ करने लगेंगे तो फायदा ही होगा।" फिर उस धोबी से हलगरा के गोपाल ने पूछा कि तुम इन बच्चों को कितने में बेचोगे ? धोबी ने पूछा, कितने में लोगे इन्हें, ले ही लो। तब हमारे लोगों में खरीदने के लिए स्पर्धा शुरू हुई। भाड़गाँव के सखाराम ने बच्चों की नीलामी शुरू की। आखिरकार, दगड़ू नामक बड़े

लड़के को सलगरा के गोबले ने यह सोचकर कि बहुत जल्दी यह चोरियाँ करने लगेगा, डेढ़ सौ रुपए में खरीद लिया। उससे छोटे–नाऱ्या–को मेरे रिश्तेदार तुलसीराम ने सौ रुपए में खरीद लिया। आगे यही नाऱ्या मेरा अच्छा दोस्त बन गया। नाऱ्या का भाई दगड्या बाद में काफी सफल चोर बना। नाऱ्या भी जवान होने के बाद तुलसीराम से चोरी के सारे गुर सीख गया। तुलसीराम की दो औरतें थीं। बड़ी मंजुला–इसे कोई सन्तान नहीं थी। इस कारण वह नाऱ्या को अपने सगे-बच्चे की तरह सँभालती। नाऱ्या धोबी की औलाद है, यह भेद खुल जाने पर उसका रिश्ता नहीं हो रहा था। कई वर्षों तक उसकी सगाई ही नहीं हुई। पर नाऱ्या हमारे लोगों की ही तरह जब चोरी करने में उस्ताद हो गया, तब भोरगाँव के तुकाराम की गूँगी लड़की के साथ उसकी शादी हो गई। तुकाराम की लड़की गूँगी थी, इसलिए उसे भी कोई दूल्हा नहीं मिल रहा था। इस कारण तुकाराम ने भी बड़े उत्साह से इस रिश्ते को स्वीकार किया।

अब दादा, अण्णा, भाऊ अच्छी कमाई करने लगे। ऐसे ही एक दिन लातूर की एक दुकान से तेल का डिब्बा चुराते समय अण्णा पकड़ा गया। तब पुलिसवालों ने उसे नंगा कर, उसकी आँख-गुदा में मिरची डाल खूब पिटाई की। अण्णा की आँखें लाल हो गईं। "तेरे साथी कहाँ हैं, बोल," पुलिस पूछती और पीटती। पर अण्णा खामोश था। पिटाई से घबराकर आखिरकार अण्णा ने नाम, गाँव और घर का पता बता दिया। पुलिस अण्णा को लेकर घर आई। घर के सभी सदस्यों को एक पंक्ति में खड़ा कर पुलिस हंटर मारने लगी। सामने जो भी दीखा–छोटा हो या बड़ा या औरत–सबको पीटने लगे। मेरी माँ भोली-भाली, उसे चोरी क्या होती है, इसका पता तक नहीं था। फिर भी उसके बाल खींच पुलिस उसे पीटने लगी। उसके स्तनों को पकड़कर पुलिस पूछती, "बोल साली, बोल, तेरे इन लौंडों ने चोरी का माल कहाँ रखा है ?" माँ रोने लगी। घर में कुछ भी तो नहीं था, वह क्या बताती ? माँ के मंगलसूत्र तक को पुलिसवालों ने नोंच लिया। घर के सभी बर्तन उन्होंने उठा लिए। ये सारा माल चोरी का है–कहकर अण्णा, संबा, दादा, भाऊ सबको पकड़ ले गए। एक पुलिसवाले ने माँ से कहा, "दो सौ रुपए लाकर दे, फिर इन सबको छोड़ देता हूँ।" माँ घबरा गई। अब अण्णा, भाऊ और दादा को पुलिस बहुत पीटेगी, इस डर से उसने घर की सभी बकरियों को मिट्टी के मोल बेच दिया और दो सौ रुपए ले आई। तब कहीं जाकर सबको छोड़ा गया। माँ के मंगलसूत्र को पुलिसवालों ने हड़प लिया। हमारी जाति ही चोरों की, किसके पास हम शिकायत करें ? पुलिसवालों की पिटाई को देखकर उस दिन मैं नेकर में ही पेशाब कर बैठा था। इसी दिन से मुझे लगा कि चोरी नहीं करनी चाहिए। बाबा चामले के बगीचे में नौकरी कर रहा था। उसकी भी इच्छा थी कि कम-से-कम एक लड़का तो पढ़ने जाया करे। इस कारण बाबा ने मेरे हाथ में जेब काटने के लिए काम आनेवाली ब्लेड न देकर स्लेट-पेंसिल दे दी। गाँव के स्कूल में मुझे भरती किया गया और मैं स्कूल जाने लगा।

मैं पहली बार स्कूल जा रहा था। मुझे वहाँ सब कुछ अजीब-अजीब सा लगता। सियारों के झुंड में मानो अकेली बकरी पहुँच गई हो। कक्षा के सभी लड़के मुझे कंकड़ों

से मारते; कहते, उठाईगीरों का लक्ष्या स्कूल में कैसे? कुछ लड़के चिल्लाते, अरे यह तो केकड़े खानेवाला है। बावजूद इन अपमानों के मैं स्कूल जा रहा था। इस तरह अभी तीन-चार दिन भी नहीं गए कि हमारी बिरादरी के बच्चे–शशि, तुक्या, पंचफुली–मतलब हमारी बस्ती के सभी छोटे बच्चों को टट्टी और उलटियाँ शुरू हो गईं। पड़ोस के तुलसीराम, पाडुरंग, संबा आदि ने बाबा को बुलवा लिया और उनके साथ झगड़ने लगे। कहने लगे, "तूने अपने लड़के लक्ष्या को स्कूल में भरती कर दिया है, इसी कारण हमारे बच्चों को उलटियाँ और टट्टी हो रही हैं। इसके पहले आज तक कभी इस बस्ती में हैजे की बीमारी नहीं आई थी। आज तक कभी कोई बीमारी नहीं हुई थी। बस ! तेरा यह लड़का लक्ष्या जैसे ही स्कूल में जाने लगा, इधर बीमारी शुरू। देख मारतंड, (मेरे बाबा का नाम) हम लोग बामन-लाला तो हैं नहीं कि लड़कों से पढ़ाई करवाएँ। हमारी बिरादरी में आज तक क्या कोई स्कूल गया है ?" तुलसीराम और पांडुरंग कहने लगे, "अरे मारतंड, अपनी जाति में आज तक कोई पढ़-लिख सका है क्या ? अपने बच्चे अगर स्कूल जाने लगे, तो हम सभी का वंश डूब जाएगा। यल्लामा देवी का प्रकोप हो जाएगा। देख मारतंड, हम फिर कहते हैं कि लक्ष्या को स्कूल से निकाल ले। अगर वह फिर स्कूल गया तो हम जात-पंचायत बिठाएँगे और तुझे बहिष्कृत करेंगे।" सभी औरतें हो-हल्ला मचाने लगीं। मेरी ओर देखकर औरतें-पुरुष और बच्चे यह सफेद पैरोंवाला है, इसी के कारण हमारे बच्चे बीमार हो रहे हैं, कुलक्षणी है, आदि गालियाँ देने लगे। बाबा भी परेशान। वह भी कहने लगे कि कल से स्कूल मत जा। मैंने कहा, ठीक है। यूँ भी स्कूल में मेरी हालत उस पक्षी की तरह थी जो कभी गलती से मनुष्य-समूह में रह आया हो और केवल इसी कारण जंगल लौटने के पश्चात् दूसरे सभी पक्षी उस पर टूट पड़ रहे हों। इस कारण स्कूल छूटने से मुझे खुशी ही हुई। पर कुछ ही दिनों बाद स्कूल के एक ब्राह्मण शिक्षक ने मेरी अनुपस्थिति की पूछताछ की और कुछ लड़कों को भिजवाकर मुझे जबरन स्कूल बुलवाया। हमारी जाति के लोग अब और चिढ़ गए। जात-पंचायत बुलाई गई और यह निर्णय लिया गया कि या तो मारतंड गाँव छोड़े अथवा लक्ष्या को स्कूल भेजना बन्द करे। हमारे यहाँ जात-पंचायत का बहुत कड़ा नियन्त्रण होता है। अगर उनकी बात न मानी जाए, तो सम्बन्धित परिवार को जाति से बहिष्कृत किया जाता है, उसका स्पर्श भी नहीं किया जाता, उसे ऊपर से परोसा जाता है, शादी-ब्याह में निमन्त्रण नहीं दिया जाता, सगावत नहीं होती। अगर किसी रिश्तेदार के यहाँ वह चला भी जाए तो उसे टोकरी में खाना परोसा जाता है, पानी ढक्कन में दिया जाता है। लक्ष्या को स्कूल भेजने से ये सारे संकट आनेवाले हैं, इसकी आशंका बाबा ने उस ब्राह्मण शिक्षक को बताई और कहा कि लक्ष्या का नाम स्कूल से काट दीजिए। तब कुलकरनी गुरुजी हमारी बस्ती में आए। उन्होंने सबको बुलावा भेजा और कहा, "मारतंड के लड़के ने स्कूल जाना शुरू कर दिया, इस कारण बस्ती में बीमारी शुरू हो गई–ऐसा आपका कहना है। अगर इसे मान भी लूँ तो गाँव के ढेरों बच्चे स्कूल जाते हैं, तो पूरे गाँव में हैजे की बीमारी क्यों नहीं शुरू हुई ? तुम्हारी ही बस्ती में यह बीमारी क्यों फैल

रही है ?" तब तुलसीराम ने गुरुजी से कहा, "उनकी जाति को परम्परा से लिखने-पढ़ने का अधिकार प्राप्त है, हमें वैसा अधिकार नहीं है।" तब गुरुजी ने कई उदाहरण देकर समझाया कि ये सब अंधविश्वास हैं और सर्दी-बुखार के डॉक्टर को बुलवाकर सभी बच्चों को दवा दिलाई। दो-तीन दिन में ही सबकी तबीयत ठीक हो गई। गुरुजी की बात अब सबने मान ली। मैं फिर से स्कूल जाने लगा। एक-दो-तीन लिखने लगा।

ताता रोज मछली पकड़ने निकलता। खूब मछलियाँ पकड़ता। इस कारण माँ ने ताता से कहा कि लक्ष्मन को भी साथ लेते जाओ, वह तुम्हारी सहायता करेगा। मुझे भी अच्छा लगा। ताता मुझे मछली और केकड़े पकड़ना, जाल बुनना सिखाएगा--इस आशा से मैं ताता के साथ टोकरी लिए निकलता। नदी पर जाते समय रास्ते में किसी पेड़ पर गिलहरी दिखाई पड़ी कि ताता खुश हो जाता। वह आटे में गुड़ मिलाकर, उसकी गोलियाँ बनवाकर किसी चीथड़े में बाँधकर साथ रखता था। ऐसी गोलियाँ खाने में भी अच्छी लगतीं। जब कभी गिलहरी का शिकार नहीं मिल पाता, तब मैं ताता की जेब से ये गोलियाँ चुराकर खाता। ताता घोड़े के बाल से बने हुए फाँसे को जेब में रखता। गिलहरी दिखाई दी कि मुझे वह इशारा करता। गठरी मेरे हाथों में सौंपता। पेड़ के तने वह फाँसा लपेटता। फिर उस फाँसे में मीठी गोलियाँ चिपकाता। इस बीच मैं छोटे-छोटे कंकड़ लाकर उसे देता। पेड़ पर इधर-उधर दौड़ने वाली गिलहरी को ताता कंकड़ों से मारता। परिणामतः गिलहरी पेड़ से नीचे आती। वह गोलियों को देखती, उन्हें खाती, ऊपर जाती, धीरे-धीरे अन्य गिलहरियाँ भी वहाँ आ जातीं। आटे की मीठी गोलियाँ खाते-खाते वे फाँसे में फँस जातीं। बूढ़ा ताता तेजी से दौड़ता। दो-दो गिलहरियों की गरदन को पूरी चपलता से पकड़ता, उन्हें विशिष्ट ढंग से दबाता, मैं उनकी दुम खींचता। गिलहरी तनों से इन कदर लिपटी रहती कि उसे अलग करना मुश्किल होता। ताता पत्थर से मार-ठोंककर उन्हें वहाँ से निकालता। फिर अपने फाँसे को निकालता। उसे व्यवस्थित करके जेब में रखता और गिलहरी के सामने दण्डवत होता, पहले शिकार को प्रणाम करने हेतु।

मछलियाँ पकड़ने के लिए हम रमजनपुर या कापसे के डोह में जाने लगे। ताता पानी में जाल फेंकता। मैं टोकरी लेकर भँवर के किनारे-किनारे चलता। बड़ी मछली फँस गई कि ताता जाल में हाथ डाल तेजी से उस पर झपटता, मुझसे टोकरी माँगता, उस मछली को उसमें रखता और टोकरी मेरे हाथों में देकर फिर पानी में उतरता। भीतरी पानी में बड़ी मछलियाँ पकड़ने के पहले वह केकड़ा पकड़ता। एक बार एक बहुत बड़ा केकड़ा उसे दिखाई दिया। ताता ने सूराख में हाथ डाल दिया। तब उस केकड़े ने ताता की उँगली ऐसी पकड़ ली कि वह छोड़ नहीं रहा था। ताता जोर-जोर से चिल्लाने लगा। आखिर उसने उस केकड़े को बाहर निकालकर रेत पर पटक दिया। ताता की उँगली से लाल खून बह रहा था। ताता ने मुझसे कहा, घास-फूस इकट्ठा कर। इस केकड़े ने मेरी उँगली काटी है। मैं इसके टुकड़े नहीं करूँगा, जिंदा जलाकर ही खाऊँगा। उस केकड़े पर मुझे भी गुस्सा आ रहा था। ताता को उसने काट जो लिया था। मैंने घास-फूस इकट्ठी की।

ताता ने चकमक निकाली। उस पर कपास रखकर आग पैदा कर दी। केकड़े को जिंदा जलाकर हम दोनों ने खा लिया।

मछलियाँ लेकर घर के पास आने के बाद ताता थू-थू करके थूकता, मुझे भी थूकने के लिए कहता। मैं पूछता कि थूकना क्यों चाहिए ? ताता कहता, अपने साथ जो भूत आते हैं, वे भाग जाएँ, इसलिए इस तरह थूकना जरूरी है। फिर ताता मछलियों को दूसरी टोकरी में रखता। मैं पानी ले आता। ताता अब केकड़े, बड़ी मछलियाँ आदि अलग-अलग करता। फिर मैं उन पर पानी डालता। पड़ोसी हम दोनों को देखते,कहते, ''लगता है, आज काफी अच्छा शिकार मिला है इन्हें,'' फिर वे नजदीक आते। ताता से मछली खरीद लेते। कुछ नकद देते, कुछ उधार लेते। शराब पीकर आए लोग उधार माँगते, झगड़ा करते। ताता कभी-कभी सभी मछलियाँ बेच देता। तब हम सब उसे गालियाँ देते। ताता कहता, घर के लिए कल खूब मछलियाँ लाऊँगा। आज केकड़े का साग बनाओ। ताता के साथ मेरा यूँ भटकना बाबा को अच्छा नहीं लगता था। ताता को वह गालियाँ देता। कहता, ''मेरे बच्चे को भी तू बिगाड़ रहा है। उसे पढ़ने-लिखने दे।''

एक बार हमें पता चला कि गाँव के पटेल के खेत में जंगली बिल्ली बैठी है। तब मैं, तुलसीराम, नार्‌या और भीमा उस ओर दौड़े। तुलसीराम और संबा ने अपने शिकारी कुत्तों को साथ में लिया। जंगली बिल्ली पकड़ने के लिए जाल लगाया गया। बिल्ली उस जाल की ओर जाए, इसलिए हम लोग कंकड़ फेंककर उसे उकसाने लगे। नार्‌या ने अपने खौफनाक कुत्ते को पकड़ रखा था। अचानक बिल्ली बाहर आई। तुलसीराम चिल्लाने लगा। नार्‌या ने कुत्ते को छोड़ दिया। फिर क्या था ? कुत्ते ने शिकार को पकड़ लिया। तुलसीराम दौड़ता गया। कुत्ते के मुँह से उसने बिल्ली को छुड़ाया। उस घायल बिल्ली को साथ लिए हम बस्ती की ओर निकले। बिल्ली को लेकर जाते समय गाँववालों ने हमें देख लिया। वे कहने लगे, ''क्या गंदे लोग हैं भैनचोद, इनकी माँ...ये तो साले बिल्लियों को भी खाते हैं।'' वे समझ रहे थे कि वह पालतू बिल्ली है। अंततः जंगली बिल्ली को भूना गया और तुलसीराम, नार्‌या, संबा, भीमा और तात्या ने मांस बाँट लिया। मैं बाबा के डर के कारण वहाँ गया ही नहीं था। परंतु बाद में मैं चोरी से तुलसीराम के यहाँ गया और वहाँ उस मांस को मैंने खाया। बाद में बाबा ने जब पूछताछ की तब डर के मारे मैंने कहा, ''मैंने उसे नहीं खाया।''

बाबा चामले के यहाँ पहरेदारी कर रहा था, वहाँ चार अच्छी बातें सुनकर आता, हमें सुनाता। कहता, हमें गाँव के अन्य लोगों की तरह जीना चाहिए, गाँव के लोग हमें अपने कुओं से पानी नहीं भरने देते, ऊपर से पानी पिलाते हैं। मन्दिर में नहीं जाने देते। इन्हीं दिनों जंगली बिल्ली को मारकर खाने की घटना हुई। गाँव में बदनामी हुई। हालाँकि बिल्ली जंगली थी, पर गाँववालों का कहना था कि वह पालतू थी। पालतू बिल्ली को मारना और फिर खाना भयंकर पाप था। परिणामतः गाँववालों ने हमारा पानी बंद कर दिया। बस्ती के सभी लोगों ने तुलसीराम को काफी डाँटा। तुलसीराम ने प्रतिज्ञा की कि भविष्य में वह किसी बिल्ली को मारना और खाना तो दूर, पकड़ेगा भी नहीं। अब

वह खरगोश, हिरन, गीदड़ आदि का शिकार करने लगा।

ऐसे ही एक दिन खबर मिली कि एक ब्राह्मण के गेहूँ के खेत में बहुत से बिल दिखाई दे रहे हैं। मैं और ताता वहाँ गए। चूहों के बिलों को ढूँढ़ते हुए घूमने लगे। ताता मुझसे काफी दूर था। उसी समय उस ब्राह्मण की गोरी-चिट्टी औरत खेत में किसी काम से आई। मैं बिलों को ढूँढ़ रहा था। उसे लगा कि मैं फसल चुराने आया हूँ। उस औरत ने पूछा, "ऐ बचुवा, क्या कर रहे हो ?" मैंने कहा, "बाई, मैं चूहों के बिल ढूँढ़ रहा हूँ।" यह सुनते ही उस औरत ने मुझे एक जोर की थप्पड़ लगाई। मैं रोने लगा। रोते हुए मैंने कहा, "देखिए, मैंने किसी भी चीज की चोरी नहीं की है।" इस बीच ताता आ गया। उसने उस औरत से कहा, "बाई, चूहे गेहूँ की बालियाँ काटकर नीचे जमीन में ले जाते हैं। हम लोग चूहों को ढूँढ़ निकालते हैं, उन्हें मारते हैं, हमारा यही धंधा है।" तब वह औरत चुप हो गई।

मेरा बाबा चामले के यहाँ ही खाना खाता था। इस कारण वह कभी-कभार घर आता। एक ऐसी ही शाम वह घर आया। उसे पता चल गया था कि मैं और ताता बिल्ली खा चुके हैं। बाबा की आँखें लाल हो चुकी थीं। बाबा जब कभी घर आता तब किसी-न-किसी को बेतहाशा पीटता। बाबा को घर की ओर आते देख मैं हगन-हट में छिप गया। बाबा ने मेरी पूछताछ नहीं की। मुझे लगा कि चलो आज पिटाई से बच गया। बाबा ने माँ की पिटाई की थी। उसी समय ताता भी आ गया। ताता ने कहा, "क्यों पीट रहे हो उसे, मेरी इकलौती लड़की है वह।" तब बाबा ने घास काटने की हँसिया ताता की ओर गुस्से से फेंक मारी। माँ अचानक बीच में आई। हँसिया ताता के बजाय माँ के सिर से जा टकराया। माँ वहीं गिर गई। खून बहने लगा। तब पांडुरंग, संबा तुलसीराम भागे-भागे आए। बाबा को खींचकर बाहर ले आए। माँ को उठाकर दादा और अण्णा ने उसके जख्म में हल्दी भर दी। उस पर चीथड़ा बाँध दिया। बाबा अब भी शान्त नहीं था। अवसर पाकर एक लकड़ी उठाकर वह ताता को पीटने लगा। "तू चूहे-बिल्लियों को खानेवाला। आज तेरी खैर नहीं।" हम सभी जोर-जोर से रोने लगे। माँ जहाँ गिरी थी, वहाँ काफी खून जम गया था। एक कुत्ता आकर उसे चाटने लगा। दादा, अण्णा और भाऊ बहुत चिढ़ गए। बाबा हमेशा माँ पर शक करता और उसे पीटता है—इसका उन्हें पता था। दूध बेचकर अगर किसी दिन माँ देर से आती, तो बाबा कहता, "क्यों आज अपने यार के यहाँ गई थी क्या ?" और फिर पीटता। "सरू (मेरी बड़ी बहन) मेरी नहीं है," ऐसा भी कहता। जब कभी सरू ससुराल से आती, बाबा उस पर गुस्सा करता। "उसे घर में क्यों रखती हो ? उसे साड़ी-चोली क्यों देती हो ?" ऐसा माँ से कहता और पीटता। आज भी झोंपड़ी का दरवाजा भीतर से बंद कर वह माँ को पीटने लगा। परन्तु एक दिन दादा, अण्णा और भाऊ ने लाठियों से बाबा की खूब पिटाई की। तब से बाबा घर पर बहुत कम आने लगा।

बाद में बाबा और ताता (जमाई-ससुर) में बोलचाल ही बंद हो गई। ताता मेरी माँ का बाप था। उसका और कोई नहीं था। अब वह बहुत थक गया था। उसके हाथ-पैर

सूज रहे थे। बीमारी के कारण वह मांस नहीं खा सकता था। थकावट के कारण वह शिकार पर भी नहीं जा पा रहा था। ताता ने कहना शुरू किया कि वह जावली जाना चाहता है। जावली के जीजा के पास बहुत से सुअर थे। इसलिए ताता को जावली पहुँचाया गया। उन दिनों ताता के पेट में बेहद दर्द शुरू हुआ, पर उसे कोई अस्पताल नहीं ले गया। घरेलू उपचार किए गए। पेट दागा गया। इससे परेशानी और बढ़ गई, यहाँ तक कि जख्म में कीड़े बिलबिलाने लगे। उन कीड़ों को मैं लकड़ी से निकालता। जावली जाने के बाद उसकी स्थिति और भी बिगड़ गई और उसी में एक दिन वह मर गया। उसकी मौत पर माँ, अण्णा और भाऊ जावली गए। मुझे और हरचंदा को नहीं ले गए, क्योंकि बस के किराए के लिए पैसे नहीं थे।

कभी-कभी दादा की पत्नी अर्थात् मेरी भाभी चक्की टाँकने निकलती, तब मैं भी उसके साथ थैली लेकर जाता। एक छोटी-सी थैली में चकमक, छेनी, लकड़ियों के छिलके होते। भाभी घर-घर घूमती। आवाज देती। किसी ने बुलाया कि भाभी और मैं भीतर जाते। भाभी चक्की का एक पाट निकालती। भीतर जाने के पहले ही चक्की को हमारे हाथों के स्पर्श के डर से सवर्ण औरतें सारा आटा निकाल लेतीं। इस कारण कभी-कभार भाभी मुझसे कहती कि भीतर जाने के तुरंत बाद चक्की को छू लिया कर। इससे चक्की के भीतर का पूरा आटा हमें ही मिल जाता। काम पूरा होने के बाद भाभी मेरी ओर इशारा करके कहती, ''मालकिन, बच्चा बहुत भूखा है, इसे कुछ दीजिए न !'' कभी-कभार बासी रोटी, सब्जी, छाछ मिल जाती। मैं फुर्ती से थैली में रखा कटोरा निकालता, उसमें बासी रस्सेदार सब्जी या छाछ जो भी मिलता, ले लेता और वहीं खाना शुरू कर देता। परन्तु चक्की टाँकने का यह धंधा हमेशा नहीं चलता था। कुछ ही दिनों में माँ ने दूध बेचना शुरू किया। इससे थोड़ी तकलीफें कम हुईं। घर और बाहर से दूध इकट्ठा कर माँ रोज दूध बेचने लातूर जाती। वापसी में हमारे लिए वह कुछ-न-कुछ खाने के लिए लाती। किसी दिन जब दूध फट जाता, तब वह घर वापिस आती और रोती। मुझे अलबत्ता खुशी होती, क्योंकि इस फटे दूध में गुड़ डालकर दादा खुझड़ी बनाता और मुझे खाने को देता। दूध का यह धन्धा ठीक चल रहा था, इस कारण हमारे रिश्तेदार हमसे जलने लगे। किसी-किसी दिन रात अँधेरे में आकर वे दूध से भरी बटलोई चुरा ले जाते। इस चोरी के कारण माँ रोने लगती।

दूध के पैसों से माँ ने तीन-चार टीन खरीद लिए। घास-फूस की छत निकालकर पत्थर की दीवार बना, उस पर एक दिन टीन बिछाए गए। उसी के एक कोने में गोठ बनाई गई। गाय, भैंस, बकरियाँ आदि वहीं बाँधी जातीं।

घास-फूस की छत के स्थान पर टीन की छत पड़ने से हम सब बेहद खुश थे, क्योंकि घास-फूस की छत के कारण बारिश के दिनों में सब गीला-गीला हो जाता। कई स्थानों से छत टपकती। घर के किसी एक सदस्य को तो बारिश के दिनों में दिनभर घर पर ही बैठना पड़ता। उसका काम ही यह होता कि जहाँ से पानी टपक रहा हो वहाँ कोई टोकरी, बालटी या कटोरी रखते रहो और वह भरने के बाद उसे उड़ेलते रहो।

घर के सारे बर्तन इस काम के लिए रखे जाते तो भी बात न बनती थी। गीले में ही सोना पड़ता।

एक-एक माह तक मैं नहाता नहीं था। बचपन से मुझे ऐसी गन्दी आदत थी। कमीज की बाँहों से नाक पोंछता। नाक तो अकसर बहती रहती। बाद में जब कमीज का वह हिस्सा नमकीन लगता, मैं उसे और चूसता; परिणामतः लगातार चूसने से वह हिस्सा जल्दी फट जाता। एक ओर का फटता तो दूसरे हिस्से को चबाता रहता। बहुत गन्दा रहता, इस कारण सिर में भूसा-ही-भूसा हो जाता। रूसी हो जाती। खुजलाना पड़ता। खुलजाने से फोड़ों में से पानी, पीव और कभी-कभी खून भी निकलता। मैं सिर पर हाथ फेरता और उसकी गन्ध सूँघता। पीव और पानी निकलने से बाल एक दूसरे से चिपके रहते। एक बार मैंने माँ को अपनी तकलीफ बताई। माँ गालियाँ देने लगी, ''भड़वे, कितने फोड़े हो चुके हैं ? कितना दर्द हो रहा होगा! और तूने आज तक मुँह नहीं खोला? मर अब।'' माँ ने डाँटा जरूर, पर उसी समय दादा से कैंची मँगाकर मेरे बाल काटने बैठी। फोड़े पर जमी पपड़ी भी निकाल दी। फोड़ों में कीड़े बिलबिला रहे थे। माँ बहुत घबराई। यह तो देवी का प्रकोप है। हाँ, याद आया, मैंने पिछले मंगलवार का उपवास नहीं किया था। उसका ही यह परिणाम है। वह चूल्हे से राख निकालकर ले आई। मेरे सिर पर उस राख को मलते हुए कहने लगी, ''हे देवी माँ ! मेरे बेटे का यह संकट दूर कर दे। जब तक मैं तुझे बकरे की बलि नहीं दूँगी, तब तक शुक्रवार और मंगलवार उपवास करती रहूँगी।'' फिर वह गाँव में जाकर गणपति गड़रिए को ले आई। उसने अपनी जेब से कीड़े निकालने के उपयोग में लाई जाने वाली चिमटी निकाली। दादा और माँ ने मुझे कसकर पकड़ लिया। मेरे हाथ-पैर रस्सी से बाँधे गए। गणपति गड़रिए ने फिनाइल को मेरे सिर पर उड़ेल दिया। सिर में भयंकर आग लग गई। मैं जोर-जोर से चिल्लाने लगा। माँ ने डाँटा, ''चुप बैठ, मुरदे देख, कीड़े कैसे बिलबिला रहे हैं।'' फिनाइल डालने के कारण कीड़े बिलबिलाने लगे और गणपति अपनी उस चिमटी से कीड़े निकाल-निकालकर फेंकने लगा। मैं लगातार रोता रहा। बाद में माँ ने गरम पानी से मुझे नहलाया। तब तक दादा बाहर जाकर दस पैसे का कत्था और नीम की छाल ले आया। माँ ने कत्था और नीम की छाल पीसकर नारियल के तेल में मिलाई और मेरे सिर पर लगाकर मुझे धूप में बिठाया। शुरू में बहुत जलन हुई, पर बाद में धीरे-धीरे राहत महसूस होने लगी।

अब मेरे सिर के फोड़े काफी ठीक हो गए। माँ ने तय किया कि अपनी पालतू बकरियों में से एक की बलि दी जाए। हमारे घर में देवी का महत्त्व बहुत अधिक रहा है। गाँव में स्थित देवी का मन्दिर मेरे पूर्वजों ने ही बनाया था। देवी के उस मन्दिर में मूर्ति के नाम पर जो पत्थर रखा है, उसे मेरी नानी तुलजापुर से लाई थी। पत्थर चिकना था। उसने सोचा, हाथ-पैर साफ करने के काम आएगा। पर वह अभी घर भी नहीं पहुँची थी कि उसके शरीर में देवी संचरित हो गई। ''मैं पत्थर नहीं हूँ। तुलजापुर की माँ हूँ। मुझे यहीं बिठला दे।'' नानी चिल्लाने लगी। परिणामतः घर के निकट घास-फूस और

पेड़ों के डंठलों की छत डालकर मन्दिर बनाया गया। इस मन्दिर के पुजारी, भक्त, न्यासी....सर्वेसर्वा हम ही हो गए। वर्षों से तेल और सिन्दूर उँडेलने से अब तक यह 'देवी माँ' साठ-सत्तर किलो की हो गई थी। एक मंगलवार को बड़े सबेरे उठकर डफली बजाते हुए बकरे को इस मन्दिर तक लाया गया। करीम चाचा को बुलाया गया। परिवार का प्रत्येक सदस्य बारी-बारी से बकरे के पास गया। सबने उस पर हल्दी-सिन्दूर छिड़ककर उसके पैरों का स्पर्श किया। सबसे पहले मुझे कहा गया और सबसे आखिर में माँ ने पानी छिड़ककर बकरे के पैर छुए। बकरा संकट को शायद महसूस कर रहा था। वह छटपटाने लगा। करीम चाचा ने उसे जमीन पर लिटा दिया। एक गड्ढे के निकट उसकी गर्दन पकड़कर करीम चाचा ने जोर से कहा, "या अल्लाह।" और कुछ ही क्षणों में उसने बकरे का सिर धड़ से अलग कर दिया। खून तेजी से बहने लगा। उस तथाकथित मंदिर के सामने वह गड्ढा खून से भर गया। करीम चाचा ने तेजी से बकरे के चारों पैरों को तोड़ दिया। कटा हुआ सिर और चारों पैर माँ की मूर्ति के सामने रख दिए। परड़ियाँ* बुलवाई गईं। तब तक दादा ने बकरे के धड़ से चमड़ा उतार दिया। माँस के छोटे-छोटे टुकड़े बना दिए। हमारे गाँव में महाली पटेल की परड़ी का बहुत सम्मान हुआ करता था। इस कारण महाली पटेल की परड़ी बुलवाने के लिए मुझे भेज दिया गया। पटेल ने परड़ी दी और कहा, "परड़ी में और कुछ न डालो, केवल मटन ही डालना। हम लोगों को पाथरूटों का नमक या आटा नहीं चलता।" मैं सोचने लगा, इस पटेल को हम उठाईगीरों के घर का सूखा नमक या सूखा आटा भी नहीं चलता, पर गीला मटन कैसे चलता है? मातंगों की परड़ी भी आई। सात परड़ियों को गोल रखकर माँ बीच में बैठ गई। प्रत्येक परड़ी में थोड़ा-थोड़ा मटन डालती गई। मातंगों की परड़ी अलबत्ता काफी दूर रखी गई थी। उस परड़ी को स्पर्श न करते हुए माँ ऊपर से ही मांस के टुकड़े डाल रही थी। आटा और नमक भी दिया गया। आखिर में नारियल फोड़ा गया। एक कंडे पर लोभान डालकर उस धुएँ और गंध में परिवार के सभी सदस्य 'आई राजा उदे, उदे' कहते हुए परड़ियों के सम्मुख नतमस्तक हो गए।

दूध बेचने के लिए माँ रोज लातूर जाती। हमेशा मुझसे कहती, "मैं तुझे लातूर ले जाऊँगी।" रोज कुछ-न-कुछ खाने की चीजें ले आती, पर लातूर न ले जाती। लातूर जाने के लिए मैं बहुत जिद करता और रोता। लातूर में हर वर्ष सिद्धेश्वर का मेला लगता है। उस वर्ष भी मेला लगने वाला था। पिछले सप्ताह से मैं माँ से जिद कर रहा था कि मुझे मेला देखना है, ले चलो। मैं लातूर देखना चाह रहा था। सुना करता था कि वहाँ मोटर, मोटर-साइकिल, चक्करदार झूले हैं। होटल हैं। खाने की बेहतरीन चीजें बिकती हैं। यह सब देखने को मैं काफी उत्सुक था। सिद्धेश्वर का मेला लग गया। उस दिन माँ ने कहा, "लक्ष्या, चलने की जिद आज मत कर। बहुत भीड़ है वहाँ। अलबत्ता कल

* परड़ियाँ : मातृपूजक परम्परा की एक रूढ़ि। परड़ी अर्थात् बम्बू की कड़ियों से बनी छोटी-सी गोल टोकरी, जिसमें कौड़ियों की माला रखी जाती है। देवी भक्त इसे आदर से पूजते हैं और भिक्षा परोसते हैं।

आतिशबाजी का प्रदर्शन है। कल तुझे ले जाऊँगी।'' पर मुझे कहाँ विश्वास था। मैंने सोचा, माँ से बिना कहे मेला देखने जाऊँगा। उस दिन जब माँ लातूर चली गई, मैं भी थोड़ी देर बाद सबकी निगाहें चुराकर लातूर के लिए निकला। उस दिन बकरियाँ चराने गया ही नहीं। सबेरे माँ ने 15 पैसे दिए थे, वे जेब में थे। रास्ते में एक बैलगाड़ी मिली, वह लातूर जा रही थी। मैं उसके पीछे-पीछे चलने लगा। मेला कहाँ लगा है, मुझे मालूम नहीं था। बैलगाड़ी में बेंबडेजी का नौकर था। मैंने उसे धीरे से पूछा, ''कारभारी मुझे मेला जाना है, उस ओर कौन-सा रास्ता जाता है ?'' तब उसने कहा, ''ऐसे ही सीधे निकल जा, उधर...एक रास्ता जाता है, उस ओर मुड़ जाओ।'' उसके बताए अनुसार मैं निकल पड़ा, मुझे लगा, लातूर धनेगाँव से थोड़ा-सा बड़ा होगा। पर लातूर पहुँचने के बाद मैं हैरान रह गया। जिधर देखो उधर मकान ही मकान ! रास्तों पर सभी ओर आदमी-ही-आदमी। साइकिल, रिक्शा बस...बाप रे ! मेरे गाँव के रोकड़ोबा के मेले में मैंने नकली बसें देखी थीं। उन्हें देखकर मैं सोचता था कि आदमी इन बसों में कैसे घुसते होंगे ? बसें कैसे दौड़ती होंगी ? अब लातूर में सचमुच की बस देखकर मैं बहुत खुश था। होटल में पकोड़ियाँ, जलेबियाँ देखकर खाने की इच्छा हो रही थी। होटल में मेरी आयु के बच्चे झटपट काम कर रहे थे। मैं सोचने लगा कि स्कूल जाने, बकरियाँ चराने की अपेक्षा होटल में अगर नौकर हो जाऊँ तो ? पकोड़े और जलेबियाँ खूब खाने को मिलेंगी। मेले में सब जगहों पर मैं घूमता रहा। एक-डेढ़ घंटे बाद मैं परेशान हो गया। गाँव का एक भी आदमी दिखाई नहीं पड़ रहा था। जिस होटल में माँ दूध पहुँचाती थी, वह होटल कहाँ था, इसका भी मुझे पता नहीं था। अब जाऊँ कहाँ ? बड़ी मुसीबत में फँस गया। किसी दूसरी सड़क पर जाना चाहूँ तो उसे भी समझ नहीं पा रहा था। रास्ते सीमेन्ट के बनाए गए थे और सभी एक सरीखे दीख रहे थे। मकान भी एक सरीखे लग रहे थे। मैं घबरा गया। 'माँ-माँ' कहकर रोते हुए घूमने लगा। लोग मेरी ओर देखकर आपस में कहते, ''अरे भाई, यह खोया हुआ बच्चा है, पता नहीं किस गाँव का है ?'' तब तक घरवालों को पता चल चुका था कि मैं अकेला लातूर निकल गया हूँ। इस कारण दादा लातूर आकर मेरी तलाश करने लगे। किसी ने उसे कहा कि एक बच्चा रोते हुए घूम रहा है। तब दादा ने माँ को यह सूचना दी। माँ मोरे के होटल में दूध पहुँचाने आई थी और वहीं पर रुकी हुई थी। उसे पता ही नहीं था कि मैं अकेला मेला देखने निकल आया हूँ और खो गया हूँ। अब दोनों ही मेरी तलाश में घूमने लगे। पर मैं कहाँ उनके हाथ लगता ? माँ काफी परेशान होकर मोरे के होटल में आई। मोरे ने कहा कि इससे अच्छा है कि तुम मुनादी करवा दो। मुनादीवाला चिल्लाते हुए घूमने लगा, ''धनेगाँव का एक लड़का गुम हो गया है। जिस किसी को मिले तो मोरे के होटल में पहुँचाए...'' मैं गंजगोलाई में एक पत्थर पर बैठा हुआ रो रहा था। मैंने मुनादी सुनी। मोरे के होटल का नाम सुनकर मैं दौड़ता हुआ मुनादी वाले के पास गया। मैंने उससे कहा कि मैं ही वह खोया हुआ लड़का हूँ, धनेगाँव का। तब वह मुझे माँ और दादा के पास ले गया। माँ और दादा मुझसे लिपटकर रोने लगे। रोना खत्म होने के बाद उन दोनों ने मुझे पीटा।

"फिर कभी लातूर अकेला आएगा। भड़ुवे, बस के नीचे चला जाता तो ?" फिर मैं जोर-जोर से रोने लगा। तब माँ ने एक छटाँक जलेबी मेरे हाथ में टिका दी। रात में जब हम तीनों घर पहुँचे तब सभी मुझ पर झपट पड़े।

माँ बड़ी किफायत से घर चलाती। बाबा ने मिट्टी की उस दीवार में एक अलमारी बना ली थी। पता नहीं वे उसमें क्या रखते थे ? एक छोटा-सा ताला वहाँ लगा रहता। माँ अलबत्ता सभी अच्छी चीजें मिट्टी के बर्तनों में अथवा सन्दूक में रखती। झोंपड़ी में चीजें थीं ही कितनी ? लकड़ी के दो संदूक, दस-बारह घड़े, काँसे की दो थालियाँ, कलसा और चुराकर लाई हुई एक थाली। कलसा और थालियाँ व्रत-त्योहारों पर ही निकाले जाते।

एक बार माँ बीमार हो गई। उसका दूध बेचना बन्द हो गया तो कमाई भी बन्द हो गई। इस कारण बाबा ने बकरियाँ बेचकर कुछ दिन घर चलाया। पर बाद में काफी परेशानियाँ आने लगीं। अब बची हुई बकरियाँ भी धीरे-धीरे बिकने लगीं। इतना होने पर भी दवाखाने का नाम नहीं। केवल देवी की राख लगाकर बाबा हमसे कहते, "तेरी माँ को भूत-प्रेत लग गया है।" माँ ने कहा, "मुझे जावली ले चलो, वहाँ एक ओझा है।" जिस माँ ने इतने बड़े परिवार की परवरिश की, उसे जावली ले जाने के लिए केवल चार रुपयों की जरूरत थी। इन रुपयों के लिए अण्णा, दादा और बाबा गाँव-भर में घूम आए, पर किसी ने भी रुपए नहीं दिए। घर में पीतल का एक लोटा था, माँ ने ही इसे खरीदा था, उसे बेचकर दवा-दारू करने का विचार हुआ। तुलसीराम के गधे पर बिठलाकर माँ को लातूर ले जाना पड़ा। निकलते समय माँ ने कहा, "केशरबाई, काशीबाई मेरे बेटे को ठीक से सँभालना। मेरा अब कोई भरोसा नहीं है।" मैं माँ से चिपककर रोता रहा।

लातूर ले जाने के लिए माँ के लिए ही जब खर्च नहीं जुटा पा रहे थे, तब मुझे साथ ले जाने का सवाल ही कहाँ उठता था ? लातूर जाने के बाद पीतल के उस लोटे को बेचकर रेल का टिकट लिया ! माँ तथा अण्णा दोनों जावली गए। दो-एक दिन में अण्णा वापस आया। कहने लगा कि माँ की तबीयत बिगड़ चुकी है। हमारी हालत और खस्ता हो गई थी। दोनों भाभियाँ खेतों में काम करने जातीं। दिन-भर काम करने के बाद शाम को डेढ़ किलो जवारी ले आतीं। उसे पीसकर खाना बनाया जाता। घर पर बूढ़ी भैंस और उसका एक बच्चा था। उन दोनों का दूध बेचकर ऊपर का खर्च चलाया जाता। भैंस दूध भी कम देती क्योंकि उसे खिलाने की ताकत हम में नहीं थी। सप्ताह में कभी एक, कभी दो और कभी-कभी तो तीन-तीन दिन सब भूखे रहते। एक दिन जावली से एक आदमी आया। उसने कहा, "धोंड़ाबाई गुजर गई।" सभी जोर-जोर से रोने लगे। मैं भी चिल्ला-चिल्लाकर रोने लगा। रोनेवालों में से प्रत्येक मुझे गले लगा-लगाकर रोता। माँ की अन्तिम क्रिया के लिए घर की काँसे की दो बड़ी थालियाँ और लोटा दादा रेहन रखने गया। पर कोई भी रुपए देने के लिए तैयार नहीं था। बर्तनों पर हममें से किसी न किसी का नाम खुदा हुआ था। फिर भी लोग उन्हें चोरी का बताते। तब दादा चिढ़कर कहने लगा, "यह गाँव बहुत खराब है। पीतल के लोटे के बदले मिट्टी

का घड़ा भी यहाँ नहीं मिलता ? लातूर जाकर ही बेचता हूँ।'' मैं और हरचंदा रोने लगे, ''हमें भी ले चलो, माँ की सूरत हमें भी देखनी है।'' पर सुनता कौन ? खर्चा कहाँ से करते ? तुलसीराम की माँ गंगाबाई पिताजी से कहने लगी, ''मारतंड, लड़के को साथ ले जा। माँ का चेहरा अन्तिम बार इसे देख लेने दे।'' बाबा ने कहा, ''ठीक है, पर पैसा किसके पास है ? मैं क्या करूँ ? मेरा, बड़े लड़के का और अण्णा का वहाँ पहुँचना जरूरी है, पर उसके लिए भी तो थालियाँ बेचनी पड़ रही हैं।'' बाबा, दादा और अण्णा तीनों निकल गए। मुझे माँ की याद बहुत सताने लगी। तब भाऊ एक बड़ी थाली लेकर तुलसीराम के यहाँ गया, उनकी हालत भी बहुत खराब थी। भाऊ वहाँ से लौटा और मेरे गले लिपटकर जोर-जोर से रोने लगा। कुछ दिनों बाद दादा, अण्णा और बाबा आ गए। मुझे पराया, अनाथ कहकर सभी प्यार करने लगे। किसी क्षण मुझे लगता, ''माँ गुजर गई, अच्छा ही हुआ, दोनों भाई और भाभियाँ मुझसे बहुत प्यार कर रही हैं।''

माँ की मौत का गम हम सब धीरे-धीरे भूलने लगे थे, पर घर की हालत दिन-ब-दिन खराब होने लगी। माँ थी, तब सारा कारोबार उस अकेली के हाथों में था। अब तो प्रत्येक सदस्य अपना रौब जतलाने लगा। एक दिन बाबा ने एक भैंस बेच दी। कुछ ही दिनों बाद दादा ने दूसरी भैंस बेच दी। दादा और बाबा में झगड़ा होने लगा। बाबा से दादा कहता, ''तुझे कारोबार करना नहीं आता, मैं सब कर लूँगा। तू दखल मत दे।'' पर बात बनती नहीं थी। घर की हालत और अधिक बिगड़ गई। कई बार एक समय का भी खाना न मिलता। इस हालत से तंग आकर दादा, अण्णा और भाऊ कभी-कभार किसी-न-किसी गुट के साथ चोरी करने निकलते।

चोरी करनेवालों का आठ-दस का एक गिरोह होता था। जब ये चोरी करने निकलते हैं, तब उनमें से किसी पर सबका सामान सँभालने की जिम्मेदारी होती है, एक रसोई बनानेवाला होता है। बाकी आठ लोग जेब काटनेवाले के साथ निकल पड़ते हैं। गिरोह में से एक ही व्यक्ति जेब काटनेवाला विशेषज्ञ होता। उसके साथ जो अन्य साथी होते हैं, उनमें एक अपनी तेज निगाहों से यह भाँप लेता है कि किसकी जेब अधिक भारी है। ऐसे व्यक्ति को वह बराबर ढूँढ़ निकालता है और दूसरे साथियों को इशारा कर देता है। गिरोह में से दूसरा उसका पीछा करता है। पैसेवाला भीड़ में घुसा कि धीरे-धीरे सभी उसके आसपास पहुँचने लगते हैं। बहुत सावधानी से जेब काटनेवाला उसके करीब पहुँच जाता है। उसकी दो उँगलियों में ब्लेड होती है। वह उस पैसेवाले के निकट जाकर कुछ ही क्षणों में उसकी जेब काट लेता है। ब्लेड जल्दी से मुँह में डाल जुबान के नीचे छिपा लेता है। दो उँगलियाँ से बटुआ या नोट उड़ाकर पीछे खड़े अपने साथी के हाथों सौंप देता है। साथी तेजी से उस भीड़ में से अलग हो जाता है। काम ठीक से फतह हो तो इनमें से एक खँखारकर या खाँसकर सबको निकलने का इशारा करता है। सभी वहाँ से खिसककर पहले से तय किसी स्थान पर इकट्ठे हो जाते हैं, अगर किसी दिन भीड़ ही न हो, या भीड़ के बावजूद पैसेवाला न मिले तो यह गिरोह सीधे बस अड्डे जाता है। जिस किसी बस के लिए भीड़ होने की सम्भावना होती है, उसकी प्रतीक्षा में ये सब

खड़े हो जाते हैं। जब बस आ जाती है तो ये सब भीतर घुसने के लिए इस कदर भीड़ कर देते हैं कि न कोई ऊपर चढ़ पाता है और न वहाँ से खिसक पाता है। एक-दूसरे को गालियाँ दे-देकर ये वहाँ एक तमाशा खड़ा कर देते हैं। झगड़ा-तमाशा देखने में लोग इतने मशगूल हो जाते हैं कि इनमें से किसी एक का बटुआ गुल। अगर किसी दिन ये पकड़े गए तो लोग इन्हें बेतहाशा पीटते हैं। इसलिए ये लोग बड़ी चालाकी से छोटे बच्चों को इस धन्धे में तैयार करते हैं। दस-बारह साल के बच्चे को ये बेतहाशा पीटने लगते हैं। इतनी बुरी तरह से पीटते हैं कि वहाँ खड़े लोगों को लगता है कि ये पुलिस के ही आदमी हैं, मारते समय गालियाँ भी देते रहते हैं, "भड़वे, इस उम्र में चोरी करता है ?" गिरोह का ही एक आदनी आगे आकर कहता है, "जाने दो साब, बहुत पीटा आपने इस बच्चे को, गरीब का बच्चा होगा। जाने दीजिए।" इस प्रकार गिरोहवाले ही उसे पीटते हैं और छुड़ाते भी हैं। अगर भीड़ नियन्त्रण के बाहर हो तो गिरोह में से ही एक या दो लोग बच्चे को पुलिस-स्टेशन ले जाने का नाटक करते हैं। वहाँ से उसे लेकर निकलते हैं और काफी दूर जाने के बाद उस लड़के को भगा देते हैं। नियत स्थान पर फिर सभी मिलते हैं। गिरोह के इन सदस्यों की वेशभूषा भिन्न-भिन्न प्रकार की होती है।

भाड़गाँव के लोग बहुत हरामी हैं। पुलिस पकड़ने आई कि कभी ज्वार की फसल में, कभी अनाज रखने की कुपाटा और कभी नदी किनारे स्थित विशाल पत्थरों के बीच जा छिपते हैं। इनकी औरतें अलबत्ता इनका ठिकाना जानती हैं। ठीक समय पर वे रोटी लेकर उस स्थान पर पहुँचती हैं। तलाशी लेने के लिए जब पुलिस इस गाँव में और उठाईगीरों की बस्ती में पहुँचती है तो ये औरतें हो-हल्ला मचाती हैं। कहती हैं, "साहब, घर में घुस नहीं सकेंगे, हाँ। कह देती हूँ। घर में कोई पुरुष नहीं है। हम अकेली हैं।" इसके बावजूद कभी-कभार पुलिस इनकी झोंपड़ियों में घुस जाती है, औरतों को पीटती है, पति का पता पूछती है। तब ये औरतें अपने कुत्तों को इशारा करती हैं। कुत्तों के कारण पुलिस परेशान हो जाती है। इस कारण कई बार पुलिस वहाँ बहुत सबेरे पहुँचती है, तलाशी लेती है, औरतों-बच्चों को पीटती है।

कभी-कभी भाड़गाँव के नामदेव, तुकाराम और संभव हो तो दादा व अण्णा मछलियाँ पकड़ने के बहाने नदी किनारे पहुँचते। वास्तव में, मछलियाँ पकड़ने का तो वे केवल नाटक करते। वे किनारे पर घूमती हुई भेड़ों की तलाश में होते। किसी एक भेड़ पर वे नजर रखते। उसे पकड़कर अचानक गायब हो जाते। एक बार दादा ने एक मोटा-ताजा बकरा पकड़ लिया। बकरा चिल्लाए नहीं, इसलिए उसने उसकी जुबान में एक काँटा आर-पार घुसा दिया और फिर किनारे-किनारे से निकलते हुए उसे नदी में डुबो दिया। मछली पकड़ने का नाटक करते हुए बहते पानी के नीचे उस मृत बकरे को पकड़ वह आगे बढ़ने लगा, गड़रिया किनारे से उसे देख रहा था। पर वह समझ नहीं पाया कि बात क्या है क्योंकि बकरा पानी में पूरी तरह डूब चुका था। रात में उस मृत बकरे को लेकर दादा घर आया, बकरा काटा गया, हिस्से डाले गए।

स्कूल में मेरे अन्य सभी साथी बहुत अच्छी तरह से रहते थे। मैं ही गन्दा था। गुरुजी पूछते, आज कौन नहाकर नहीं आया। किस-किसने धुले कपड़े नहीं पहने हैं ? तब पूरी कक्षा में मैं ही अकेला खड़ा रहता। गुरुजी कई बार मेरी पिटाई करते और एकाध बार सजा भी देते। इस कारण मैं रोज नहाने लगा। मुझे बड़ा गुस्सा आता। गुरुजी की मार न पड़े, इसलिए किसी दिन मैं अपना कमरडोरा गीला कर लेता। गुरुजी को बतलाता, ''देखिए-देखिए, मैं नहाकर आया हूँ। मेरा कमरडोरा गीला जो है।'' छुट्टी के दिन मैं नदी पर निकल जाता। पहले कमीज धोकर सुखाता। फिर नेकर धोने के लिए निकालता। नंगा होकर उसे धोना चाहता, पर किनारे पर कई औरतें होतीं। इस कारण संकोच होता। दूसरी नेकर कहाँ थी ? इस कारण धुली हुई कमीज कमर पर बाँधता और नेकर धोता। साबुन कभी मिलता ही नहीं था। नदी के निकट इँगलेजी का खेत था। वहाँ की काली चिकनी मिट्टी ही मेरा साबुन था। कपड़े साफ धुल जाते।

मैं जब भी स्कूल जाता, लड़के हँसते। पाथरूट का लक्ष्या आया, ऐसा चिल्लाते। मैं चुपचाप एक किनारे बैठता। बालाचारी गुरुजी स्लेट पर 1-2 के आँकड़े लिखकर देते। मैं उन्हीं अक्षरों पर हाथ फिराता। कक्षा के और लड़के मुझे सताते। 'लक्ष्मन ताता केकड़े खाता' कहते। इस कारण सभी मुझे ताता ही कहते। अब मुझे इस नाम की आदत सी हो गई थी। मैं उठाईगीरों की जाति का हूँ, इसलिए मुझे सताया जाता है—यह अब मुझे समझ आने लगा। बहुत बुरा लगता। गुस्सा भी आता। पर मैं कर भी क्या सकता था ? घर पर अगर किसी से यह सब कहता तो मुझे गालियाँ दी जातीं। ''पढ़ना हो तो पढ़ो, नहीं तो जानवरों को लेकर जंगल में जाओ,'' कहते। कभी-कभार बाबा जब घर आता तो पूछता कि क्या-क्या पढ़ रहा है, बता। मैं बाबा को ऊँची आवाज में 'जन गण मन' सुनाता। कभी पहाड़े सुनाता। बाबा खुश हो जाता। कहता, मेरा लड़का होशियार हो रहा है। यह शिक्षक होगा। इस पूरी बस्ती में मेरा लड़का सबसे ज्यादा होशियार है—ऐसा वह सबको कहता घूमता। पर हमारी बिरादरी के लोग उससे कहते कि पढ़ाई में क्या रखा है ? चोरी करना सिखाओ। बुरे दिनों में मैं भी सोचता कि चोरी कर ठीक से जी तो सकूँगा। मेले में जाने को मिलेगा। परन्तु पुलिस की पिटाई याद आती तो स्कूल ही अच्छा लगता। यह सच है कि मेरा स्कूल जाना बिरादरी में किसी को पसंद नहीं था। वे बाबा से कहते, ''मारतंड, लक्ष्मन को चोरी करना सिखा, पढ़ाई करके हम लोग क्या पानेवाले हैं।'' एक बार तो भाड़गाँव के लोग चोरी सिखलाने के लिए पिताजी के पास मुझे माँगने आए। कहने लगे, ''मारतंड, लक्ष्मन को हमारे गिरोह में भेज दे, साल में उसे चोरी करने के काम में तैयार कर देंगे। तेरे घर में खुशियाँ लौटेंगी। भरपूर कमाई हो जाया करेगी।'' पर मेरे बाबा ने यह पक्का इरादा किया था कि लक्ष्मन को पढ़ाना ही है। बाबा इस मामले में किसी की भी सुनने को तैयार नहीं था। इसलिए मैं पढ़ सका। नहीं तो मैं आज 'चोर' के रूप में ही मुँह छिपाकर जीता।

जब मैं दूसरी कक्षा में गया तब एक बार गुरुजी ने मेरी पिटाई की। कारण किताब मेरे पास नहीं थी। बाबा से माँग-माँगकर मैं थक चुका था। आखिर बाबा ने अपने

मालिक से कुछ अग्रिम माँग लिया और किताब लाने लातूर गया। गुरुजी के यहाँ जाकर मैंने पुस्तक तथा कॉपियों की चिट्ठी उसे लाकर दी। लातूर से बाबा किताब, कॉपी और पेन ले आया। उस दिन मैं बड़ी हिम्मत से कमीज की जेब में पेन लटकाकर स्कूल गया। बाबा ने कहा, "पुस्तक और कॉपी ठीक से सँभाल, नहीं तो मारूँगा।" कुछ दिनों बाद जब बाबा चामले के बगीचे से घर आया, तब उसने मुझसे पूछा, "किताब ठीक से रखी है न, बता ?" बाबा ने कॉपी देखी और अपनी चप्पल लेकर लगा मुझे पीटने। मेरी सुन भी नहीं रहा था। कहने लगा, "कॉपी क्यों खराब कर दी ? पेन क्या मैंने इसलिए लाकर दी थी !" बहुत पिटाई की। मेरा चिल्लाना सुनकर भाई आया। मैं घबराकर उसके पीछे जा छिपा। भाई ने मेरा पक्ष लिया। बाबा उसे भी गालियाँ देने लगा। "नई कापी खराब कर दी भड़वे ने। इस कॉपी के लिए मैंने मालिक से गिड़गिड़ाकर पैसे लिए थे। क्या इसलिए कि ये कॉपी खराब करे।" तब भाई ने कहा, "पेन लिखने के लिए ही होती है। कॉपी पर ही लिखना पड़ता है।" पर बाबा को विश्वास कहाँ ? उसने पड़ोस के बढ़ई के लड़के को बुलाया, उससे पूछा। उसने कहा, "तुम्हारे लड़के ने कॉपी पर शुद्ध लेखन का काम किया है। यही पढ़ाई होती है।" तब बाबा को विश्वास हुआ। उसने इतना ही कहा, "मैंने तुझे बेकार ही पीटा। अब चुप बैठ।"

स्कूल जाने के पहले मैं कभी-कभार ही दाँत साफ करता। पर पुस्तक में पाठ पढ़ने के बाद मैं रोज दाँत साफ करने लगा। ठीक से मुँह धोने लगा। घर की औरतें कुएँ या नदी से पानी लाकर मिट्टी के एक बड़े घड़े में उड़ेल देतीं। पाँच-छह घड़े पानी उसमें उड़ेला जाता। इस घड़े को धोने का काम कभी मेरी ओर आ जाता था। तब उसके तल में छोटे-छोटे कीड़े, मेढक, केकड़े, कीचड़, कचरा आदि निकलता। हम सब बिना किसी झिझक के इसमें से पानी पीते थे। शुद्ध पानी पीना चाहिए, ऐसा किसी को लगता ही नहीं था। स्कूल जाने के बाद अब मैंने यह काम अपने हाथों में लिया। हर रविवार को सतत मैं इसे धोने लगा, पूरी झोंपड़ी साफ करने लगा और घर के दूसरे सदस्यों को सफाई का महत्त्व समझाने लगा। इस पर भाभियाँ खार खाने लगीं। "अपने गुरुजी को यह सब सिखा, हमें नहीं," ऐसा कहतीं। जब मजदूरी मिलती, तब घर के सभी सदस्य बाहर निकल जाते। मैं गाय या भैंस का गोबर ढूँढ़कर लाता, उसे पानी में मिलाता और सारा घर उससे लीपता। जब शाम को सब लौट आते तब मेरी प्रशंसा होती। मैं सोचता, इससे घर की औरतें कुछ सीख लेंगी। इतर समय में भी वे लीपेंगी। यहाँ सब कुछ उल्टा ही था। पहले साल-छह महीने में किसी त्यौहार पर घर की औरतें घर लीपती थीं। अब तो उन्होंने वह भी बंद कर दिया। वे कहने लगीं, "चलो, बाहर निकलें, आज लक्ष्मन की छुट्टी है। वह घर लीपेगा ?"

एक बार स्कूल में 15 अगस्त की तैयारियाँ चल रही थीं। यह दिन स्कूल के लिए खुशी का दिन होता था। एक दिन मैंने ढिमढिमे गुरुजी से कहा, "गुरुजी, मुझे भाषण करना है।" तब गुरुजी ने मेरी हिम्मत बढ़ाई। ढिमढिमे गुरुजी दलित थे। उन्हें मेरी पढ़ाई में बहुत दिलचस्पी थी। उठाईगीर जाति का लड़का पढ़ रहा है, इस पर उन्हें आश्चर्य

भी होता। उन्होंने कहा, "तू भाषण कर, तेरा नाम मैं लिख लेता हूँ।" मुझे भी बड़ी खुशी हुई। गाँधीजी और जवाहरलालजी के पाठ को बार-बार पढ़कर मैंने भाषण की तैयारी की।

15 अगस्त के दिन कार्यक्रम शुरू होने के बाद ढिमढिमे गुरुजी ने कहा कि इस स्कूल का एक लड़का अब भाषण देगा, उसके बाद गाँव के पटेल बोलेंगे। फिर गुरुजी ने मुझे इशारा किया। मैं वहाँ गया। बहुत बोलने की इच्छा थी। परन्तु सामने गाँव के लोगों को इतनी बड़ी संख्या में देखकर मैं घबरा गया। गाँव के सरपंच के सामने खड़े होने से हम लोग घबराते थे। यहाँ तो वे सामने बैठे थे। मैं हकलाने लगा। पर बावजूद इसके मैं झंडे के नीचे खड़ा हुआ। गाँव के प्रतिष्ठित लोग कुर्सियों पर बैठे हुए थे। मैं पूरी हिम्मत के साथ बोलने लगा—

"मेरे विद्यालय के मेरे सभी गुरुजी और गाँव के सभी बड़े लोग, भाइयो और बहनो, आज के दिन देश स्वतन्त्र हुआ था, इसलिए हमने आज प्रभात फेरी निकाली। हमारे देश के महात्मा गाँधी और पंडित जवाहरलाल नेहरूजी ने 1947 में देश को स्वतन्त्रता दिलवा दी, हमें उसे सँभालना चाहिए।" यह सब बोलते समय मेरे हाथ-पैर काँप रहे थे। मैंने इतना ही याद किया था। इसके आगे याद आ ही नहीं रहा था। फिर मैं वापिस आकर बैठ गया। इतने से ही पूरे गाँव में चर्चा शुरू हो गई कि आज पाथरूट (पत्थर तोड़ने वाली जाति) के लक्ष्या ने भाषण किया है। प्रभात फेरी में वह गाना भी गा रहा था। इस चर्चा से मुझे यह महसूस होने लगा कि मैं कुछ विशेष हूँ। बाबा को पता चल गया कि मैंने भाषण किया है। बाबा ने कहा, "अब तू आगे पढ़। अगले वर्ष मैं मालिक से अग्रिम लेकर साइकिल दिला दूँगा।" इन दिनों मैं मन-ही-मन सोचता कि अब की अगर मैं पास हो गया तो कम-से-कम पुलिस या चपरासी की नौकरी तो मिल ही जाएगी।

स्कूल जाना शुरू हो गया। उन दिनों घर की हालत खस्ता हो गई थी। कभी-कभी तो तीन-तीन, चार-चार दिन चूल्हा जलता ही नहीं था। बाबा अपने मालिक चामले के यहाँ खा लेता था। चूँकि घर में मैं सबसे छोटा था, इसलिए बाबा मुझे अपने यहाँ बुला लेता और मालिक से मिली रोटी में से आधी मुझे देता। खुद अधभूखा रहता। मुझे कहता कि स्कूल छूटने के बाद तू इधर आ जाया कर और चामले के यहाँ से मेरा खाना ले आया कर। बाबा गाँव से थोड़ी ही दूर स्थित चामले के बगीचे में रखवाली करता था। चामले के घर से रोटी लाने उसे ही जाना पड़ता था क्योंकि उन दिनों घर में कभी-कभार ही कुछ बनता था। कभी मिलो (पीली ज्वार, सामान्य कोटि की) को कूटकर उसमें नमक-मिर्च मिलाकर सबमें थोड़ा-थोड़ा बाँट दिया जाता था। घर में सदस्य भी काफी थे। एक बड़े पतीले में ज्वार की खिचड़ी पकाई जाती। राशन की दुकान से कभी-कभार एक किलो मिलो मिल जाता था। प्रत्येक के हिस्से चार-चार चम्मच खिचड़ी आती। उसमें इतना पानी डाला जाता कि हम इसे पी लेते। इससे पेट नहीं भरता था। चूँकि मैं छोटा था, इसलिए उन दिनों मेरा खयाल अधिक रखा जाता था, पर मैं जब

सबके सामने होता तब ही। इसलिए मैं भूख लगने के बाद भी खाने नहीं बैठता। अण्णा और भाऊ कब खाने बैठते हैं, इस पर मैं नजर रखता। उनके साथ बैठता। भाभियों को यह ठीक नहीं लगता था। मेरे मर्द के हिस्से की खिचड़ी यह खाता है, इसलिए वे गुस्सा करतीं। कभी-कभार भाऊ, अण्णा, दादा मुझे अपनी थाली में खाने नहीं देते, तब मैं थाली को जुबान से चाटते हुए वहीं बैठता। उन्हें कनखियों से देखता। वे भी भूखे होते। बावजूद इसके मुझे थाली चाटते देखकर वे गुस्सा करते और अपनी थाली में से कुछ दे देते। इतना खाकर भी मैं भूखा ही रहता। सबका खाना होने के बाद बर्तन के तली में चिपके रह गए अन्नकणों को मैं ढूँढ़ता, या वहाँ चिपके या जले हिस्से को पोंछकर निकालता और खाता। आज भी याद नहीं है कि उन दिनों कभी एक समय भरपेट भोजन मिला हो। इस कारण बाबा के पास पहुँच जाता। चामले के यहाँ से उनकी रोटी लाकर देता।

चामले के यहाँ से जो खाना बाबा को दिया जाता था, उसकी याद आज भी मेरे दिमाग में ताजा है। उस घर की किसना माय बड़े हाथ की औरत थी। बाबा की देखभाल वह ठीक से रखती। मिट्टी के एक लोटे में छाछ, एक लोटे में रसेदार सब्जी और एक चीथड़ में ज्वार की रोटियाँ बाँधकर देतीं। मैं इन्हें लेकर निकलता। सब्जी की गन्ध फैलने लगती। ज्वार की सफेद रोटियाँ, छाछ देखकर मेरे मुँह में पानी भर आता, लार टपकने लगती। एक मन कहता कि यह खाना बाबा का है, वह दिन-भर मजदूरी करता है। पर भूख की आग से मैं लाचार हो जाता। ऐसी रोटियाँ, ऐसी सब्जी, ऐसी छाछ घर पर कभी भी नहीं मिलती थी। कब गाँव की सीमा खत्म होगी और कब मैं इसे चखूँगा, मैं सोचता रहता। गाँव की सीमा खत्म हो जाने के बाद मैं इधर-उधर देखता, कपड़े में बँधी रोटियों को छेद में से तोड़ता, दो उँगलियों से उन्हें बाहर निकालता, मुँह में रखता। छाछ के लोटे में एक लकड़ी डालकर उसे हिलाता और थोड़ी-सी छाछ पी लेता। भूख इतनी होती कि सब कुछ साफ करने की इच्छा होती। पर बाबा भूखा रहेगा—इसकी भी चिन्ता होती। इस कारण रोटी को इस कदर तोड़ता कि उसे समझ में नहीं आता कि उसे मैंने खाया है। ठीक से मुँह पोंछकर मैं बगीचे में जाता और बाबा-बाबा कहकर आवाज देता। बाबा भूख से परेशान होता। रोटी की प्रतीक्षा करते बैठा होता। वह रोटी खाने बैठता। मुझसे पूछता कि लक्ष्या घर में आज क्या बना था ? मैं कहता, खिचड़ी। बाबा मुझे अपनी आधी रोटी देता और रसेदार सब्जी भी। मैं उसके साथ खाता। बाबा को विश्वास हो जाता कि मैंने चोरी-छिपे रोटी नहीं खाई है। रोटी कम भी लगती तो वह कभी मालकिन से शिकायत करने नहीं जाता। इस कारण मेरी चोरी छिप जाती। मैं सोचता कि मुझे भरपेट भोजन कब मिलेगा ?

चामले के जो लड़के स्कूल आते, उनकी जेबों में मूँगफली या अन्य चीजें होतीं। मैं उनसे माँगता। मुझे लगता कि भगवान् ने मुझे चामले के घर में क्यों पैदा नहीं किया ? मुझे भी उनकी तरह खाने को मिलता। उनकी तरह कमीज-नेकर मिलती। हमारे घर में तो बारह मास अभाव-ही-अभाव था।

आषाढ़-श्रावण में तो रोटियाँ देखने को भी न मिलतीं। इन दिनों हम बाबा के बगीचे से शकरकन्द की पत्तियाँ तोड़कर ले आते। उन्हें पकाकर पानी निकाल देते। उबले पत्तों को पीस लेते। उनके लड्डू बना कई दिन इसी पर निकालते। चामले के खेत की हरी पत्तियाँ हमने साफ कर दीं। जब चामले को पता चला तो उन्होंने पिताजी को गालियाँ देकर काम पर से हटा दिया। हम भूखों मर रहे थे, इसलिए बाबा हमें कुछ कह नहीं पा रहा था। बाबा ने मालिक को सब कुछ बता दिया। फिर भी मालिक नहीं माना। जिन पत्तियों को जानवर तक नहीं खाते थे, उन्हें हम खा रहे थे, तो भी बाबा को काम से निकाल दिया गया। आठ दिन से बाबा घर पर थे। अब तो हमारी और भी बुरी हालत हो गई। गाँव में मजदूरी नहीं दी जाती थी। बाबा हमेशा पगार पहले ही लेता था। इसलिए शिकायत की भी गुंजाइश नहीं थी। इसके बाद अन्य जंगली पत्तियों पर हमने कई दिन निकाले। इन पत्तों को खाने से टट्टी लग जाती। एक बार तो पत्तियाँ बहुत कम मिलीं। तब हमारी बड़ी भाभी कुछ जंगली पौधों के पत्ते ले आई। चार दिन से हम भूखे थे। तब उन पौधों को तवे पर गरम कर, नमक डाल हम सबने थोड़ा-थोड़ा खा लिया। वह सब्जी इतनी जायकेदार लगी कि बस पूछिए मत। सबको बाँटने के बाद भाभी किसी काम से बाहर गई। अपने हिस्से की सब्जी उसने एक कटोरे में निकालकर रख दी थी। घर के सभी लोगों के बाहर निकल जाने के बाद, मं उस सब्जी को चखना चाहता था। पर मेरा हाथ वहाँ नहीं पहुँच रहा था। मैंने एक टोकरी ली, उसे उल्टा करके रखा और उस पर पैर रखकर कटोरी उठाने की कोशिश करने लगा। कटोरी में हाथ डालकर मैंने थोड़ी-सी सब्जी खा ही ली। ठीक उसी समय भाभी अंदर आई। उसने मुझे उस हालत में देख लिया। गुस्से से उसने अपने हाथ की लकड़ी मेरी पीठ पर दे मारी। कहने लगी, "भड़वे, केसर देवरानी की सब्जी भी तू हड़प रहा है।" मैं जोर-जोर से रोने लगा। रोते हुए मैंने कहा, "मैंने तो थोड़ी-सी चखी-भर है।" इसी समय छोटी भाभी अन्दर आई। उसे कहीं से आधी रोटी मिली थी। दोनों मेरे सामने बैठकर उस रोटी को आपस में बाँट खाने लगीं। मैं उनकी ओर बैठा देखता रहा। रात में मैंने दादा और अण्णा से कहा कि बड़ी भाभी ने मुझे नाहक ही पीटा है। दादा ने बड़ी भाभी को गालियाँ दीं। मैं चाह रहा था कि दादा बड़ी भाभी की पिटाई करे। इसलिए मैंने अपनी ओर से बहुत कुछ नमक-मिर्च लगाकर कहा था। पर सब बेकार गया।

भूख से जब मैं बहुत ही बेहाल हो जाता तो अमावस्या या पूर्णिमा के दिन श्मशान भूमि के रास्ते निकल जाता क्योंकि आषाढ़-श्रावण में गाँव के लोग खाने की चीजें और नारियल भूत-प्रेत बाधा के डर से अपने लाड़लों पर से उतारकर वहाँ फेंका करते थे। भूत-प्रेत की बाधा के डर से इन चीजों को कोई उठाता भी नहीं था। मैं लात मारकर नारियल दूर फेंक देता और खाने की चीजें उठा लेता। खाने की चीजों पर कई बार कोयला रखा मिलता। किसी पेड़ के नीचे बैठकर मैं ये चीजें खा लेता। बाद में नारियल फोड़कर वह भी खा लेता। परन्तु ऐसा करते समय नारियल के एक टुकड़े को और खाने की चीजों में से कुछ निकालकर मैं उसी स्थान पर रख देता। अगर कहीं भूत-प्रेत हो,

तो उसे उसका हिस्सा मिल जाए और वह मुझे परेशान न करे, इस इरादे से मैं यह सब करता। बाद में घर आता। परन्तु घर के भीतर जाने के पहले पैरों को धो लेता, क्योंकि मैंने सुन रखा था कि भूत पैरों के रास्ते घर में घुसते हैं। आषाढ़-श्रावण में तो 15-15 दिन रोटी का टुकड़ा भी देखने को न मिलता।

एक बार हम लोग करीब नौ दिन से भूखे थे। केवल पानी पीकर जी रहे थे। तब बाबा एक आना कहीं से उधार ले आया। एक छटाँक गुड़ लाकर एक बर्तन में काफी पानी डालकर उसमें गुड़ को उबाला गया। बाद में इस गुड़ के पानी को हम सबने पी लिया।

उस दिन बाबा हम सबको अपनी बाहों में लेकर रोया। उन दिनों मैं दिन-भर घूरे पर भटकता। इमली के बीज या आम की गुठलियाँ इकट्ठी करता और उन्हें भूनकर खाता। कभी-कभार बाबा या दादा किसी दूसरे गाँव जाकर सुअर के किसी पिल्ले को पकड़कर ले आते। उसे भूनकर सब लोग खा लेते। पेट की इस आग से परेशान हो मैं कई बार चक्की के दो पाटों पर नमक छिड़ककर उन्हें चाटता।

कई बार तो स्थिति इससे भी बदतर हो जाती। तब दादा, भाऊ, अण्णा, नाऱ्या, तुलसीराम, भीमा सब इकट्ठे होकर दूर किसी खेत में जाते। जहाँ अच्छी फसल खड़ी हो, उसे पहले ही देख आते। रात में वहाँ चोरी-छिपे घुसकर भुट्टे, हरी मिर्च, फलियाँ आदि तोड़कर ले आते। रात में ही चोरी का बँटवारा होता। इस चोरी का पता सबेरे किसी को न हो, इसलिए रात में ही भुट्टों को रौंदकर दाने निकाले जाते। चूल्हा सुलगाकर वे कच्चे दाने भूने जाते। चोरी का कोई संकेत न मिले, इसलिए भुट्टों के अवशेष जला देते। रात में ही औरतें उन दानों को कूटतीं। तब तक मैं चूल्हे पर बड़े बर्तन में पानी रखता। कूटे हुए दाने पकाए जाते और तीन-चार दिन की भूख इस तरह बुझाई जाती। परन्तु पेट की आग इससे पूरी बुझती नहीं थी। सबेरे उठने पर मैं चूल्हे के आसपास बिखरे दानों को चुन-चुनकर खाता। उन दिनों दो-दो महीनों तक मुझे रोटी नहीं मिलती थी।

हमारे घर के लोग जब रात में चोरी करने जाते और अगर किसी कारण अथवा सन्देह से किसान जाग जाते, तो तुलसीराम नामक हमारा रिश्तेदार सियार, घुग्घु की हू-ब-हू आवाज निकालता। इससे किसान थोड़ी देर इधर-उधर देखकर सो जाते और हमारे लोग आसानी से अपना काम पूरा करते।

एक बार जब हमारे लोग शिवणी नामक गाँव के खेतों में चोरी करने गए, तब एक किसान ने भुट्टे तोड़ते हुए इन्हें देख लिया। वह जोर-जोर से चिल्लाने लगा, "चोर-चोर !" और पत्थर बरसाने लगा। हमारा गिरोह भाग खड़ा हुआ। चुराए गए भुट्टे उन्होंने वहीं फेंक दिए। परन्तु दादा को इसका एहसास था कि घर के सभी लोग दो दिन से भूखे हैं, इस कारण उसने भुट्टे नहीं फेंके। भुट्टों को लेकर तेजी से दौड़ना संभव नहीं था। इस आपाधापी में एक पत्थर उसे लग गया। सिर फट गया। बावजूद इसके दादा भुट्टे नहीं फेंक रहा था। काफी दूर आने के बाद गिरोह के साथियों ने उसकी सहायता

की। उसके जख्म को जंगली पत्तों से भरा। देर रात घर आने के बाद खून से लथपथ धोती को भाभी ने धो दिया। दादा सुरक्षित आया, इसकी हमें खुशी थी। अगर उस दिन दादा पकड़ा जाता तो उसकी खैर न थी। वे उसे जान से मार डालते।

भाड़गाँव के लोग कभी भूखे नहीं मरते। वे चोरी करने में उस्ताद थे। इस कारण हमारे गाँव के लोग भाड़गाँव में अपनी लड़की देने के लिए हमेशा तैयार रहते। भाड़गाँव कवठा, सलगरा और सोलापुर में लड़की की अगर सगाई हो गई तो वह जिन्दगी भर चैन से रहेगी, ऐसा हमारे गाँव के लोग सोचते। इस कारण इन गाँवों के लड़कों की काफी माँग थी। उन्हें लड़की देने के लिए बड़ी स्पर्धा होती। हमारी बिरादरी में इन गाँवों की प्रतिष्ठा थी। 'उठाईगीरों का कवठा', 'चोरों का भाड़गाँव' आदि नामों से ये गाँव जाने जाते थे। हमारे गाँव के लोग केवल आषाढ़-श्रावण में ही चोरी करते। बाकी दिनों में ये भीख माँगते। मजदूरी तो इन्हें मिलती ही नहीं थी। मेरा एक भाई और नार्‍या, जिसे तुलसीराम ने खरीद लिया था, दोनों ही चोरी करना सीख गए थे। मेरी बिरादरी के संभा, भीमा और पांडुरंग के पास गधे थे। वे दस-पन्द्रह दिन में एक बार गधों को साथ लेकर चक्की टाँकने जाते। कुछ मजदूरी मिल जाती। जब वे काम पर से आते तो पूरी गली भरी हुई लगती। जिधर देखो उधर गधे और कुत्तों की भीड़। वे काम पर गए कि गली में एकदम खामोशी। तुलसीराम, संभा, पांडुरंग और लिंगा जब लौटते तो हम लोग उनके साथ देर रात तक गपशप करते रहते। तुलसीराम, संभा अपना कोई अनुभव सुनाते। क्या-क्या खाते रहे, कितनी शादियों में गए, आदि। शिवणी के पटेल की औरत ने बड़े-बड़े लोटों में किस प्रकार छाछ और मोटी-मोटी रोटियाँ दी थीं, रमजेनपुर की शेवंता ने किस प्रकार भरपेट पुरण-पोली (मीठी रोटियाँ) खिलाईं, इसका वर्णन वे करते, उनकी बातचीत सुनकर मुँह से लार टपकने लगती। इच्छा होती कि मैं भी स्कूल छोड़कर इनके साथ निकलूँ। बाद में पता चलता कि तुलसीराम जानबूझकर ये झूठी बातें हमें बतलाता है। हम भूखे जो थे।

किसी गाँव में अगर कहीं शादी होती अथवा मौत का खाना होता, तो मैं तुलसीराम, नार्‍या और तुक्या वहाँ इकट्ठे होकर जाते थे। मेरे गाँव के आसपास जो और गाँव थे—रमजनपुर, उमरगा, शिवणी, भुसनी, बाभलगाँव, भातखेड़ा, उनमें कब और किसके यहाँ शादी है, कौन पूरे गाँव को न्योता दे रहा है, किस बड़े घर में कब मौत हुई है, वहाँ खाना कब दिया जा रहा है, इसकी ताक में हम रहते। जब पता चलता तब हम सारी बिरादरी को बता देते कि वहाँ जाना है, फिर क्या ! मैं, घर की औरतें, बच्चे घर की थालियाँ, बर्तन, कटोरे जो मिले उसे लेकर निकलते। आठ-दस किलोमीटर पैदल चलते। उस दिन सबेरे से पानी भी न पीते। तुलसीराम कहता, "देखो, पानी पीने से अधिक खाना नहीं खा सकोगे। इतना खाओ कि एक-दो दिन भूख ही न लगे।" कभी बारिश में, तो कभी कड़ी धूप में निकलते। गरम रेत से पैर जलते। काँटा चुभने से भयानक पीड़ा होती। पर यह सब सहते। वहाँ कब पहुँचेंगे, कब भोजन पर टूट पड़ेंगे—इतना ही हमारे दिमाग में होता। उलटियाँ होने तक खाते।

एक बार की बात है। मुसनी के पटेल के लड़के की शादी थी। दो-तीन गाँवों को न्योता था। बूँदी के लड्डू थे। सब मिलकर साथ निकले। मैं एक पंगत में बैठा। एक बार खा लिया। वहाँ से निकलकर थोड़ी देर बाद फिर पहुँचा। फिर बैठ गया। लड्डू परोसे कि उन्हें छिपाया। गाँव के बाहर हमने तुक्या को खड़ा कर दिया था। लड्डू परोसे कि बड़ी चालाकी से उन्हें जेब में डाल मैं वहाँ से निकलता और तुक्या के पास जा जमा करता। हम चार-पाँच लोग लगातार यह काम कर रहे थे। काफी लड्डू जमा हो गए। हम यही सोचकर चोरी कर रहे थे कि भाई, हमने तो खा लिया, पर घर के कुछ सदस्य तो भूखे हैं, उनके लिए भी ले जाएँ। पर किसी परोसनेवाले को मुझ पर शंका हो गई। वह मुझ पर नजर रखने लगा। मुझे पता ही नहीं चला। मैं तीसरी बार फिर पंगत में जा बैठा। उसने मुझे पकड़ लिया और उतने लोगों के बीच लगा पीटने। "क्यों बे, किस गाँव का है ? तेरे बाप का माल है क्या ? कितनी बार खा चुका है, बोल ?" मैं गिड़गिड़ाने लगा, "नहीं मालिक, अब ऐसी गलती नहीं होगी।" वह बोला, "इसकी माँ की... ! पता नहीं, किस ज़ाति का है ? पूरी पंगत भ्रष्ट कर दी साले ने। तीन बार आया था बदमाश।" तब लोगों ने कहा, "जाने दो, भगा दो, आज छोड़ दो।" तब कहीं उसने मुझे छोड़ा। मैं रोता हुआ गाँव से बाहर आया। मेरी पिटाई होते देख मेरे सभी साथी भाग गए थे। पिटाई के भय से मैं वहाँ सच कह दूँगा और इकट्ठे किए लड्डू भी छीन लिए जाएँगे, इस भय से मेरे सभी साथी भाग गए थे। वहाँ से करीब तीन-चार कि.मी. की दूरी पर वे जाकर खड़े थे। मैं रोता हुआ उन तक पहुँचा। डर था कि अब तक चुराकर लाए हुए लड्डू तुक्या और संभा लेकर न भाग गए हों। इसलिए मैं उन्हे ढूँढ़ रहा था।

तुलसीराम मुझ पर बरस पड़ा, "लक्ष्या, तू बड़ा बेवकूफ है। तेरी अक्ल कहाँ गई थी ? उसी पंगत में फिर क्यों जा बैठा ? हर पंक्ति को परोसनेवाले निश्चित व्यक्ति होते हैं। हर बार पंक्ति बदलनी चाहिए थी, इसीलिए तो तेरे बाप को हम कहते थे कि बेटे को स्कूल मत भेज। चोरी के इन कामों में तू बेवकूफ ही निकला। हाँ, मेरे तुक्या को देख। वह स्कूल कभी नहीं गया। पर देख, कितनी फुर्ती है उसमें, कभी भी पकड़ा नहीं जाता। अरे बेवकूफ, स्कूलों में लाला-बामन जाया करते हैं, हम क्या लाला-बामन हैं ? हमारे नसीब में तो चार गाँवों में घूमना, माँगना और खाना ही लिखा है। खैर, जाने दे। कुछ भी हो, पर तूने हम लोगों के नाम और पते नहीं बताए, यह अच्छा हुआ। हम लोग तो डर रहे थे कि तू कहीं हमारे नाम तो नहीं बताएगा ? अगर ऐसा करता तो हमारी भी पिटाई होती।"

तुक्या, संभा, तुलसीराम और मैं सभी गाँव की ओर निकले। अपने हिस्से के लड्डू लेकर अपने-अपने घर चले गए। जब मैं झोंपड़ी में पहुँचा और लड्डू दिखाए तो सभी लोग उन पर ऐसे झपटे जैसे मरे हुए जानवर पर कुत्ते झपट पड़ते हैं। कुछ ही क्षणों में लड्डू खत्म हो गए। इतनी अच्छी चीजें बार-बार खाने की इच्छा होती थी। इसके लिए किसी भी प्रकार का अपमान, गालियाँ या मार सहने के लिए मैं तैयार हो जाता। उस स्वाद के सामने ऐसी बातों का कुछ भी बुरा न लगता। चाहे जितना अपमान हो,

पर कुछ तो खाने को मिले, यही कोशिश होती।

धनेगाँव में मस्के, चामले, करे आदि के यहाँ हर वर्ष पितरों के नाम भोज दिया जाता था। उन दिनों हमारा गिरोह किसी-न-किसी के घर में घुस जाता। मैं, तुक्या, नार्‌या, केर्‌या थालियाँ लेकर निकलते। हममें से कोई एक यह सूचना लेकर आता कि अब पंगत बैठने वाली है। पंगत जैसे ही बैठ जाती, हम तेजी से वहाँ पहुँच जाते। भीतर लोग पत्तल के सामने बैठे होते। बाहर हम थालियाँ लेकर खड़े हो जाते। परोसनेवाला कोई गया कि चिल्लाते, "माय-बाप, हमें भी परोसिए।" खाना खाते हुए लोगों का ध्यान हम अपनी ओर खींचते। इतने जोर से चिल्लाते कि उन्हें पता चले। हमारे साथ कुत्ते भी इकट्ठे हो जाते। जूठी पत्तलों को चाटने की मुद्रा में वे प्रतीक्षा करते। एक ओर कुत्ते रहते तो दूसरी ओर हम लोग परोसने के लिए चिल्लाते। जब पंगत उठ जाती तो लोग हाथ धोने बाहर आते। उनमें से कोई एक भीतर जाकर कहता कि उन्हें कुछ परोस दो। दो-चार लोगों के कहने पर परोसनेवाला हमारी ओर आता। हिकारत की नजरों से देखते हुए हमें कभी ताजा अन्न अथवा कभी पत्तलों में बचा-खुचा जूठा अन्न परोसता। हम खुशी से उस जूठन को लेकर निकलते। उसमें से अच्छी चीजें रास्ते में ही खा लेते। पर कभी-कभार घंटों खड़े होने पर भी हमारी ओर न कोई देखता, न कोई कुछ परोसता, उलटे गालियाँ देकर हमें भगाया जाता।

भूख की इस हालत में मैं रोज स्कूल न जा पाता था। इसलिए बालाचार्य गुरुजी मुझे बहुत पीटते। इन हालात में किसी-न-किसी प्रकार चौथी बोर्ड की परीक्षा में मैं पास हुआ। उन दिनों मैं सोचता कि आगे पढ़ूँ या न पढ़ूँ ? सोचता कि एक बार चौथी पास हो गया कि पुलिस या चपरासी की नौकरी लग जाएगी और रोज पेट-भर खाना मिलेगा। इसलिए मैं चौथी में खूब पढ़ाई करता।

बाबूशाह का सोपान चोरी करने में बहुत कुशल था। उसकी चौथी पत्नी भी चोरियाँ करने में बहुत चतुर थी। उसका नाम था यल्लवा। यूँ सोपान मेरा बहनोई था। इस कारण हमारे उसके बहुत निकट सम्बन्ध थे। सोपान और उसकी इस औरत की बहुत कमाई थी। सोपान सिर पर कीमती कपड़े की पगड़ी बाँधता। सोने की अँगूठी भी पहनता। यल्लवा भी ठीक-ठाक रहती। खानदानी औरत लगती। दोनों मेलों में जाते। यल्लवा औरतों के मंगलसूत्र, सोने के विविध हार दाँतों से तोड़ती। किसी को पता ही नहीं चलता, इतनी कुशलता से वह यह काम करती। एक बार किसी मेले में जाती तो दो-तीन छटाँक सोना लेकर आती। कभी-कभार हमारे यहाँ आती। आठ-दस दिन मुकाम करती। कहती कि मैं अगर अपने गाँव की ओर गई तो पुलिस परेशान करेगी। इसलिए हमारे यहाँ रुकती, कहीं किसी शहर में जाकर सोना बेच आती, हिस्से करती।

यल्लवा जब भी आती, साथ में दो-तीन गठरियाँ लाती। ये गठरियाँ निश्चित ही चोरी की होतीं। उनमें कीमती साड़ियाँ, चादरें, धोतियाँ होतीं। इनमें से कुछ हम खरीद लेते। हमारी बिरादरी के लोगों में भी वह इन्हें बेचती। गाँव के सवर्णों को भी पता था कि यह चोरी का माल है। फिर भी वे इसे खरीदते। काफी सस्ते में बेचती। ये कपड़े

बहुत नए नहीं होते थे। पाँच-छह रुपयों में साड़ी या धोती मिलती तो गरीब सवर्ण भी खरीद लेते। जब तक मैं धनेगाँव में था, मुझे याद नहीं है कि मैंने कभी कोई नया कपड़ा खरीदा हो। उठाईगीरों से पुराने कपड़े खरीद लिए जाते। इस तरह यल्लवा का हमें काफी सहारा था। इन पुराने कपड़ों को पहनकर मैं नेता की तरह घूमता।

एक बार अण्णा, दादा और भाऊ चोरी करने गए। मैंने माणिकदादा से कहा कि इस बार मैं भी साथ चलूँगा। आप लोग चोरी करने तुलजापुर निकले हैं, मेरी छुट्टियाँ हैं, मैं भी चलूँगा। "देवी के दर्शन करना चाहता हूँ।" मैं बार-बार कहने लगा। अण्णा ने कहा, "देख, तू स्कूल जाता है। पुलिसवालों ने अगर पकड़ लिया, तो तुझे स्कूल से हमेशा के लिए निकाल दिया जाएगा। 'चोर' का ठप्पा लग जाएगा। पुलिसवालों के दफ्तर में नाम लिख जाएगा।" पर मैं कहाँ मानता ? मैं केवल इतना जानता था कि इनके साथ चले जाने से भरपेट खाना मिलेगा और खाने में अच्छी-अच्छी चीजें मिलेंगी। मेरा आकर्षण इतना ही था। मैं रोने लगा। जिद कर बैठा कि मुझे जाना ही है। आखिर में उन्होंने मुझे साथ ले लिया। जिस दिन निकलना था, उस दिन एक मुर्गा खरीद लिया गया। पटेल की दुकान से मैं ब्लेड ले आया। इस ब्लेड से भाऊ ने मुर्गे की गरदन काट दी। सभी के लाइसेंस पर और झोंपड़ी में स्थित भगवान की तस्वीरों पर भाऊ ने रक्त छिड़का। सबने ब्लेड को, लायसेंस को और भगवान की तस्वीरों को नमस्कार किया। सबने एक स्वर में कहा, "माँ भवानी, तुलजा माँ, चोरी के कार्य में हमें यश दे, अच्छी आमदनी होने दे।" फिर सबने परड़ी और कौड़ियों की माला को भक्ति-भाव से स्पर्श किया, नमन किया। लातूर से तुलजापुर जाने के लिए हम लातूर रेलवे-स्टेशन पर आए। दादा का परिचित पुलिस का आदमी वहाँ मिला। दादा का नाम पुलिस-दफ्तर में था। पुलिसवाले ने पूछा, "ऐ मानक्या, कहाँ जा रहा है ?" दादा हकलाने लगा। तब तक भगवान, अण्णा, संबा और भाऊ सँडास में छिप गए। मैं गठरी लिए दूर खड़ा था। तब दादा ने उस पुलिसवाले से कहा, "कहीं नहीं साब, जावली जा रहा हूँ रिश्तेदार के यहाँ।" पुलिसवाले ने कहा, "भैणचोद झूठ बोलता है ? इस रेल से तू तुलजापुर के मेले जा रहा है। है न ? कहाँ हैं तेरे साथीदार, बोल ? कुछ देगा या ले जाऊँ पुलिस स्टेशन ?" तब दादा ने कहा, "नहीं साब, पैर पड़ता हूँ, सच में जावली जा रहा हूँ।" पुलिसवाले ने कहा, "साले, कल यहाँ लातूर के बस स्टैंड से एक हजार का बटुआ किसी ने मारा है, बोल, यह किसका काम है ? तुम्हारे ही गिरोह का काम होगा।" तब दादा गिड़गिड़ाने लगा। जेब से तीस रुपए निकालकर उसने पुलिसवाले को दे दिए। पुलिसवाले की बाँछें खिल गईं। कहने लगा, "अब जा, पर बाद में आकर मिलना। इतने से बात नहीं बनेगी, हाँ।" यह सब देख मेरे हाथ-पैर काँपने लगे। सोचने लगा, "अब मेरी खैर नहीं। अब मेरा नाम पुलिस-स्टेशन में जाएगा। स्कूल से हमेशा के लिए छुट्टी हो जाएगी।" दादा को पुलिस पकड़ ले जाएगी—इस डर में मैं बहुत परेशान था। तब तक दादा मेरी ओर आ गया। पूछने लगा, "संबा, भगवान कहाँ हैं ?" इस बीच भगवान, अण्णा, संबा सँडास से बाहर आ गए। इतने में रेल आ गई। हम सब तेजी से उसमें घुस गए। मेरा

डर अभी तक गया नहीं था। फिर कहीं से पुलिस न आ टपके, इसलिए मैं आखिरी डिब्बे में चला गया। हम एड़शी स्टेशन पर आ गए। वहाँ से बस द्वारा तुलजापुर गए। तुलजापुर पहुँचने के बाद वहाँ की भीड़ देखकर दादा बहुत खुश हुआ। हमारी बिरादरी के कई लोग चोरी करने आए थे। जावली के संतराम बहनोई भी आए थे। संबाभाऊ मुझे देवी के मन्दिर ले गया। वहाँ मैंने तुलजाभवानी के दर्शन किए। उस समय माणिकदादा, भगवान अण्णा भीड़ में घुसकर टोह ले रहे थे। संबाभाऊ यात्रियों की गठरियों पर नजर रख रहा था। काफी दूर एक कोने में गठरियों को सँभालने के लिए उन्होंने मुझसे कहा। एक भाई मन्दिर में जाकर पुरानी चप्पलें छोड़ नई चप्पलें ले आया। उन चप्पलों को गठरियों में बाँधकर रखने के लिए उसने मुझसे कहा। तब तक दादा स्टैंड से 150 रुपए का एक बटुआ मार लाया। अण्णा और भाऊ चार-पाँच चप्पलों की जोड़ी, दो बूट, दो छोटी गठरियाँ ले आए। गठरियों में साड़ियाँ, धोतियाँ और चादरें निकलीं। इसके बाद यह सारा सामान एक स्थान पर रखकर हम सभी स्नान करने के लिए गाय-मुख की ओर गए।

वहाँ संभ्रान्त घरों की औरतें भी आई थीं। उन सबके गले में सोना-ही-सोना था। औरतों ने बोरमाल, वज्रटीका, अँगूठियाँ आदि सभी सोने के अलंकार निकालकर एक कपड़े में बाँध दिए और उस पर टोकरी रख दी। उस टोकरी पर एक बुढ़िया को बिठाकर वे सब नहाने गईं। यह सब देख दादा परेशान हो गया। माल तो काफी था, लेकिन उस पर बुढ़िया बैठी थी। यह सोना कैसे उड़ाया जाए—दादा और अण्णा को कुछ सूझ नहीं रहा था। उसी समय जावली का जीजा संतराम वहाँ आया। उसके साथ यल्लवा थी। दादा ने जीजा से कहा, "वह बुढ़िया जिस टोकरे पर बैठी है, उसके नीचे सोने की गठरी है।" जीजा सोचने लगा कि क्या किया जा सकता है ? इस बीच वह एक किलो पेड़े ले आया। उसने हमें इशारा किया। हम बुढ़िया के पास गए। वहाँ भीड़ लगाकर खड़े हो गए। अजनबी की तरह जीजा हरेक को एक-दो पेड़ा देने लगा। दादा, भाऊ, अण्णा जोर-जोर से चिल्लाने लगे, "मुझे दो, मुझे दो।" आसपास के और लोग हाथ फैलाकर पेड़े माँगने लगे। सबने इसे प्रसाद समझा। पर बुढ़िया अपनी जगह से नहीं हिल रही थी। जीजा ने अब दूसरी चाल चली। पास की दुकान से सौ रुपए का एक नोट देकर वह पाँच-पाँच के नोटों का छुट्टा ले आया। बुढ़िया के पास जाकर उसने चुपके से एक नोट नीचे फेंक दिया। बुढ़िया ने नोट देखा, पर वह टस-से-मस नहीं हुई। अब जीजा धीरे-धीरे चलने लगा और चतुराई से नोट फेंकने लगा। तीसरा नोट जब गिरा तब बुढ़िया टोकरी से उठी। नोटों को बटोरते हुए वह अभी चार कदम भी नहीं गई थी कि जीजा, यल्लवा और दादा ने अत्यन्त चतुराई से टोकरी के नीचे की गठरी उठा ली। बुढ़िया नोट उठाकर फिर टोकरी पर बैठ गई। "मुझ पर तो आज देवी माँ प्रसन्न हैं। मेरा बहुत फायदा हुआ है।" "क्या फायदा हुआ," यह पूछते-पूछते औरतें साड़ियाँ बदलने लगीं। साड़ियाँ बदलने के बाद औरतों ने गहने लेने के लिए बुढ़िया को टोकरी पर से उठाया। वहाँ गठरी नहीं थी। सभी औरतें जोर-जोर से रोने लगीं। बालों को हाथों

से नोचने लगीं। बुढ़िया तो मिट्टी में लोटने लगी—"उस बदमाश ने पाँच-पाँच के नोट डाल मुझे झाँसा दिया। यह सारा हो-हल्ला हम लोगों के सामने ही हो रहा था।" जीजा ने कहा, "अब यहाँ से खिसको, सबको पता चल गया है। अब स्टेशन जाना खतरनाक है।" इसलिए हम सब दूर चलकर एक खेत में पेड़ के नीचे बैठ गए। गठरी खोली गई। जीजा और यल्लवा का हिस्सा उन्हें दिया गया। वास्तव में यह सारी चतुराई और योजना जीजा की थी। इस मामले में जीजा बहुत बुद्धिमान था। सभी प्रकार की वेशभूषा और सभी धन्धों की उसे जानकारी थी। वह एकदम सफेद कपड़े पहनता, सिर पर रेशमी लाल रंग का कीमती साफा बाँधता। जेब में भिलाँव, लोभान, कौड़ियाँ, नीबू, कुंकुम-हल्दी की पुड़ियाँ, सुइयाँ आदि रखता। माथे पर चन्दन लगाता। यह सब इसलिए कि चोरी करते समय अगर कभी गलती से रँगे हाथों पकड़ा गया तो पकड़नेवालों को ऐसी शंका न हो कि यह चोर है। यह कोई ओझा है—ऐसा वह समझें। इसलिए वह जेब में ये सारी चीजें रखता। किसी मेले में अगर वह पकड़ा गया और तलाशी ली गई तो इन चीजों को देखकर—यह तन्त्र-मन्त्र जाननेवाला है, भानामति करने वाला है, इस डर से लोग उसे छोड़ देते थे।

अब जावली लौटने का निर्णय हुआ। सोने का बँटवारा किया गया। जीजा ने एक सुअर कटवाया, शराब मँगवाई। माणिकदादा, भाऊ और अण्णा ने मुझे भी पीने को कहा। जबरदस्ती पिला भी दी। दादा ने कहा "अच्छा रहता है, खाँसी नहीं आती।" जीजा ने दादा के हिस्से में दो हार और एक अँगूठी दी थी। इतने पर खुश होकर हम घर आए। इस बार अच्छी कमाई हुई थी। माणिकदादा ने कहा, "लक्ष्या का साथ आना अच्छा रहा। इसकी उपस्थिति में बरकत है।" बाबा ने तुरन्त कहा, "तुम लोग इसे साथ न ले जाओ। इसे पढ़ाई करने दो। लक्ष्मण, तू फिर इनके साथ मत जाना। जाना ही हो तो छुट्टियों में जाना। पढ़ाई छोड़कर कभी मत जाना।"

दादा, अण्णा, भाऊ जब से चोरी करने निकले, तब से घर में गाँव के कई लोग आने लगे। कभी-कभी चोरी के माल को बाँटते समय कम-अधिक हो जाता तो दो दलों में मार-पीट होती। दल का कोई साथी दल प्रमुख को सूचना न देते हुए किसी की जेब काटकर सारे पैसे अपने ही पास रखने की हिम्मत करे अथवा दल-प्रमुख को सूचना न देते हुए पूरी रकम घर पर दे चुका हो, तो ऐसे बेईमान व्यक्ति के सम्बन्ध में फैसला करने के लिए दल के सभी सदस्य हमारे घर इकट्ठे होते; क्योंकि हमारी बिरादरी के हम पटेल थे। गाँव के बाहर मन्या-तात्या नामक एक गड़रिए के खेत में आम के पेड़ के तले पंचायत बैठती। वहाँ पानी की भी सुविधा थी। एक मेला जैसा लगता। हमारी मौज थी। आने-जाने का खर्चा मिलता और जितने मुखिया आते उनमें से प्रत्येक को 101 अथवा 151 रुपए देने पड़ते थे। हमारे विभाग के सभी मुखिया इकट्ठे हो जाते। जिनके लिए पंचायत बैठती वे शराब, बकरा, ताड़ी और खान-पान का सारा खर्चा उठाते। जिस दिन पंचायत बैठती सब मुखिया एकदम धुली हुई सफेद धोती, कुरता और कंधे पर सफेद गमछा डालकर आते। न्याय-प्रक्रिया शुरू हो जाती। कुछ पंच इधर के दल की

बात को सही मानते तो दूसरे पंच दूसरे दल की बात को सच बतलाते। इस कारण खूब हो-हल्ला मचता, शोर-शराबा होता। एक बार पंचायत बैठी कि तीन-तीन दिन तक बहस चलती। उस पेड़ के नीचे ही यह सब चलता। आखिर में पंच जब किसी एक बात पर सहमत हो जाते और अपराधी सिद्ध हो जाता, तब अपराधी को दंडित किया जाता। यह दंड पाँच सौ पचास से पाँच हजार तक होता था। जिस दल के साथ जो कोई बेईमानी करता और अगर यह सिद्ध हो जाता, तो उस व्यक्ति को उस दल के लिए छः महीने या दो महीने चोरी करके पूरे का पूरा माल उस दल को देना पड़ता था। उसने बेईमानी की, इसलिए उसे उसका हिस्सा नहीं मिलता था। चोरी करने के बावजूद उस वस्तु पर उसका कोई अधिकार नहीं होता था। अगर कोई इस फैसले को नकारता, तो उसे जाति से बहिष्कृत किया जाता।

सलगरा में शंकर्या नामक एक व्यक्ति था। उसने अपनी लड़की का अपनी पत्नी की तरह उपयोग किया था। बहुत बड़ी पंचायत बैठी, एक बार सलगरा में, एक बार धनेगाँव में, फिर भाड़गाँव में बैठी, पर मुखिया लोग निर्णय ही नहीं दे पा रहे थे। केस बहुत गंभीर था, इसलिए मुश्किल था। इस कारण इस केस को बड़ी पंचायत में ले जाने का निर्णय हुआ। बड़ी पंचायत कवठा में बैठती थी। वहाँ एक मास्टर काका थे। वहाँ का निर्णय मानना ही पड़ता था। कवठा में भी यह केस पन्द्रह दिन तक चला। पंचायत ने निर्णय दिया कि शंकर्या ने अपनी लड़की को औरत की तरह उपयोग कर हमारी जाति का अपमान किया है। इसलिए दो साल के लिए शंकर्या और उसकी लड़की पर बहिष्कार डाला जाए और शंकर्या की मूँछें उस लड़की के पेशाब से साफ की जाएँ, ऐसी सजा दी गई। बहिष्कृत व्यक्ति या परिवार को अगर किसी ने छू लिया, उसे आश्रय दिया अथवा उसे खाना दिया, तो उस व्यक्ति का बहिष्कार किया जाएगा। सभी बिरादरी को इस फैसले की सूचना दे दी गई। हमारे घर पर भी सूचना आई। इसके कुछ दिनों बाद जब शंकर्या हमारे गाँव में आया, तब शंकर्या को पीने का पानी नारियल की कटोरी में दिया गया। नारियल की कटोरियाँ हमारे यहाँ सबके घरों में होती हैं। गाँव के सवर्ण जिस प्रकार अस्पृश्यों के लिए अलग कप-बशियाँ रखते हैं, ठीक उसी प्रकार हमारे यहाँ बहिष्कृत लोगों के लिए ढक्कनें रखी जाती हैं। हमारे यहाँ कोई-न-कोई बहिष्कृत होता ही रहता है। लोहे की बड़ी टोकरी में—जिन टोकरियों का उपयोग मोल-मजदूरी के समय, पत्थर-मिट्टी उठाने के लिए किया जाता है—हमने उसमें रोटी और साग परोसा। उस दिन हमने उसे घर में नहीं घुसने दिया। सोने के लिए एक फटा थैला और गुदड़ी दी। हमारे यहाँ जात-पंचायत के फैसले को मानना ही पड़ता है। इसका किसी को कुछ बुरा भी नहीं लगता। अपने सगे-सम्बन्धी अपने साथ इस प्रकार का व्यवहार कर रहे हैं, इसलिए शंकर्या को कुछ बुरा भी नहीं लगा। उसने इसे सहजता से लिया। एक बार मैं महालंग्रा की एक शादी में गया था। भाभी, मैं, अण्णा, छोटी भाभी सब गए थे। हमारे यहाँ की शादियाँ बहुत अजीब होती हैं। शादी की समाप्ति कैसे होगी, इसे लेकर कई शंकाएँ होती हैं। डर भी होता है। महालंग्रा में एक दिन ही

हमारे लोगों की दो शादियाँ थीं। शादी में करीब-करीब सभी लोग शराब पीकर आते हैं। शोर-शराबा होता है। "मुझे सम्मान नहीं दिया गया, दादी के लिए साड़ी नहीं लाई गई," ऐसी शिकायत होते-होते अचानक झगड़ा शुरू हुआ। काफी कुछ समझाने-बुझाने के बाद शादी हो गई। वर वधू को नहलाने के लिए उतावला हो रहा था। नहाने की इस विधि के समय नव-दम्पति के चारों ओर सूत की डोरियों का घेरा बनाया जाता है। लोटे में हल्दी-कुमकुम से बना रंगीन पानी होता है। उस लोटे के ऊपरी हिस्से को सुहागिन औरतें (जो जाति द्वारा बहिष्कृत नहीं होतीं) सूत की डोरी से लपेटती हैं। इसके बाद चार सुहागिनें उस लोटे के पानी को नव-दम्पति पर उड़ेलती हैं। इस शादी में मेरी केसर भाभी भी आई थी। उपर्युक्त विधि उसने की। इसके बाद, बड़ी भाभी काशीबाई ने इस विधि को दुहराया। डोरी हाथ में लिए वह उसे लोटे पर लपेटने वाली ही थी कि उसी समय बिरादरी के एक बूढ़े मुखिया ने उसके हाथ से डोरी छीन ली और कहने लगा, "काशीबाई (मेरी भाभी) की नानी किसी मराठा के साथ भाग गई थी। इस कारण उसके औलाद शुद्ध नहीं है। जब तक उसकी औलाद शुद्ध नहीं कर ली जाती, तब तक उसके खानदान की किसी भी स्त्री को सुहागिन का यह अधिकार नहीं मिल सकता।" वास्तव में यह हमारे पूरे परिवार का अपमान था। हमारे परिवार के लोग कहने लगे, "हमारा खानदान पाक है।" पर कौन मानता। अशुद्ध घर की औरत हमारे घर में आई है, इसका पता आज हम लोगों को चल गया था। इसलिए दादा, अण्णा, बाबा सब लोग भाभी को गालियाँ देने लगे। कुछ लोगों ने कहना शुरू किया कि काशीबाई की नानी किसी मराठा के साथ भाग भी गई होगी, तो उसका सम्बन्ध काशीबाई के साथ कहाँ से है ? तब भाड़गाँव का तुकाराम, सलगरा का मुरली मामा, होली के मारुती—ये सारे इकट्ठे होकर कहने लगे, "ऐसे कैसे कह सकते हो ? काशीबाई का जन्म उस नानी की लड़की के गर्भ से हुआ है न ! बस, फिर तो इस आरोप में वजन है। अब क्या किया जाए ?" यह तय था कि इस संबंध में जब तक पंचायत का फैसला नहीं होगा, तब तक शादी की रस्म पूरी नहीं हो सकती। पंचायत बैठी। चर्चा और वाद-विवाद के बाद पंचायत ने यह घोषित किया कि काशीबाई ससुराल की ओर से पाक है। मैके की ओर से थोड़ी सी अशुद्धता है। इसलिए काशीबाई से इक्कीस रुपए का दंड लेकर उसे पाक कर लिया जाए और जाति में ही रखा जाए। इसके बाद इस विषय पर कभी चर्चा न हो—यह तय हुआ। बाबा ने पंचायत को इक्कीस रुपए दे दिए और भाभी को डोरी लपेटने का अधिकार मिल गया।

हमारे यहाँ पति अपनी पत्नी को कभी भी छोड़ सकता है। दूसरी शादी कर सकता है। इसके लिए उसे जात-पंचायत में जाना पड़ता है। शादी का खर्च लौटाकर पति-पत्नी एक-दूसरे से अलग हो सकते हैं। अगर स्त्री अलग होना चाहती है, तो पति जितना कहेगा, उतना विवाह का खर्च लौटाकर वह उससे अलग हो सकती है। अगर पुरुष पत्नी को छोड़ना चाहता है, तो पत्नी का बाप विवाह का जितना खर्च माँगता है, उतना उसे देकर वह अलग हो सकता है। इनमें से अगर किसी ने झूठे खर्चे बताकर माँग की हो,

तो जात-पंचायत बैठती है और इस विवाद को समाप्त कर दोनों को एक-दूसरे से अलग कर देती है।

एक बार पंढरपुर के मेले में भाड़गाँव के दल के साथ दादा, अण्णा, भाऊ और मैं गए थे। उस वर्ष पंढरपुर की यात्रा बहुत बड़ी हुई थी। बहुत लोग इकट्ठे हुए थे। हमारी बिरादरी के उठाईगीर भी बहुत बड़ी संख्या में इकट्ठे हो गए थे। पंढरपुर का मेला हम लोगों के लिए दीपावली के समान होता था क्योंकि इस मेले में कमाई की गारंटी थी। पर इस बार मेले में स्थान-स्थान पर लाउडस्पीकर से बार-बार यह घोषित किया जा रहा था कि यात्री अपने सामान और जेब सँभाल कर रखें। जेबकतरे, उठाईगीर इस यात्रा में घूम रहे हैं, उनसे सावधान रहें। इस कारण कोई भी अपना सामान छोड़कर हिल नहीं रहा था। पैदल घूमने वाले अपनी जेब पर हाथ रखकर घूम रहे थे। हमारे लोग परेशान हो गए। सब ने कहा, "इस बार कोई कमाई संभव नहीं है।" पास के सभी पैसे खत्म हो रहे थे। भाड़गाँव के लोग भी ऊब गए। पंढरी का विठोबा इस बार हमसे हमारा अन्न छीन रहा है, ऐसा कहने लगे। जावली के मेरे जीजा माथे पर तिलक लगा, कमर पर गमछा बाँधे कीर्तनकार की तरह घूम रहे थे। माणिकदादा, भगवान अण्णा भी कीर्तनकार की वेशभूषा बनाए हुए थे। दोनों ने गले में तुलसी की माला और जनेऊ डाल रखे थे।

आखिर में संतराम जीजा चन्द्रभागा नदी के किनारे खड़े होकर कीर्तन करने लगा। हाथ में वीणा नहीं थी, मंजीरा था। हमारे पच्चीस लोग उसके चारों ओर खड़े होकर तालियाँ बजाने लगे। गलत-सलत भजन करने लगे। संतराम जीजा बड़ी ऊँची आवाज में कीर्तन करने लगा। भजन करते-करते दादा ने एक धोतीधारी की धोती को टटोलकर देखा और ब्लेड चला दी। ब्लेड इतने जोर से चली कि धोती से दादा के हाथ में कटे नोट आए। दादा वहाँ से खिसक गया। संतराम जीजा ने कीर्तन बन्द किया। सभी खिसक गए। काफी दूर एक किनारे पर धीरे-धीरे सब इकट्ठे हो गए। दादा फटे नोट सबको दिखाने लगा। कहने लगा, "इसकी माँ की....हमारी यह किस्मत !" फटे नोट उसने मुझे दे दिए।

हम सबको जोरों की भूख लग गई। किसी की जेब में पैसे नहीं थे। चन्द्रभागा के पुल के पास हम सब बैठे थे। पास में एक प्रौढ़ स्त्री बड़ी पतीली में चावल पका रही थी। उस स्त्री के साथ आए सभी लोग शायद चन्द्रभागा में स्नान के लिए गए हुए थे। जावली के जीजा का ध्यान उस स्त्री की पतीली पर था। चूल्हे पर पतीली में चावल पक रहे थे। वह स्त्री तो वहाँ सामने ही बैठी थी। हमारे दल के लोगों में चर्चा शुरू हुई कि उठाईगीर की जो सच्ची औलाद है, वह उस स्त्री की उपस्थिति में चावल की पतीली को गायब करके दिखाए। कोई तैयार नहीं हो रहा था। पके भात की पतीली को कैसे उठाया जाए, इस पर चर्चा शुरू हुई। शर्तें लगाई जाने लगीं। जावली के संतराम जीजा ने कहा कि मैं उठाईगीर की सच्ची औलाद हूँ। उस औरत की उपस्थिति में मैं वह पतीली उठाकर लाता हूँ। मुझे केवल एक साथी की जरूरत है। जीजा और भाड़गाँव के सखाराम में शर्त लगी। जावली का जीजा उस औरत के पास गया। शराबी का नाटक

कर उस औरत के सामने वह पेशाब करने खड़ा हो गया। इस कारण चूल्हे के सामने मुँह कर बैठी वह औरत मुँह फेरकर बैठ गई और गालियाँ देने लगी। अब चूल्हे की ओर उसकी पीठ थी। वह कहने लगी, "लफंगा, बदमाश, बेशर्म, धोती ऊपर कर मेरे सामने मूत रहा है।" वह सतत गालियाँ देने लगी। इस बीच जावली का जीजा, बड़ी तेजी से चूल्हे पर रखी पतीली धोती के सिरे से पकड़ भाग निकला। जब तक वह दूर तक न निकल गया, तब तक शराबी मूतने का नाटक करता रहा और वह औरत गालियाँ बकती रही। थोड़ी देर बाद पेशाब करनेवाला उस औरत के सामने से शराबी का नाटक करते हुए धीरे से निकल गया। वह औरत अब चूल्हे की ओर देखने लगी। चूल्हे की पतीली गायब हो चुकी थी। वह जोर-जोर से चिल्लाने लगी। यात्रा में अभी भी लोग जेबों को सँभाले घूम रहे थे। सोलापुर, बार्शी, कवठा, सलगरा, भाड़गाँव, जावली, तलेगाँव, बीड़ आदि स्थानों के उठाईगीर एक जगह इकट्ठे हो गए। सोचने लगे, पंढरपुर की इस यात्रा में किसी को कुछ भी नहीं मिला। यात्री सजग हैं, अब किया क्या जाए। इस पर सोलापुर के यल्लप्पा ने कहा कि कुछ तो उपाय निकालना चाहिए। जावली के संतराम जीजा ने कहा कि ऐसे समय कुछ तो युक्ति निकालनी ही चाहिए। इस पर सोपान जीजा ने कहा, "मेरे पास एक युक्ति है।" माणिकदादा से कहा गया कि वह स्टेशन जाकर मिरज से लातूर जानेवाली रेल का समय पूछकर आए। दादा दौड़ता हुआ गया और समाचार ले आया कि रेल चार बजे आती है। इस पर सोपान जीजा ने कहा, "अब केवल आधा घंटा बाकी है। तुम सभी उठाईगीर चन्द्रभागा के किनारे, जहाँ-जहाँ यात्री स्नान के लिए खड़े हैं, वहाँ खड़े हो जाओ। मैं क्या कमाल करता हूँ, देखो। तुम लोग अलबत्ता चप्पल, गठरियाँ, कपड़े जो-जो भी हाथ लगे, उसे लेकर स्टेशन की ओर दौड़ो। पाँच स्टेशन जाने के बाद सभी लोग उतर जाओ।" योजना के अनुसार हमारे सभी लोग चन्द्रभागा के किनारे चले गए। 15-20 उठाईगीरों को साथ लेकर संतराम जीजा चंद्रभागा के पुल की ओर गया। ठीक पौने चार बजे संतराम जीजा और उसके 15-20 साथी जोर-जोर से चिल्लाने लगे, "अरे भागो, भागो, चन्द्रभागा में अचानक बाढ़ आ गई है, देखो, बचाओ, भागो, अरे ! रे, वह देखो ! अरे बाप रे, पानी आ गया, आ गया।" जोर-जोर से चिल्लाने लगे। इधर अलग-अलग घाटों पर इकट्ठे हमारे लोग भागने का नाटक करने लगे। नहाने वाले लोग "बाढ़ आई, बाढ़ आई," कहकर भागने लगे। उधर पुल पर से चिल्लाना जारी था। चन्द्रभागा के किनारे खड़े हुए हमारे लोगों ने, भागो, भागो कहकर पूरे किनारे पर डर का वातावरण पैदा कर दिया। उस समय कुछ लोग श्रद्धा से नहा रहे थे, कुछ नहाकर कपड़े पहन रहे थे। सभी भयभीत हो भागने लगे। उठाईगीर इसी अवसर की ताक में थे। बूढ़े, मोटे लोगों और अमीरों की गठरियाँ उठाकर वे कहने लगे, "चलिए, हम आपको किनारे से दूर ले चलते हैं।" यात्रियों की पूरी सहानुभूति साथ ले उनकी गठरियाँ, चप्पलें और सामान तेजी से समेटे, उन्हें लिए ये सारे स्टेशन की ओर दौड़ पड़े। उधर पुल पर खड़े जावली के संतराम जीजा, सोपान जीजा, भाड़गाँव का सखाराम, सोलापुर का यल्लप्पा और उनके साथी स्टेशन पर पहुँचे। रेल खड़ी थी। हमारे सारे लोग

तेजी से डिब्बों में घुस गए। उधर पूरे पंढरपुर में हो-हल्ला मच गया। बाढ़ आई, बाढ़ आई की चिल्लाहट मच रही थी। उठाईगीरों ने पंढरपुर के सभी भक्तों को अपने हाथ की सफाई दिखा दी थी। वास्तव में इस बार मेले में पंढरपुर का पांडुरंग हम उठाईगीरों पर प्रसन्न हुआ था। हमारे सारे लोग खुश थे। किसी को कुछ मिला था, किसी को कुछ। इस भागदौड़ में कुछ तो कइयों की जेबें साफ कर चुके थे, हमारी औरतें औरतों के गलों से सोने के हार, मंगलसूत्र उड़ा लाई थीं। माणिकदादा दो की जेब साफ कर चुका था, तो संबाभाऊ दो गठरियाँ, कुछ चप्पल जोड़े उड़ा लाया था। बहुत से लोग बार्शी तक आए। कुछ जावली स्टेशन पर उतर गए। वहाँ चोरी के सामान का बँटवारा हुआ। वहाँ से हम लातूर आए। लातूर आने पर भाऊ और अण्णा के पास की गठरियाँ खोली गईं। उसमें मीठी और नमकीन रोटियाँ थीं। मूँगफली की चटनी भी थी। लातूर स्टेशन पर हमने भरपेट खाया। बहुत दिनों से भूखे थे। आज इस गठरी के कारण भरपेट खाना मिल गया।

एक बार मैं बाबा की रोटी लेकर गड़रिए के खेत की पगडंडी से निकला था। स्कूल की छुट्टी के बाद मैं बाबा को अक्सर रोटी पहुँचाता था। उस समय लातूर की ओर से दो पुलिस के आदमी साइकिल से निकले। इन पुलिसवालों को देख मैं घबरा गया। कुछ सूझ ही नहीं रहा था। वहाँ पास में करीम चाचा के खेत पर एक बड़ी मेंड़ थी। पास में अरंडी का पेड़ था। मैं भयभीत होकर कहीं छिपने के लिए भागने लगा। मेंड़ ऊँची थी। मैं उस मेंड़ पर लटकना चाहता था। पर इस गड़बड़ी में मैं मेंड़ के उस पार गिर गया। भय से नेकर में पेशाब निकल गया। बाबा की रोटी कहीं गिर चुकी थी। उस गड्ढे में मैं गिर तो गया, परन्तु सब्जी का लोटा पगडंडी पर लुढ़कते हुए आगे पहुँच गया। मेंड़ के उस ओर मैं छिप गया था, पुलिस की निगाह न पड़े इसलिए। पर सब्जी का लोटा पगडंडी पर था, पुलिसवालों की निगाह उस पर पड़ी। पास में रोटियाँ पड़ी हुई थीं। पुलिसवाले रुक गए और मेंड़ पर चढ़ आए। उन्होंने मुझे देख लिया। पूछा, "कौन है रे ?" मैं लाश की तरह ठंडा हो चुका था। एक पुलिसवाले ने कॉलर पकड़ मुझे उठाया और पूछा, "तू कहाँ का है ? धनेगाँव का है क्या ?" मैंने कहा, "हाँ।" "किस जाति का है ?" मैंने जैसे ही कहा, "पत्थर फोड़नेवाली जाति का," तो पुलिसवाले ने मेरे गाल पर जोर से थप्पड़ लगा दी। तब मैं फिर से एक बार पेशाब कर गया। मन-ही-मन मैं ईश्वर के सभी नामों को जपने लगा। "हे भगवान ! मुझे इन पुलिसवालों से बचा। मैंने तो कुछ भी नहीं किया है। केवल अपनी जाति बताने से ये मुझे पीट रहे हैं।" पुलिस मुझसे पूछने लगी, "बता, नाऱ्या, मानक्या, भगवान्या कहाँ हैं ?" तब मैंने कहा कि वे गाँव में हैं। उनमें से एक ने पूछा, "तू किसका भाई है।" तब घबराकर मैंने सच-सच कह दिया, "मैं माणिक का भाई हूँ।" तब पुलिसवाले ने एक और चाँटा लगाया, "तू चोर का भाई है, चल गाँव में चल।" वे मुझे जबरदस्ती गाँव की ओर ले गए। मैं सोचने लगा, "क्या इनसे कह दूँ कि मैं स्कूल जाता हूँ। शायद ये तब पीटेंगे नहीं।" मैं गिड़गिड़ाकर कहने लगा, "साब, मैं स्कूल जाता हूँ।" तब

पुलिसवालों ने कहा, "चोर की औलाद, तेरा बाप भी कभी पढ़ाई करने गया था क्या ? चल साले, अब जेल में ही पढ़।" मुझे लगा कि अब अपना कुछ ठीक नहीं। अब तो ये मुझे जेल में ही डालेंगे। वे मुझे गाँव ले गए। पूछने लगे, "बता, नाऱ्या का घर कहाँ है ?" तब मैं चुपचाप नाऱ्या के घर ले गया। नाऱ्या के बाप से पुलिस पूछने लगी "नाऱ्या कहाँ है ?" नाऱ्या के बाप ने कहा, "साब, वह गाँव में नहीं है।" तब नाऱ्या की झोंपड़ी की छत से लकड़ी निकाल नाऱ्या के बाप को पुलिस बेतहाशा पीटने लगी। नाऱ्या की माँ घबराकर रोते, गिड़गिड़ाते हुए बीच में आई। वे उसे भी पीटने लगे। "बता नाऱ्या कहाँ है ? क्या-क्या चुराकर लाया है वह, बता।" तब नाऱ्या का बाप तुलसीराम बोला, "देखिए, माय-बाप, घर में तो कुछ है नहीं।" तब झोंपड़ी में जाकर पुलिस इधर-उधर देखने लगी। वहाँ कुछ भी नहीं था। तब उन्होंने तुलसीराम से कहा, "उधर पंचायत में आ। ऐ, पाथरूट के लौंडे, अब तेरे घर चलना है। वहाँ मानक्या को देखते हैं।" वे मुझे घर ले आए। पुलिसवालों की खबर माँ को लग चुकी थी। इस कारण झोंपड़ी में रखीं साड़ियाँ और ओढ़ने की चादरें वह कचरे के ढेर में छिपा चुकी थी। पुलिस झोंपड़ी में घुसी और साड़ी का छोर पकड़कर माँ को खींचकर कहने लगी, "बता, तेरा लड़का मानक्या कहाँ गया है ?" वे माँ को पीटने लगे। मैं जोर-जोर से रोने लगा। मैं सोच रहा था कि मेरी माँ तो कभी भी चोरी नहीं करती। फिर भी जब-जब घर पर पुलिस आती है, माँ की पिटाई क्यों करती है ? अड़ोस-पड़ोस की झोंपड़ियों से लोग इकट्ठे होने लगे। सब देखते खड़े थे। पुलिस माँ के पास गई और पूछने लगी, "ऐ राँड़, तेरे बदन पर इतनी कीमती साड़ी कहाँ से आई। इस साड़ी की रसीद दिखा।" माँ रोते हुए बोली, "साहब, बहुत दिनों पहले मैंने इसे खरीदा है। रसीद कहीं खो गई है। अब कहाँ से लाऊँ ?" पुलिस कहने लगी, "साड़ी की रसीद दिखा, नहीं तो साड़ी निकाल कर दे।" माँ गिड़गिड़ाते हुए बोली, "माय-बाप, सरकार, मेरे पास दूसरी साड़ी नहीं है।" माँ उनके पैरों पर गिरी। "माय-बाप, सरकार मैंने कभी किसी की चोरी नहीं की। मेरा यह लड़का स्कूल जाता है, इसे छोड़ दीजिए।"

धोंड़ामाय—मेरी माँ पुलिसवाले के पैरों से लिपट गई। तब उन्होंने बूटों से लात मारना शुरू किया। कहने लगे, "कल लातूर से एक का पाँच सौ रुपयों का बटुआ गया है। हमें पता चल गया है कि वह जेबकतरा इसी गाँव का है, तेरा लड़का है। बता, रुपए कहाँ हैं ? पाँच सौ रुपए लाकर दे। अगर रुपए नहीं मिले, तो सबको पकड़कर अंदर करूँगा।" ऐसी धमकी देकर वे निकल गए। बाबा अपने मालिक के यहाँ रोता हुआ गया। आनेवाले वर्ष की पूरी तनख्वाह वह ले आया। माँ गाँव के एक साहूकार के पास गई। आठ दिन के पाँच रुपए ब्याज पर कुछ रुपए ले आई। पाँच सौ रुपए इकट्ठे हुए। थोड़ी ही देर में वे दोनों पुलिसवाले शराब के नशे में धुत होकर आए। "इन सबको अन्दर करना है," ऐसा कहने लगे। घर में स्थित एकमात्र पीतल का घड़ा और चादर उन्होंने उठाए। मेरा बाप पुलिसवालों से कह रहा था, "माय-बाप, सरकार, मेरे लड़कों ने कुछ नहीं किया है। कोई चोरी नहीं की है। हम पर केस मत कीजिए।" और बाबा

ने उन्हें रुपए दे दिए। तब पुलिस मुझे, बाबा और माँ को छोड़कर चली गई।

इस प्रकार पुलिस कई बार आती और हम उठाईगीरों की खूब पिटाई करती, तलाशी लेती। 'अन्दर कर देंगे' की धमकी देकर रुपए ले जाती। इससे गाँव में हमारी बेइज्जती होती। "पुलिसवालों ने आज चोरों की पिटाई की है," ऐसी चर्चा पूरे गाँव में हो जाती। इससे, कोई भी मजदूरी का काम न देता। पुलिस जब भी आती बिना किसी वजह चोरी का आरोप लगाती। न मोल-मजदूरी मिलती, न कोई काम हमें मिलता। उल्टे पुलिस को पैसे देने पड़ते। इस तरह चोरी करने के हालात पुलिस ही तैयार करती। साहूकारों से कर्ज लो, पुलिस को दो और कर्ज वापिस करने के लिए चोरी करते रहो। इस दुश्चक्र से हमें कब मुक्ति मिलेगी ? दादा अण्णा, भाऊ केवल इसी कारण चोरी करते थे। इन तीनों के बीच मेरी माँ की हालत बहुत विचित्र हो जाती। उठाईगीरी की जाति में जनमा हूँ और दादा, अण्णा का छोटा भाई हूँ, इसलिए पुलिस मुझे भी पीटती थी। निरपराध माँ भी इसी कारण पीटी जाती थी। ऐसी स्थिति में स्कूल जाने पर बच्चे शोर मचाते, "चोर आया रे, चोर !"

मराठी की पहली कक्षा में था। पुस्तक का पहला पृष्ठ मैं खोलता। उस पर लिखा हुआ था, "भारत मेरा देश है। सारे भारतीय मेरे बन्धु हैं। मुझे इस देश की परम्परा पर अभिमान है।" मुझे लगता कि अगर यह सब कुछ सही है तो फिर हमें बिना अपराध के पीटा क्यों जाता है? माँ को पुलिस क्यों पीटती है ? उसकी साड़ी पकड़कर यह क्यों कहती है कि "साड़ी चोरी की है।" मुझे लगता कि अगर भारत मेरा देश है, तो फिर हमारे साथ ऐसा बर्ताव क्यों किया जाता है ? मैं कहाँ चोरी करता हूँ ? माँ कहाँ चोरी करती है ? हमें चोर क्यों समझा जाता है ? सभी भारतीय अगर भाई हैं, तो फिर मेरे भाइयों को काम क्यों नहीं दिया जाता ? हमें खेती के लिए जमीन क्यों नहीं दी जाती ? रहने के लिए अच्छा मकान क्यों नहीं मिलता ? अगर हम सब भाई हैं, तो मेरे भाइयों को घर का खर्चा चलाने के लिए, पुलिस को रिश्वत देने के लिए चोरी क्यों करनी पड़ती है ?

किसी जानवर को अगर समय पर चारा-पानी नहीं दिया जाए, तो वह बहुत शोर मचाता है। भूख से त्रस्त वह प्राणी अन्त में पगहे को झटके से तोड़कर खाने की तलाश में बाहर निकल जाता है। जिस खेत में फसल खड़ी हो, उसमें घुस उस फसल पर टूट पड़ता है। उस खेत के मालिक को जब इस बात का पता चल जाता है, तब वह उस जानवर के पैरों के निशानों के आधार पर उसे पकड़ लेता है और काँजी हाउस में बंद करा देता है। बाद में उस जानवर का मालिक काँजी हाउस में जाकर, पैसे भरकर उसे छुड़ा लाता है। ठीक उसी जानवर की तरह हमारी हालत थी। मेरे किसी भाई को चोरी करते हुए जब पुलिस पकड़ लेती, अन्दर करती, तब कोर्ट में जुर्माना भरकर, जमानत देकर हम भाई को छुड़ा लाते। मुझे अपने भाइयों और जानवरों में कोई फर्क ही महसूस नहीं हो रहा था।

हम मेहनत-मजदूरी करने के लिए तैयार हैं। पर हमें कोई काम-धन्धा नहीं देना

चाहता, इसलिए तो मजबूरी में हमारे लोग चोरियाँ करते हैं। यदि कुछ लोग सचमुच ऐसा करते हों, तो क्या पूरी जाति को चोर समझा जाए ? हमें औरों की तरह क्यों जीने नहीं दिया जाता ? साहूकार से कर्ज लेकर पुलिसवालों को देने की जरूरत माँ को क्यों पड़ रही है ? साहूकार का कर्जा जब बढ़ने लगता है, मूल से भी अधिक जब ब्याज होने लगता है, तब उसकी धमकियों से तंग आकर मेरे भाइयों को चोरी करनी पड़ती है। ऐसी स्थिति में इस देश की परम्परा का अभिमान मैं क्यों और कैसे रखूँ ? जैसे-जैसे मैं अक्षरों को पढ़ने लगा, मेरे मन में ऐसे विचार आने लगे। मराठी की पहली पुस्तक के आरम्भ में मैं रोज इस प्रतिज्ञा को पढ़ता और यह प्रतिज्ञा कितनी झूठी है, रोज इसका प्रत्यक्ष अनुभव करता। मैं उदास हो जाता। भाग्य को दोष देता। ईश्वर का नाम लेता और इन यातनाओं को सहते हुए चुपचाप जीने लगता। उठाईगीर जाति में जनमा मैं स्कूल में पढ़ रहा था, बढ़ रहा था।

एक बार हमारी बिरादरी का एक आदमी चोरी के लिए पंढरपुर गया था। बार्शी में उसे मेरा दादा साइकिल पर जाते हुए दिखाई दिया। उस आदमी ने गाँव आकर अण्णा से कहा, "बार्शी में मुझे मानिक दिखाई दिया।" खबर मिलने के थोड़े ही दिनों बाद अण्णा और भाभी का भाई यल्लप्पा दादा को लेने बार्शी गए। बार्शी छोटा-सा कस्बा है। काफी घूमने-फिरने के बाद भी मानिक का पता नहीं लग रहा था। अन्त में एक होटल में वेटर के रूप में वह दिखलाई दिया। अण्णा ने माणिकदादा से कहा, "दादा, आप इधर कैसे चले आए ? उधर गाँव में पत्नी है, बच्चे हैं। उनकी कुछ फिकर है कि नहीं। चलिए, घर चलिए।" काफी कोशिश के बाद दादा होटल से बाहर निकला। बार्शी में वह जहाँ रहता था, वहाँ वह इन दोनों को ले गया। उस झोंपड़ीनुमा कमरे में एक औरत थी। दादा ने अण्णा और यल्लप्पा से कहा, "यह मेरी रखैल है। इसे और मुझे साथ लेकर चलोगे तो ही मैं गाँव आऊँगा, नहीं तो नहीं।" तब दोनों ने विचार किया और अन्त में दादा और उसकी रखैल को साथ लिए वे धनेगाँव की ओर निकले।

धनेगाँव में हम उस नई औरत की ओर देखते रहे। दादा ने उस खूबसूरत औरत को कैसे पटाया होगा—यह हम सबके लिए एक रहस्य था। हमारे घर की औरतें कहतीं, "यह औरत इस पर कैसे आकृष्ट हुई ?" यूँ दादा में कोई सुधार नहीं हुआ था। कुछ कमाई भी लेकर नहीं आया था। हरचंदा ने बहुत पहले एक दुशाला चुराई थी। दादा उसे साथ ले गया था। उस दुशाला से उसने एक कुरता बनवा लिया था। उस कुरते से उसकी खस्ता हालत का पता चल रहा था। दादा कस्बे की एक औरत उड़ा लाया है, इससे सबको आश्चर्य होता। गाँव के लोग कहने लगे, "मानिक ने यह ठीक नहीं किया। घर में ब्याही औरत होते हुए भी दूसरी ले आया।" पूरे धनेगाँव में यह खबर फैल गई कि उठाईगीर मानिक बार्शी से एक औरत ले आया है। गाँव की अधिकांश औरतें हमारी झोंपड़ी के पीछे शौच के लिए आतीं। हमारी झोंपड़ी से गुजरते हुए वे अकसर बार्शी की उस औरत के सम्बन्ध में बातचीत करतीं। हगते हुए भी वे इसी विषय पर बोलतीं, उनकी बातचीत हमें सुनाई देती। सुनाई दे, इसलिए शायद वे जोर-जोर से

बोलतीं। तब दादा की वह रखैल, पद्मिनी बहुत बेचैन हो जाती। औरतों की वह किचकिच मुझे अच्छी नहीं लगती। मैं सोचता कि दादा ने दूसरी भाभी लाकर अच्छा ही किया है। उसकी पहली पत्नी--भाभी--मुझे कभी-कभार मारती थी, इसलिए यह नई भाभी मुझे अच्छी लगती। शौच को आई औरतें जब कुछ भी बोलतीं तब नई भाभी को उनकी गन्दी बातें सुनाई न दें, इसलिए मैं यह कहकर टीन की छत पर चढ़ने लगता कि "कद्दू की बेल सूख गई है क्या, इसे देखकर आता हूँ।" अथवा कभी कहता, "अरे, कद्दू बड़े हो गए हैं, या सूखे हैं।" छत पर जाकर मैं जोर-जोर से बोलने लगता। घर के पिछवाड़े में शौच को बैठी औरतें मेरी आवाज सुन सजग हो जातीं। कोई पुरुष आया है, के एहसास से वे एकदम खामोश हो जातीं। वे फिर इस ओर न आएँ, इसलिए मैं छत से कद्दू के बीज, छोटी डंठल उन औरतों की ओर फेंकता। औरतें हड़बड़ाकर उठतीं, गालियाँ देती हुई निकल जातीं।

हमारे घर की औरतों का रहन-सहन पुरानी पद्धति का था। नई भाभी एकदम टाईट और चकपक रहती। हमारी और उसकी भाषा में जमीन-आसमान का अन्तर था। बेकार बैठने की अपेक्षा कुछ काम करते रहने की उसकी आदत थी। हाथ बँटाने हेतु वह कहती, "भाभीजी, क्या मैं भी आपके साथ पानी लेने चलूँ ?" उसकी ऐसी शुद्ध भाषा सुनकर हमारी भाभियाँ लोटपोट हो जातीं। इनके खानदान में कभी किसी ने ऐसी भाषा का प्रयोग नहीं किया था। परिणामतः नई भाभी की भाषा का वे मजाक उड़ातीं। घर के कुछ लोग उसे पदमे कहते, कुछ नई नवेली कहते। अन्त में, नवेली नाम ही प्रचलित हो गया। उसे उसके नाम से पुकारना हो तो भी पहले नवेली का प्रयोग और बाद में पद्मिनी नाम लिया जाने लगा। अलबत्ता मैं उसे भाभी ही कहता। कौन-सी भाभी, ऐसा कोई पूछता तो नवेली भाभी कहता। एक बार तो सभी भाभियों ने नवेली भाभी से कहा, "तू साड़ी के भीतर एक और कपड़ा (लहँगा) क्यों पहनती है ? किस जाति की है तू ? हमें तो मजदूरी के लिए जाना पड़ता है, टिकाव-फावड़ा लेकर काम करना पड़ता है। तू चोली के भीतर एक और चोली (ब्रेसियर) क्यों पहनती है ?" इन सवालों से घर की औरतें उसे छेड़ती थीं। नवेली भाभी परेशान हो जाती। एक दिन वह नदी पर नहाने गई और नहाने के बाद लहँगा और ब्रेसियर नदी में बहा आई। उसे आए अब कई माह हो चुके थे। नई अब पुरानी हो गई थी। वह बुद्धिमान थी। एक दिन वह दादा को पांडुरंग की झोंपड़ी में ले गई। पांडुरंग के घर के सभी लोग मजदूरी के लिए घरणी गए थे, इस कारण उस झोंपड़ी में एकान्त था। नवेली दादा से कहने लगी, "माणिक, तू बड़ा झूठा निकला। तूने कहा था कि गाँव में मेरा अपना खेत है, बाग-बगीचा है, हल-बैल हैं, शादी नहीं हुई है। कितनी झूठी बातें कहीं तूने।" वह बहुत नाराज थी। उसके साथ धोखा हुआ था। मैं यह सब सुन रहा था। दादा ने कहा, "जाने दो, पद्मिनी, मैं तो हूँ न। मैं तुझे बीच में छोड़ूँगा नहीं।" दादा काफी गिड़गिड़ाया। धीरे-धीरे नवेली भाभी हमारे घर में समा गई। घर के सभी सदस्य मुझे लक्ष्मन अथवा लक्ष्या कहते थे, परन्तु नवेली भाभी मुझे 'छोटे रायसाहब' कहती। मुझसे बहुत स्नेह जतलाती। सभी भाभियों

में वह सर्वाधिक काम करने लगी। मजदूरी पर जाती तो पुरुष की तरह काम करती। उसके काम की प्रशंसा सब लोग करते। इसके बावजूद नवेली भाभी और पहली भाभी में हमेशा झगड़ा होता था। भाभी कहती, "ये राँड़ मेरे खसम को लिए बैठी है।" उसे गन्दी-गन्दी गालियाँ देती, इसी तनातनी में एक वर्ष बीत गया। एक वर्ष बाद पुरानी भाभी का भाई आया। दादा से उसने कहा, "माणिक, मैं अपनी बहन को वापस ले जाने आया हूँ। उससे हुए बच्चों को तुम रख लो और शादी का खर्च वापस कर दो।" कई दिनों तक झगड़ा चलता रहा। काम-धन्धा तो था नहीं, घर में खाने के लिए भी कुछ नहीं था। नवेली भाभी जिन्दगी में शायद पहली बार भूख से बेहाल हो रही थी। पूरे चार दिन केवल पानी पर काटे। पाँचवें दिन दादा ने नवेली भाभी से कहा, "घर में तो ऐसी हालत है, तू भी भूखी मर रही है, अब ऐसा कर, तू कहीं और चली जा और मजे में कहीं किसी के साथ रह ले।" अंततः वह राजी हो गई।

गाँव के किसन पाटील और दादा निलंगा पड़ोस के कर्नाटक राज्य के हिस्सों में हो आए। वहाँ उन्होंने एक को तैयार किया। किसन पाटील और दादा नवेली भाभी को ले गए। घर में केवल मैं ही रो रहा था। फिर सोचता, चलो अच्छा हुआ। वहाँ वह सुख से तो रहेगी। दादा ने कहा, उसे बहुत अच्छा घर मिला है। दादा और किसन पाटील दो-तीन दिन बाद आए। बाद में, मुझे पता चला कि उन दोनों ने नवेली भाभी को दो सौ पचास रुपए में बेच दिया है। किसन पाटील ने सौ रुपए दलाली के लिए थे और दादा को डेढ़ सौ मिल गए थे। घर की हालत बहुत खस्ता थी। उन डेढ़ सौ रुपयों से ही जवार, नमक, मिर्च आदि चीजें लाई गईं। दादा पद्मिनी को ले भी आया और बेच भी आया। इसके बाद कई दिनों तक वह रोज शराब पीकर आता और रोने बैठता कि "पद्मिनी, मैं बेवफा निकला। मैंने तुझे बेच दिया न !" धीरे-धीरे स्थितियाँ सामान्य हुईं। कभी सलगरा तो कभी भाड़गाँव के दल के साथ दादा चोरियाँ करने निकल जाता।

एक बार दादा, अण्णा और हरचंदा उठाईगीरी करने अंबाजोगाई के बाजार गए। उस दिन हाथ कुछ नहीं लगा। एक के पास काफी सोना, पैसा था। दादा ने भाँप लिया। उसने सोचा इसे ही फाँसा जाए। वह उस आदमी का पीछा करने लगा। थोड़ी दूर जाने पर दादा ने एक नकली गहना अपने एक साथी को दे दिया। उस गहने को एक चीथड़े में बाँध दिया गया। उस छोटी सी पोटली को लेकर वह उस पैसेवाले आदमी से दस-पाँच कदम आगे निकल गया। दादा उस आदमी से दस-पाँच कदम पीछे था। रास्ते पर ये तीनों अन्तर रखकर चल रहे थे। सामनेवाला अचानक थोड़ा सा रुका। जेब से तम्बाकू निकालने का नाटक करने लगा। तम्बाकू निकालते हुए बहुत चलाकी से छोटी-सी पोटली उसने सड़क पर छोड़ दी और आगे निकल गया। पैसेवाले आदमी ने उस पोटली को उठा लिया। खोलकर देखने लगा। उसमें पीला-पीला सोना चमक रहा था। सोने के उस टुकड़े को वह जेब में डालने ही वाला था कि दादा उसके निकट पहुँच कहने लगा, "उस आदमी की जेब से कुछ गिरा था, क्या था भला ?" इस बीच दादा का एक अन्य साथी हाँफते हुए पहुँचा और पूछने लगा, "क्यों जी, क्या आपने यहाँ कोई छोटी-सी पोटली

देखी है ?" आया हुआ साथी काफी परेशान और बेचैन लग रहा था। कोई कीमती चीज खो जाने के भाव उसके चेहरे पर स्पष्ट थे। दादा ने तुरन्त कहा, "नहीं भाई, ऐसा कुछ भी नहीं देखा हमने।" और पैसेवाले आदमी को इशारा कर एकान्त में ले गया। उस नकली सोने के बदले उस आदमी से दादा ने नकद रुपए, उसकी उँगलियों में मौजूद दो अँगूठियाँ ले लीं। दादा खुश था। परन्तु उसी समय एक गड़बड़ हो गई। उस पैसेवाले आदमी का एक दोस्त वहाँ आ पहुँचा। उठाईगीरों की इस चाल की उसे जानकारी थी। पैसेवाले के कान में वह धीरे से फुसफुसाने लगा। दादा भाँप गया और लगा दौड़ने। परन्तु लोगों ने उसे पकड़ लिया और खूब पिटाई हुई, पुलिस के हवाले कर दिया गया। पुलिसवालों ने भी खूब पिटाई की। पिटाई के भय से दादा ने अपराध कबूल कर लिया। उसे दो माह की सजा और डेढ़ सौ रुपए जुर्माना हुआ। जुर्माना भरने के लिए दादा के पास पैसे नहीं थे। इस कारण और तीन माह बीड़ की जेल में उसे रहना पड़ा। इन दिनों दादा के गिरोह के लोग चोरी की कमाई से दादा का हिस्सा घर पर बराबर पहुँचाते रहे थे।

अब दादा, अण्णा, हरचंदा भाड़गाँव के गिरोह के साथ उठाईगीरी के लिए जाने लगे। लातूर की आढ़त बाजार से तेल के बड़े-बड़े डिब्बे वे उठाकर लाते। कभी छौंक के लिए भी जिस घर में तेल नहीं रहता था, वहाँ अब तेल के डिब्बे आने लगे। नारियल के तेल, मूँगफली के तेल के डिब्बे घर में दिखलाई देने लगे। स्कूल जाते समय मैं सिर पर इतना तेल लगाता कि माथे से तेल टपकने लगता। हरचंदा कभी-कभी अच्छी थैलियाँ उड़ा लाता। इनमें से किसी एक सुन्दर थैली में मैं अपनी स्लेट, किताबें रखता। जब तक मैं पढ़ा, तब तक मैंने कभी कोई नई थैली नहीं खरीदी थी। चोरी की थैलियाँ ही हुआ करती थीं।

उन दिनों चप्पल पहनने का प्रश्न ही नहीं उठता था। नंगे पैर ही रहता था। हरचंदा को मैं अक्सर कहता, "मेरे साईज के बूटों का जोड़ा या चप्पलें ले आ।" एक बार बूटों का एक जोड़ा वह ले आया। चोरी के माल का बँटवारा होते समय बूटों का वह जोड़ा मेरे लायक होगा, ऐसा समझकर लड़-झगड़कर वह उस जोड़े को ले आया। परन्तु मेरे पैर उसमें जा ही नहीं रहे थे। पहली बार बूट मिले और वह भी ऐसे, आधे घंटे तक मैं कोशिश करता रहा। मुश्किल से पैर गए। उन्हें पहन मैं बड़ी शान से स्कूल गया। कक्षा के मित्रों को अभिमान से कहने लगा, "देखो, कितने कीमती बूट मुझे मिले हैं।" कुछ दोस्तों ने कहा, "अरे, इतने कीमती बूट लक्ष्या को कौन देगा ? चुराई हुई चीज है।" तब मैं बूटों से मार खाए व्यक्ति की तरह बूट डाल घर वापस आया। घर आया तो दूसरी मुसीबत। बूट पैरों से निकल ही नहीं रहे थे। आख़िर में, हरचंदा ने बूटों को खींच-खींचकर पैर खुले किए। पैर लाल हो चुके थे। कुछ क्षणों में पैरों पर बड़े-बड़े फोड़े निकल आए। बाद में अण्णा ने सोनवती के एक मराठा व्यक्ति को ये बूट बेच दिए। मैं सोचता, जिन्दगी में पहली बार बूट मिले और वह भी चले गए। गरमी के दिनों में जब पैर बहुत जलने लगते, तब मैं गाँव के घूरे पर फटी चप्पलें ढूँढ़ने निकलता था।

मेरे पैरों से काफी बड़ी, परन्तु आधी अधिक फटी एकाध चप्पल मिल जाती। एकाध जूता मिलता। उन दिनों मैं एक पैर में जूता और एक पैर में चप्पल डाल घूमा करता था। जूता बड़ा होता तो उसमें चिन्दी के कई टुकड़े घुसेड़ता और पैर के बराबर कर लेता। कभी चप्पल या जूते पहनने को मुझे मिले ही नहीं। नंगे पैर ही घूमता। उससे पैरों में घट्‌ठे हो गए। जिस दिन अण्णा ने बूटों को बेचा, मैं बहुत रोया। तब हरचंदा ने कहा कि अगली बार जब वह उठाईगीरी पर जाएगा, तब चप्पल जरूर ले आएगा। हरचंदा का मुझ पर सचमुच बहुत स्नेह था, हम दोनों की शादी भी नहीं हुई थी। हम दोनों को भाभियाँ परेशान किया करती थीं। हरचंदा कभी-कभार चोरी कर कुछ-न-कुछ ले आता, इसलिए भाभियाँ उसकी ओर अधिक ध्यान देतीं। हरचंदा कभी साड़ी उड़ाकर ले आता तो भाभियाँ उस पर लपकतीं। कभी साड़ी मिलेगी, इस आशा से उसके खान-पान पर ध्यान देतीं। पर उनके लिए मैं किसी भी काम का नहीं था। वे मेरी निरन्तर उपेक्षा ही करतीं। मेरे खान-पान की ओर ध्यान नहीं देतीं क्योंकि मैं उन्हें कुछ दे नहीं सकता था !

कभी-कभी मैं, दादा, अन्ना, बाबा, भाऊ, हरचंदा, संबा, भीमा और नाऱ्या उठाईगीरी से वापस आते तो किसी एक सुअर को मारते। उस दिन दादा लातूर जाकर फ्रेंच-पॉलिस ले आता। इस पॉलिश से दादा, नाऱ्या, बाबा, भाऊ शराब बनाते। फ्रेंच-पॉलिस की बोतल ले आने के बाद वे दो बड़े पतीले लेते। उनमें पानी भरते। उस पानी में फ्रेंच-पॉलिस की बोतल उँडेलते। फ्रेंच-पॉलिस से मिले उस पानी को वे कपड़े से छान लेते। बाद में कपास के गोले बनाकर उसमें से फिर एक बार छान लेते और इस शराब की ताकत को जानने के लिए दियासलाई से उसकी एक बूँद को जलाकर देखते। बूँद अगर झट से आग पकड़ ले तो समझते कि शराब 'कड़क' बनी है और तब वे चिल्लाते, "लक्ष्या, सुअर का मटन ले आ।" इस शराब को हमारे यहाँ 'खोपड़ी' कहते हैं। कभी-कभार जब मैं खाँसने लगता, बाबा, दादा मुझे एक गिलास में खोपड़ी देते। उसकी तेज गन्ध को सूँघकर मैं कहता, "बापू, इसे मैं नहीं लूँगा।" तब वे कहते, "पीओ, तबीयत के लिए यह ठीक होता है।" इस शराब को हमारे यहाँ छोटे-बड़े सभी पीते। परन्तु एक नियम था। पीने के पहले छोटों को बड़ों के पैर छूने पड़ते थे। भाऊ, दादा, अण्णा, बाबा सबके पैरों को मैं छूता और खोपड़ी पीता। एक बात अच्छी थी कि खोपड़ी पीते समय परिवार के सभी पुरुष एक स्थान पर बैठे रहते। मैं सबसे छोटा था, इस कारण मुझे सबके पैर छूने पड़ते। झुककर किसी एक के पैर छूने लगता कि सब मेरी पीठ की ओर हाथ बढ़ाते और आशीर्वाद देते। फिर भी मैं प्रत्येक के पास पहुँचता। सबका आशीर्वाद लेने के बाद, आँख बन्द कर तेजी से मैं खोपड़ी पी लेता। तब सब एक सुर में कहते, "शाबाश ! शाबाश !" बस्ती के बाहर के लोग अकसर कहते कि शराब पीना अच्छा नहीं है। हमारे यहाँ सब उल्टा ही था। सब मिलकर शराब पीते थे। अगर कभी मैं पीने से मना करता तो बाबा, दादा मुझे डाँटते। कहते, "कैसा है रे तू ! पी, सर्दी-जुकाम नहीं होता, पी !" और वे जबरदस्ती पिलाते। मुझे यह सब अजीब लगता। मैं चौथी

कक्षा में आया। शिक्षक और अन्य लोग कहते, "दारू पीना गलत है, बुरा है।" इसलिए चौथी कक्षा से मैंने शराब पीना छोड़ दिया। ऐसी प्रतिकूल स्थिति में मैंने चौथी बोर्ड की परीक्षा दी और उत्तीर्ण हो गया। मेरी इस सफलता से बाबा, दादा खुश हो गए। "लक्ष्मण ने हम लोगों की इज्जत बढ़ाई है, वह चौथी पास हो गया है, पाँचवीं के लिए अब वह दूसरे गाँव जानेवाला है," आदि बातें बड़ी खुशी से वे कहते घूमते। उठाईगीरों के बहाने दादा कई बार सोलापुर जाता। वहाँ हमारे कई रिश्तेदार थे। बातचीत से दादा को पता चला कि वहाँ सोलापुर में हमारे लोगों के लिए एक विद्यालय चलाया जा रहा है। निवास और भोजन की निःशुल्क व्यवस्था है, इसलिए दादा कहने लगा, "लक्ष्मन को सोलापुर के विद्यालय में भरती करा देंगे।" मैं अकेला वहाँ कैसे रहूँगा—यह सवाल था। इसलिए जावली के एक लड़के को और मुझे, दोनों को भिजवाने की बात शुरू हुई। जावली का शिवा और बाबूशाह चौथी पास हुए थे। क्या वे सोलापुर जाएँगे ? यह पूछने के लिए दादा वहाँ गया। संतराम जीजा से बात हुई। संतराम जीजा की पत्नी सोलापुर की थी। उसका साला अर्थात् शिवा का मामा सोलापुर में ही था। इस कारण मुझे वहाँ भेजने का निर्णय पक्का हुआ। सोलापुर के सिद्राम दादा को हम लोगों के पहुँचने का संदेशा आया। सोलापुर की सलगर बस्ती में सिद्राम दादा का घर था। वह पहलवान था। बस्ती में उसकी दादागिरी चलती थी। आखिर में हम लोग चौथी पास के दाखिले के लिए सोलापुर पहुँच गए। सिद्राम दादा के घर गए। मैं पहली बार सोलापुर गया था। उस दिन मुझे ऐसा भ्रम हुआ कि सूरज पूर्व के बजाय पश्चिम में उग आया है। सूर्य उल्टी दिशा में क्यों निकला है, इसे मैं समझ नहीं पा रहा था। सबेरे-सबेरे सिद्राम दादा हम लोगों को शामराव मास्टर के घर ले गया। शामराव मास्टर हमारे समाज का पहला नेता था। उसका आश्रम-विद्यालय सोनगाँव में था। शामराव मास्टर से भेंट हुई। उनकी बैठक में चाँदी की ढालें थीं। मैं अचम्भे में पड़ गया। मुझे लगा कि ये ढालें लड़ाइयों में काम आने वाली हैं। ये इस घर में कैसे ? क्योंकि मैंने आज तक ढालों के चित्र ही देखे थे। अब यहाँ चाँदी की ढालों को देखकर मैंने सोचा कि शायद शामराव मास्टर का बाप लड़ाई में हो, ये ढालें उनकी ही होंगी। मास्टरजी से भेंट के बाद बाहर आने पर सिद्राम दादा ने कहा, "देखा तुमने, मास्टरजी के यहाँ कितनी ढालें हैं ? ये सारी ढालें उनके आश्रम-विद्यालय को पुरस्कार के रूप में मिली हैं। सरकार ने ये पुरस्कार दिए हैं। ये बहुत व्यवस्थित ढंग से विद्यालय चलाते हैं।" हमने अब तक शामराव मास्टर का नाम ही सुना था। आज पहली बार मिलने का मौका मिला था। बातचीत के बाद शामरावजी ने हमें सोनगाँव आने के लिए कहा। मैं सिद्राम दादा, शिवा, बापूशाह सोनगाँव के लिए तैयार हुए। स्टैंड पर आए और सोनगाँव जानेवाली बस में बैठ गए। उसी बस में शामराव मास्टर भी थे। सोनगाँव उतरे। वहाँ शामराव मास्टरजी के दामाद हेडमास्टर थे। हम तीनों ने अपना सारा सामान एक कमरे में रख दिया। पास के सारे प्रमाण-पत्र हमने हेडमास्टर को दे दिए। उन्होंने हमारे नाम पाँचवीं कक्षा में लिख लिए।

उस दिन हम तीनों को बेहद खुशी हुई। अब अगर घरवाले हमें पढ़ाएँ नहीं, तो

फिक्र नहीं थी। क्योंकि यहाँ भोजन, आवास, पुस्तक-कॉपी की सुविधा थी। इसलिए हम बहुत खुश थे। हमें वहाँ छोड़कर सिद्राम दादा सोलापुर लौट गए। सोनगाँव का यह आश्रम-विद्यालय रोड पर था। आसपास कोई गाँव नहीं था। विद्यालय से थोड़ी दूरी पर एक नदी थी। पास-पड़ोस में लोग, गाँव कुछ नहीं था। इस कारण उदास-उदास लगता था। पड़ोस में कुएँ की खुदाई चल रही थी। उस दिन हम नहाने के लिए नदी पर गए। शाम को भोजन की घंटी बजी। थाली और कटोरा लेकर लड़के दौड़ने लगे। एक थाली, एक कटोरा और एक गिलास मैंने भी ले लिया। शिवा, बाबूशाह और मैं एक ही पंक्ति में बैठ गए। बड़ी कक्षा के लड़के काफी सहज थे। "यहाँ रोटी दो, सब्जी दो," चिल्लाने लगे। परोसने के लिए चपरासी थे। उन्होंने सबको दो-दो मिलो* की रोटियाँ और कटोरा-भर दाल परोसी। हमें भी परोसा गया। रोटियाँ एक कपड़े पर रखी गई थीं। एक बड़ी पतीली में दाल रखी गई थी। अचानक हवा का एक झोंका आया और कपड़े पर रखी रोटियाँ उड़ गईं। एक-दो लड़कों ने उन रोटियाँ को उठाकर, उनके टुकड़े कर जेब में रख लिया। रोटियाँ इतनी पतली थीं कि एक रोटी के दो-चार निवाले ही हो पाते। हम नए थे, इसलिए आधी-आधी रोटी अधिक दी गई थी। हमने जल्दी से खा ली। हमें कुछ पता नहीं था कि यहाँ कितनी रोटियाँ देते हैं ? हमें लगा कि पेटभर खाना दिया जाता है। हमने रोटी माँगी। तब एक ने कहा, "एक समय में दो ही रोटियाँ मिलती हैं। तुम नए थे, इसलिए आधी ज्यादा दी गई है। बस, इतना ही खाकर उठो।" हम चुपचाप उठ गए।

बाबूशाह और शिवा कहने लगे, "अब क्या करेंगे, बाबा। यहाँ तो मिलो की रोटियाँ हैं और वह भी पेट-भर नहीं।" वे परेशान हो उठे। मुझे कुछ महसूस नहीं हुआ था, क्योंकि गाँव की ओर इतना भी मिलना मुश्किल था। कुछ भी हो, कितना भी हो, रोज खाना मिलता है न ! बस ! धीरे-धीरे कुछ लोगों से जान-पहचान होने लगी। सब लड़के रोज नदी पर नहाने जाते। प्रत्येक रविवार को साबुन की एक टिकिया दी जाती। उससे कुरता, नेकर धो लेते। दस-पन्द्रह दिन निकल गए। शिवा और बाबूशाह के घर की स्थिति अच्छी थी। इस कारण भूखे रहने की नौबत उन पर कभी नहीं आई थी। इसलिए एक दिन वे रोने लगे। गुरुजी से कहने लगे, "अब हम यहाँ नहीं रहेंगे, घर वापिस जाएँगे।" सबेरे प्रार्थना के बाद हेडमास्टर ने पूछा, "यहाँ कौन-कौन रहना नहीं चाहता ? अपने गाँव जो लौटना चाहता है उसे हम उसके गाँव भिजवा देंगे।" बाबूशाह और शिवा दोनों आगे आए। "हमें लौटना है," कहकर रोने लगे। तब हेडमास्टर ने उन दोनों पर छड़ी बरसाना शुरू किया। सब के सामने उनकी पिटाई शुरू हुई। दोनों रोते हुए कहने लगे, "हम यहीं रुकेंगे। मारिए नहीं।" उस दिन वे कक्षा में मौन बैठे रहे। शाम को हम तीनों स्कूल से दूर जाकर बैठे और सोचने लगे, "अब कैसे करेंगे ? यहाँ कैसे जीएँगे। घर से इतनी दूर आ गए हैं। अब क्या होगा !" बाबूशाह हम तीनों में बड़ा था। उसने

* मिलो : बहुत हलके दर्जे की जवार का एक प्रकार।

कहा, "हम रात में भाग निकलेंगे।" शिवा तैयार हुआ। रात में हम तीनों सो गए। सबेरे मैंने देखा तो दोनों गायब थे। पता नहीं, दोनों कब भाग गए। स्कूल में इसकी चर्चा शुरू हो गई कि जावली के दो लड़के भाग गए हैं। अब मैं अकेला ही था। बहुत उदास हो गया। वहाँ से निकल जाने की मेरी भी इच्छा थी। लेकिन गुरुजी पीटेंगे, इसका डर था। सोलापुर शहर के निकट रात के दो-ढाई बजे पुलिसवालों ने शिवा और बाबूशाह को पकड़ लिया। पुलिस उन्हें पुलिस-स्टेशन ले गई। बाबूशाह ने सिद्राम दादा का पता बता दिया। पुलिस सलगर बस्ती में जाकर सिद्राम दादा को ले आई। दोनों की पहचान देकर सिद्राम दादा उन्हें वहाँ से ले आया। फिर सिद्राम दादा मेरे यहाँ आया। उन दोनों के निकल जाने से मैं परेशान हो गया। इसलिए मैं वहाँ रहना नहीं चाहता था। मैंने सिद्राम दादा से कहा, "मैं भी गाँव जाना चाहता हूँ।" हेडमास्टर ने कहा, "इन तीनों का इतने दिनों का खर्चा देना पड़ेगा, तभी इनके प्रमाण-पत्र वापिस मिलेंगे।" सिद्राम दादा ने काफी कोशिश की और मुझे साथ ले सोलापुर लौटे। वहाँ शिवा और बाबूशाह को देखकर मैं बहुत खुश हुआ। सिद्राम दादा बहुत गरीब थे। वे मिल में काम करते थे। वेतन मिलने के बाद उनसे टिकट का खर्चा लेकर मैं धनेगाँव लौटा। गाँव के लड़के मुझसे कहने लगे, "लक्ष्या, तेरा यह वर्ष बेकार गया। अब तुझे कौन प्रवेश देगा ? तुझे पहले ही आना चाहिए था।" मुझे यह सब मालूम नहीं था। मैं बाभलगाँव गया। वहाँ के हेडमास्टर से मिला। काफी गिड़गिड़ाया। अन्ततः उन्होंने मेरा नाम पाँचवीं कक्षा में लिख लिया। मुझे बेहद खुशी हुई।

वहाँ मेरी दोस्ती दगड़ू के साथ हो गई। दगड़ू की माँ मुसलमान थी और बाप मछुआरा। उसका बाप संतराम बाभलगाँव के दगड़ूसाहब देशमुख की घोड़ी पर तैनात था। हिरनों का अच्छा शिकारी था। शिकार के कारण मैं और दगड़ू निकट आए। स्कूल की छुट्टी हुई कि हम दोनों जाल लेकर नदी की ओर निकल जाते और मछलियाँ पकड़ते।

चोरी करते समय एक बार पुलिसवालों ने हरचंदा को पकड़ लिया। "अपने साथियों के नाम बता," कहकर पीटने लगे। हरचंदा ने पिटाई सहन की, पर मुँह नहीं खोला। इसलिए उसे रिमांड-होम में डाल दिया गया। घर के लोग कहने लगे, "हरचंदा चोरी कर कुछ तो ला रहा था। अब लातूर में चोरी करना सम्भव नहीं है। अब तो सबको पता चल गया है, पुलिसवालों को भी।" जो थोड़ा-बहुत घर में आ रहा था, अब वह भी बंद हो गया। मेरी पढ़ाई जारी थी। अब मुझे चोरी से डर भी नहीं लग रहा था। आज तक मुझे किसी ने पकड़ा भी नहीं था। पीटा भी नहीं था। इसलिए पढ़ाई चल रही थी। कभी भूख लग जाती तो भी रोटी खाए बगैर मैं स्कूल निकल जाता। बीच की छुट्टी में दगड्या और मैं कक्षा की खिड़की से बाहर निकलते। आसपास के पेड़ों पर मधुमक्खी के छत्ते ढूँढ़ने पेड़ों पर चढ़ते। पक्षियों के अंडे ढूँढ़कर निकालते। उन पर गोबर लीपते और उबालकर खा लेते। बस्ते में गुलेल और दियासलाई की डिबिया हमेशा रखते। गुलेल से हम पक्षियों का शिकार करते, उन्हें भूनकर खाते। इस कारण दो-एक पीरियड में हम अनुपस्थित रहते। गुरुजी पीटते, हम चुपचाप सहते।

स्कूल के लड़के मुझे काफी परेशान करते। बिना किसी कारण वे मेरी पिटाई करते। कुछ भी कहते, अपमान करते। मैं कभी-कभार उन्हें गालियाँ देता। गालियाँ देने पर वे मुझे और पीटते। धनेगाँव की लड़कियाँ पढ़ाई के लिए बाभलगाँव आतीं। लड़के उन्हें तकलीफ देते। ब्राह्मणों की सुलभा, पाटील की शकुन्तला, बेंबडे की लड़की—इन सबको लड़के बहुत तंग करते। जान-बूझकर उनके निकट जाते। इस कारण उन्हें दूर से देख ये लड़कियाँ रास्ता बदल लेतीं अथवा रुक जातीं। जब वे काफी दूर निकल जाते, तब ये निकलतीं। मेरी हालत भी इन लड़कियों की तरह ही थी। शरारती लड़के आए कि मैं सड़क के दूसरे किनारे चला जाता। उन्हें रास्ता देता। अगर किसी दिन मैं उन्हें रास्ता न देता, तो मेरे ही गाँव के ये शरारती लड़के मुझे परेशान करते। इस कारण मैं लड़कियों के साथ चलता और उनके साथ ही निकलता, इसलिए लड़के मुझे सताते; कहते, "ऐ लक्ष्या, तेरे घुटने फूट गए हैं।" मैं मन में कहता, कहने दो, गरीब को यह सब सहना ही पड़ता है। कुछ भी कहने दो, मेरा चुप रहना ही ठीक है। इसलिए मैं चुप्पी साध लेता। चूँकि मैं अरुण के साथ रहता, इसलिए लड़कियाँ मुझसे बात करतीं। उनकी बातचीत से मुझे बेहद खुशी होती। मैं उठाईगीर जाति का, मुझसे बड़े घर की ये खानदानी लड़कियाँ बातें करती हैं, यह मामूली बात नहीं थी। रोज धनेगाँव से बाभलगाँव आना-जाना पड़ता था। मैं इन लड़कियों के साथ ही आने-जाने लगा। एकाध बार मैं उनके लिए बेर ले जाता। हरे-हरे बेर मैं खाता और पके हुए उन्हें देता। लड़कियों से बातचीत करने में मुझे बेहद संकोच होता था। उनसे बातचीत करते समय मैं लड़कियों से भी अधिक लजाता। रुक-रुककर बात करता था।

एक बार चोरी के हिस्से में दादा को एक कमीज मिल गई थी। मेरी दूसरी कमीज काफी फट गई थी। इस कारण मैंने वह नई कमीज पहन ली। परन्तु उसके आस्तीन छोटे थे, पूरी कमीज ही मेरे लिए छोटी थी। आधा पेट या आधी पीठ खुली रहती थी। एक दिन यह कमीज पहने मैं स्कूल गया। तब अरुण ने पूछा, "लक्ष्मण, कमीज की सिलाई ऐसी क्यों हो गई है ?" मैंने गप्प हाँकी कि, "दादा के साथ लातूर गया नहीं था, वही इसे ले आया, यह सोचकर कि लक्ष्मण को ठीक बैठेगी।" तब लड़कियाँ हँसती रहीं। सुलभा बोली, "लक्ष्मण, बुरा न मानो। हम यूँ ही हँस पड़ीं। तुम रोज ठीक-ठाक दीखते थे। आज यह कमीज पहने जरा अलग दीख रहे हो, इसलिए हमें हँसी आ गई।" कमीज अलग दीख रही थी, इसका मुझे अहसास हुआ। उसके आस्तीन लम्बे थे, परन्तु लम्बाई कम थी। इसलिए मैंने उसके आस्तीन ब्लेड से काट दिए। सुई से उसे सी लिया। पैबंदों से भरी कमीज की अपेक्षा यह ठीक है, ऐसा सोच उसे पहनने लगा। चार लोगों में कैसे रहना चाहिए, कैसे बोलना चाहिए—इसके संस्कार ही मुझमें नहीं डाले गए थे। रविवार को छुट्टी होती थी। उस दिन मैं मछलियाँ पकड़ने जाता अथवा ओढ़ने की गुदड़ी लिए धूप में बैठा जुओं को मारता। कमीज और नेकर का एक ही जोड़ा था। उसमें भी जुएँ होती थीं। कभी-कभार कमीज उतार देता। उसमें से एक-एक जूँ को अलग निकाल नाखून से मारता। कभी-कभी कक्षा में उन्हें धीरे से नीचे छोड़ता। जूँ मेरे साथी

ही थे। कमरडोर तो जूँ और उसके अंडों से भरी रहती। कभी-कभी तो शरीर में इतनी खुजली हो जाती कि खुजला-खुजलाकर खून निकलने लगता। कड़ी धूप में जूँ मर जाते हैं, यह सुनकर मैं दोपहर के समय नदी किनारे चला जाता और तपी रेत में कमीज निकालकर पड़ा रहता। फिर तो पूरे शरीर में जुएँ रेंगने लगतीं। इन जुओं के कारण कक्षा में मेरे दाएँ-बाएँ कोई बैठता ही नहीं था।

इन्हीं दिनों घर के सभी सदस्य, जिस गाँव में खूब फसल आई थी, उस गाँव मजदूरी के लिए निकल जाते। घरनी एक ऐसा ही गाँव था। मेरी हालत बहुत बुरी हो जाती। मैं घर में अकेला होता। मेरे खाने-पीने की व्यवस्था किए बगैर वे चले जाते। उन दिनों जब बहुत भूख लग जाती, तब मैं बाभलगाँव के रास्ते निकल जाता और कुछ विशेष वनस्पतियों की जड़ें खोदकर निकालता और खाता। जड़ें नारियल की तरह लगतीं। उन दिनों मुझे एक अच्छा मित्र मिला था। वह था मछुआरे का लड़का अंकुश मेखले। जब मैं कक्षा में भूखा जाता, साथ में रोटी नहीं होती, तो वह सबसे कहता, "पाथरूट का लक्ष्या भूखा है, उसे प्रत्येक मित्र रोटी का एक-एक टुकड़ा दे दें।" फिर वह प्रत्येक से रोटी का एक-एक टुकड़ा इकट्ठा कर मुझे देता। कक्षा के सभी लड़के बीच की छुट्टी में कक्षा में ही अपने डिब्बे खोलते। कक्षा के किसी कोने में पुस्तक खोल मैं चुपचाप बैठा रहता। ऐसे बैठता मानो अध्ययन कर रहा हूँ। परन्तु मैं भूख से बेहाल होता। पेट में आग लगी रहती। पढ़ाई में मन न लगता ? जान-बूझकर वहीं बैठता। कक्षा के साथी मेरी स्थिति को समझ जाते। इसलिए उनमें से कोई भी मेरे निकट नहीं बैठता था। लक्ष्या देख रहा है, उसकी नजर अगर रोटी पर पड़ गई तो खानेवाले के पेट में दर्द होगा, ऐसा वे कहते। अलबत्ता अंकुश रोटियों के टुकड़े इकट्ठे कर मुझे ला देता। उन टुकड़ों को देख मैं बेहद खुश हो जाता और अपनी इस हालत को देख बुरा भी लगता। कई दिनों तक ऐसी ही स्थिति रहती। वे रोटी के टुकड़े कब तक दे सकते थे ? मुझे टुकड़े दे-देकर वे थक गए। खेतों में जब फसल तैयार हो गई, तब मैं और अंकुश स्कूल छूटने के बाद रोकड़ोबा के मन्दिर की ओर निकलते। अंकुश रास्ते में खड़ा हो जाता। लिंगराम चामले की फसल में घुसकर भुट्टे तोड़ने के लिए वह मुझे कहता। मैं पाँच-सात भुट्टे तोड़ बस्ते में भर लेता और अंकुश के घर जा भुट्टों से जवार के दाने निकालता। अंकुश की अक्का बहुत नेक स्त्री थी। परदेसी लड़का है, कहकर वह मुझसे स्नेह जतलाती। आटे की चक्कीवाला गीली जवार के उन दानों को लौटा देता था। इसलिए अक्का दानों को पहले भून लेती। फिर पीसकर लाती और रोटियाँ भी बनाकर देती। कभी कुछ खाने को नहीं मिलता तो भूखा ही स्कूल जाता। भूख अगर असह्य हो जाती तो साथियों की रोटियाँ चुराता और जंगल में जाकर खा लेता। कभी-कभार लड़के बची-खुची रोटियाँ दे देते।

पढ़ाई के उन दिनों साल-भर मैं कुठवड़ा के ज्ञानोबा के घर पर काम करता था और वहीं खाना खाता था। ज्ञानोबा कुठवड़े कुछ दिनों तक मेरा दोस्त रहा। उसके पिता की परचून की दुकान थी, जो हमारे गाँव की सबसे बड़ी दुकान थी। ज्ञानोबा मुझसे बहुत

स्नेह जतलाता। दुकान से सूखा खजूर, नारियल अथवा बिस्कुट चुराकर लाता। ज्ञानोबा की माँ भी मुझसे स्नेह जतलाती। मैं भी उनके यहाँ अनाज पीसने, बर्तन माँजने का काम करता। और भी छोटे-छोटे काम करता था। रात में वहीं सोता था। उनके घर में खाने के लिए कई-कई चीजें मुझे मिला करती थीं। उनके घर पर मैं बहुत रम गया था। ज्ञानोबा के बड़े भाई तुलसीराम और तुकाराम रंडीबाज थे। उन्हें औरतों का बहुत शौक था। मैं ज्ञानोबा और तुकाराम एक बार छत पर सोये थे। हम दोनों जब नींद में थे, तब तुकाराम धीरे-से उठकर पाटील के घर में घुस गया और उसकी लड़की के साथ सोकर वापिस निकला। लौटते समय पाटील के घर के लोग जाग गए और तुकाराम का पीछे करते हुए आए। तुकाराम भागता हुआ आया और छत पर हमारे निकट आकर सो गया। पाटील के आदमी लाठियाँ लेकर ऊपर आए और तुकाराम को खींचकर नीचे ले गए। लाठियों से उसको खूब पीटा गया। उसका सिर फट गया। खून बहने लगा। मैं जाग चुका था। सब देख रहा था। भय से मैं काँपने लगा। मैं पहली बार ऐसा कुछ देख रहा था। इसलिए बहुत डर गया था। पटेल के आदमी कहने लगे, "इसे खतम कर देते हैं।" तब तुकाराम को रात में ही सोनवती ले जाना पड़ा। इस प्रसंग के बाद मैंने वह घर छोड़ दिया। अपने ही घर में रहने लगा और बाभलगाँव के स्कूल में पढ़ने लगा।

पाठ्य-पुस्तकें पढ़ने से मेरी समझ बढ़ने लगी। मैं काफी विचार करने लगा। मुझे लगा कि मुझसे तो भिखारी की स्थिति अच्छी है। सोचता, भगवान ने मेरी ऐसी स्थिति क्यों बनाई है ! पिछले जन्म में मैंने ऐसा कौन-सा पाप किया था ? मंगलवार और शुक्रवार को स्कूल जाना मैंने छोड़ दिया। देवी के मन्दिर के एक कोने में बैठने लगा। नैवेद्य लेकर कोई तो आएगा, इसलिए बैठा प्रतीक्षा करता रहता। नैवेद्य की एकाध थाली भी आती तो अच्छा लगता। आषाढ़ में देवी के झोंपड़ीनुमा मन्दिर में जाकर मनौती माँगता। "बड़े-बड़े घरों से मुझे नैवेद्य आने दो, मैं लोभान जलाऊँगा," कहता।

मेरे गाँव से तीन कोस पर देवताला की देवी है। उस देवी के यहाँ महीने के पन्द्रह दिन यात्रा होती हैं। दूर-दूर से लोग आते हैं। मेरे रिश्ते की शेवंता इस देवी की आराधिका थी। चार-पाँच औरतें मिलकर जोगवा* माँगने निकलतीं। मैं शेवंता के पीछे-पीछे हो लेता। हाथ में घर की परड़ी होती। गले में कौड़ियों की माला पहनता। देवताला पहुँचने तक जितने गाँव लगते, वहाँ जोगवा माँगता। जवार की रोटियाँ, गेहूँ की चपातियाँ अथवा गेहूँ और बेसनयुक्त रोटियाँ लोग परोसते। मैं गेहूँ और बेसनयुक्त रोटियाँ और चपातियाँ तुरन्त खा लेता। एक बार देवताला में देवी के मंदिर के आसपास घूमते हुए मैं बीच से ही लौटा और एक पेड़ के नीचे रुककर परड़ी में स्थित चपातियों के और धपाटों (गेहूँ और बेसन के आटे से युक्त रोटी) के टुकड़े कर उन्हें जेब में भरने लगा। खाने भी लगा। क्योंकि मुझे पता था कि शेवंता मुझे यह सब नहीं देगी। उसी समय शेवंता

* जोगवा—महाराष्ट्र में देवी की आराधिकाएँ प्रति मंगलवार और शुक्रवार घर-घर देवी के नाम पर भिक्षा माँगती हैं। इसे 'जोगवा' कहते हैं।

ने मुझे वहाँ देख लिया। उस समय वह किसी घर से जोगवा लेकर निकली थी। मुझे चुपके से खाते देख वह भड़क उठी, "हलकट, बदमाश, भूखों मर रहा था, इसलिए मैंने साथ में ले लिया, तो यह भड़ुवा खा रहा है। अब मुझे न तेरे हिस्से की जरूरत है और न तेरी। अब कल से मेरे साथ मत आना।" इसके बाद वह जब कभी जोगवा के लिए निकलती, मुझे साथ नहीं लेती। फटकारकर भगा देती।

कक्षा में गुरुजी पढ़ा रहे थे कि गौतम बुद्ध और महावीर को ज्ञान-प्राप्ति किस प्रकार हुई थी, प्रेत देखने के बाद उन्हें क्या महसूस हुआ, पीपल के पेड़ तले उन्हें किस प्रकार ज्ञान प्राप्ति हुई, किस प्रकार से उन्होंने तपस्या पूरी की, इन प्रश्नों के विवेचन को सुनकर मेरे दिमाग में सैकड़ों प्रश्न उठते। गरीबी से बेहाल हो एक दिन मैंने इन्दिरा गाँधी को एक लम्बा-सा पत्र लिखा। पत्र में मैंने इन्दिराजी को लिखा, "गरीबों का फायदा होना चाहिए, उन्हें पहनने के लिए कपड़े मिलने चाहिए, इसलिए महात्मा गाँधी कमीज नहीं पहनते थे। महात्मा गाँधी का स्वप्न कब पूरा होगा ? सभी गरीबों को कम-से-कम एक समय भरपेट भोजन मिल जाए, इतनी व्यवस्था तो आप कीजिए।" और बहुत कुछ लिखा। उन दिनों मुझे यह भी मालूम नहीं था कि लिफाफे पर पता लिखना पड़ता है। मैंने लिफाफे पर 'भारत के प्रधानमंत्री श्रीमती इन्दिरा गाँधी, दिल्ली' इतना ही लिख दिया था। अपना पता मैंने कहीं नहीं लिखा। मैं पहले से ही पुलिसवालों से डरता था। प्रधानमंत्री को तूने ऐसा पत्र क्यों लिखा—ऐसी पूछताछ कर पुलिस मुझे मारेगी, ऐसा मुझे भय था। इसलिए मैंने अपना नाम या पता ही नहीं लिखा। पत्र के अन्त में मैंने लिखा, "माताजी, यह पत्र मैं आपको लिख रहा हूँ। गलती हो तो माफ कीजिए। यह पत्र अगर आपको अच्छा लगे तो किसी भाषण में घोषित कीजिए कि मुझे ऐसा एक पत्र मिला है, पत्र अच्छा लिखा है। जिस किसी ने लिखा है, वह अपना नाम बता दे, हम उसे इनाम देंगे। आपकी यह घोषणा सुनकर मैं अपना पता भिजवा दूँगा।" पर ऐसा कुछ भी नहीं हुआ। अब जब मुझे ये सारी बातें याद आती हैं, तब लगता है कि उन दिनों मैं सचमुच कितना अज्ञानी था ! कितना नासमझ था !

बाभलगाँव के स्कूल मैं नंगे पैर ही जाता था। गरमी के दिनों में पैरों में आग निकलती। कड़ी धूप में पैर झुलसते। चप्पलें खरीदना सम्भव नहीं था। दिमाग में एक युक्ति सूझी। पिछले वर्ष की कॉपियाँ थीं। मैंने सोचा कि उनके गत्ते निकालकर, उन्हें अपने पैरों के बराबर काटकर चप्पल बनाई जा सकती है। फिर क्या था? दिमाग में यह बात बैठ गई। गत्तों पर पैर रखकर, उन्हें उस आकार में मैंने काट लिया। ऊपर ढक्कन की तरह एक और टुकड़े को काटकर बड़ी सुई से मैं उन्हें सीने लगा। एक रबर की पट्टी घर पर मिल गई। उससे अँगूठे बना लिए। दूसरे दिन स्कूल जाते समय मैंने अपनी इस अभिनव चप्पल को पहन लिया। गाँव के बाहर आने के बाद, जहाँ मिट्टी बहुत गरम थी, जहाँ पैर झुलसते थे, वहीं उन्हें पहनता और जहाँ घास हो, जहाँ गरम मिट्टी न हो, वहाँ इन्हें हाथ में पकड़कर चलता। कक्षा के लड़के कहते, "लक्ष्या, तेरी चप्पलें बहुत कीमती हैं रे।" मैं चुप रहता।

बाभलगाँव के स्कूल में मेरे मन में एक महत्त्वाकांक्षा उभरी कि कुछ विशेष करके नाम कमाऊँगा, किसी दिन लोग कहें कि पाथरूट के इस लड़के ने नाम कमाया। 26 जनवरी, 15 अगस्त के दिन सभी कक्षाओं के लड़कों के लिए भाषण-स्पर्धा रखी जाती थी। मैं छोटी कक्षा में था। फिर भी मैट्रिक तक की कक्षा के स्पर्धियों में मैं सर्वप्रथम आने लगा। पहला पुरस्कार मिलने लगा। सभी ओर मेरे नाम की चर्चा होने लगी। कभी भाषण स्पर्धा होती तो, 'लक्ष्मण गायकवाड़ को बुलाओ' ऐसा कहा जाने लगा। मेरा सीना फूलता। ऐसे ही एक बार नौवीं कक्षा में 'स्त्री शिक्षण : उचित या अनुचित' इस विषय पर विद्यार्थियों के भाषण रखे गए थे। मुझे बुलाया गया। स्त्री शिक्षण योग्य है, इस पर मैं भाषण करने को तैयार हुआ। पर जब मैं अपनी कक्षा में गया, तब सभी लड़कियाँ इकट्ठी हो गईं। मेरी कक्षा में लड़कियों का विरोध करनेवाले, अपनी शान जतलाने वाले कुछ लड़के थे। उन्होंने मुझे धमकी दी, "देख लक्ष्या, हम जैसा कहते हैं, वैसा ही भाषण कर। नहीं तो रास्ते में तेरी पिटाई कर देंगे। स्त्री शिक्षण उचित नहीं है, इस पर ही तू बोल। हाँ, इस पर ही तुझे बोलना पड़ेगा।" इन लड़कों से मैं बहुत डरता था। अक्सर वे मेरी पिटाई करते थे। अब अगर इनकी न सुनूँ तो जमकर पिटाई होने वाली थी। मैं घबरा गया। इस कारण मैंने कहा, "आप जैसा कहें, वैसे ही बोलूँगा।" उनकी बात मान गया। और इच्छा न होते हुए भी मैंने उस दिन स्त्री-शिक्षा के विरोध में भाषण किया। लड़कियों को पहले लगा कि लक्ष्मण हमारे पक्ष में बोलेगा, गरीब है, हमारे साथ ही आता- जाता है। पर उल्टा ही हुआ। उन लड़कियों के सामने मैंने उस दिन जो कुछ भी भाषण दिया था, उसका आज भी मुझे खेद है। मैंने स्त्रियों का अपमान ही किया था। इस कारण मैं खुद को कभी क्षमा नहीं कर सकता। आज भी जब उस घटना की याद आती है तो बहुत बुरा लगता है। जीवन में एक बहुत बड़ी गलती हो गई, इसका अहसास होता है।

मैं उठाईगीर जाति का हूँ--इसे मैं भूलना चाहूँ तो भी लोग भूलने नहीं देते थे। दिमाग में एक ही बात होती कि मैं उठाईगीर हूँ। हमारे गाँव के बेंबड़े के यहाँ रोज भजन हुआ करता था। मैं भजन सीखना चाहता था। बाद में इसकी आदत ही बन गई। रोज मन्दिर जाने लगा। किसी को मेरा स्पर्श न हो, इसका ध्यान रखते हुए एक कोने में जा बैठता। महादेव बेंबड़े बूढ़ा व्यक्ति था। धीरे-धीरे वह मुझसे स्नेह जतलाने लगा। उठाईगीर के एक लड़के को इस सम्प्रदाय में लाने से उसे पुण्य लगेगा, ऐसी उसकी भावना थी। इस कारण वह मुझे अभंग (भक्ति के पद) सिखलाने लगा। अभंगों को मैं लिख लेता और अंग्रेजी शब्दों को जिस प्रकार याद किया जाता, वैसे एक-एक शब्द को याद करने लगा। रात में भजन शुरू होता तो मैं कहता, "मुझे भी एक अभंग कहने दीजिए न।" भजन करनेवाले कहते, "अच्छा, ठीक है, बोल।" मुझे ताल-स्वर कुछ भी नहीं आता था। कविता की तरह मैं बोलता जाता। फिर सारी भजन-मंडली हँसने लगती। अभंग आधा न रहे, इसलिए उनमें से कोई एक उसे पूरा कर देता। कुछ ही दिनों में मैं मजीरा बजाने में दक्ष हो गया। अभंग भी गाने लगा। मैं अपने-आप

पर बहुत खुश था।

हमारी जाति के इतिहास में पहली बार मैं भजन करने के लिए बड़ों के घर आने-जाने लगा। लोग अब मुझसे अच्छा व्यवहार करने लगे। मेरा स्पर्श अब बुरा नहीं माना जाता था। मैं भावुक हो उठता। कहाँ मैं उठाईगीर का लड़का! पहले तो पानी भी भरने नहीं देते थे। स्पर्श भी करने नहीं देते थे। एक बार की घटना है। जाड़े के दिनों में मैं अलाव बनाकर आग तापने बैठा था। इतने में इसव्या नामक गड़रिया वहाँ आया और वह भी तापने बैठा। अचानक मेरे हाथ का स्पर्श उसे हुआ। उसके हाथों में पीतल का लोटा था। तब उसने कहा था, 'मेरे पीतल के लोटे को तूने भ्रष्ट कर दिया न।' और लगा गालियाँ बकने। गौर कीजिए। मैंने बड़ी कोशिश से झाड़-फूस इकट्ठे कर, जाड़े से बचने के लिए अलाव लगाई। यह महाशय खुद यहाँ आए और मेरा स्पर्श हुआ, इसलिए गालियाँ दे रहे हैं। लोटा मेरे स्पर्श से अशुद्ध हुआ था, इसलिए उन्होंने उसे अलाव में शुद्ध करने हेतु डाल दिया। उसे शुद्ध किया और तब उसे घर ले गए। मेरे साथ ऐसा व्यवहार करने वाले अब मुझे पास बुलाने लगे। अब तो मैं जहाँ कहीं सप्ताह (भजन-कीर्तन का अन्तिम दिन) अथवा कीर्तन होता वहाँ खुद जाने लगा। पखावज या मजीरे की कहीं आवाज सुनाई देती कि मैं सब कुछ भूल वहाँ दौड़ता। अब मैं कीर्तन, भजन और पोथियों के पठन-पाठन से पाप-पुण्य की बातें सुनाने लगा। इस कारण मेरे विचारों में परिवर्तन होने लगा। केकड़े का शोरबा, मछली और सुअर का माँस खाना पाप है—ऐसा मैं कहने लगा। प्रत्येक शुक्रवार और श्रावण माह के सभी शनिवार मैं उपवास करने लगा। यह सब करने के मूल में एक ही कारण था कि लोग अब मुझे अपने घर आने देते थे। मेरे स्पर्श को अशुभ या अशुद्ध नहीं मानते थे। ठीक से बात करते। कई पीढ़ियों से हम दुत्कारे गए। किसी ने आज तक हमारे लोगों से सम्मान का बर्ताव नहीं किया था। लेकिन अब मुझे इतना सम्मान दिया जा रहा है, इसका मुझे अभिमान होता था। मैं भी धीरे-धीरे उस ऊँट की तरह पैर फैलाने लगा, जिसे दयावश किसी ने अपने तम्बू में प्रवेश दिया था। मैं अब भजन करने लगा। हनुमान मन्दिर में एक बार रामायण कथा का पाठ चल रहा था तो मैंने भी पढ़ने का निश्चय किया। जिस व्यक्ति ने रामायण-पाठ की आयोजना की थी वे श्री गोविन्द पाटील थे। मराठा और कट्टर सनातनी थे। अगर किसी अछूत का स्पर्श हो जाता तो तुरन्त नहाते। गोमूत्र पीकर शुद्ध होते। पूजा-पाठ के समय मराठों का भी स्पर्श उन्हें नहीं भाता था। तो ऐसा सनातनी व्यक्ति मुझ उठाईगीर को रामायण कथा बाँचने की अनुमति कैसे दे सकता था ? पर मैंने दृढ़ निश्चय किया कि एक दिन हनुमान मन्दिर के चबूतरे पर बैठकर पोथी बाँचूँगा ही। बेंबड़े के महादेव अण्णा से मैंने एक दिन कहा, "अण्णा मुझे पोथी बाँचनी है।" तब अण्णा ने कहा, "अरे लक्ष्मण, उस गोविन्द पाटील को जाकर कह दे कि भगवान् के दरबार में अगर सभी मनुष्य समान हैं, तो पूछ कि तू पोथी क्यों नहीं पढ़ सकता ? पूछ भला।" पूछने की हिम्मत तो हो नहीं रही थी। मैं रोज चबूतरे पर बैठकर पोथी सुनने लगा। एक दिन मैंने दृढ़ निश्चय किया कि आज पाटील से पूछूँगा ही और

उस दिन पूछ ही बैठा। गोविन्द पाटील को बहुत गुस्सा आया। कहने लगे, ''असुर, बिल्ली खानेवाली तुम्हारी जाति। तुम.कैसे पोथी पढ़ोगे ?'' तब मैंने गले में स्थित माला दिखला दी। पिछले कुछ दिनों से मैं इस माला को पहन रहा था। मैंने कहा, ''जब से मैंने भजन करना शुरू किया है, सब छोड़ चुका हूँ। एकादशी भी करता हूँ। देखिए, मेरे गले में यह माला है।'' तब गोविन्द पाटील ने कहा, ''फिर ठीक है। रोज नहा-धोकर यहाँ आ और पोथी पढ़ना सीख,'' तब 'शिवलीलामृत', 'भगवद्गीता' आदि पुस्तकें पढ़ना मैं सीख गया। हनुमान मन्दिर के चबूतरे पर बैठ कुछ ही दिनों में पोथी बाँचने लगा। औरों की अपेक्षा मेरी आवाज अच्छी थी। काफी लोग सुनने आते। पूरे गाँव की औरतें और लड़कियाँ कहने लगीं, ''उठाईगीर के लक्ष्या की आवाज कितनी अच्छी है !'' आश्चर्य कि कोई भी मुझे 'लक्ष्मण' नहीं कहता था।

भाभियाँ मुझसे जलती थीं। वे मुझसे ऊबने लगीं। कहतीं, ''पढ़ाई और पोथी-भजन में क्या रखा है ? या तो चोरी करनी आनी चाहिए या कोई मजदूरी। यह तो पढ़ाई के लिए जाता है। कहीं यह मास्टर तो नहीं होने वाला।'' भाभी रोज सबेरे खिचड़ी पकातीं। अनाज के दानों को कूटते समय कुछ आटा निकलता था। स्कूल जाते समय उस आटे की रोटी बनाकर मुझे देती। अर्थात् कभी-कभार ही। कभी कहती कि आज रोटी नहीं बन सकी है। खिचड़ी खाकर जाओ और साथ में खिचड़ी ही ले जाओ। भाइयों को अगर यह सब कहता तो बाद में वे मुझे पीटतीं। खाना ठीक से न परोसतीं। कई बार तो खाना ही नहीं देतीं। भाभियाँ अपने-अपने पतियों की फिक्र करतीं, उन्हें ठीक से परोसतीं। हरचंदा और मेरी हालत बुरी कर देती थीं। हम दोनों को बड़ी तकलीफ होती। परन्तु हरचंदा कभी-कभार चोरी करने जाता, साड़ियाँ या तेल के डिब्बे ले आता, तो उसकी ओर वे ठीक से देखतीं।

घर की हालत कभी अच्छी नहीं थी। अच्छे दिन कभी आते ही नहीं थे। हमेशा ही गरीबी और लाचारी। कभी मीठी चीजें बनानी हों, तो वे टोना-टोटकों से डरती थीं। पुरण-पोली (मीठी रोटी) के लिए जरूरी दाल पकाते समय पास में भिलावाँ, कौड़ियाँ रखती थीं। पड़ोस के चचेरे भाई की औरत अंजनाबाई टोना-टोटका करती है--ऐसा उन्हें सन्देह था। ऐसे ही एक त्योहार के दिन भाभी ने तय किया कि अंजनाबाई का टोटका आज लौटा दूँगी। क्योंकि इसके पहले दो-तीन बार अंजनाबाई ने टोटका का पुरण भगाया था--ऐसा भाभी को सन्देह था। इसलिए इस बार वह बदला लेना चाहती थी। उधर अंजनाबाई चूल्हे पर पतीली चढ़ा दाल पकाने लगी। तो इधर भाभी ने भी चूल्हे पर पतीली चढ़ा पानी उबालने रख दिया और थोड़ी देर बाद पानी में गोबर मिलाकर वह कहने लगी, ''देख, अब वह जब भी टोटका करेगी, तब मेरी पतीली का सारा गोबर उसकी पतीली में चला जाएगा और उसका सारा पुरण गोबर में बदल जाएगा। हरामजादी, पिछले कई त्योहारों से मेरे पुरण को भगा रही है। आज उसे पता चल जाएगा कि मैं भी कम नहीं हूँ। उसके टोटके से हमारे घर में बरकत ही नहीं है।'' उस दिन मैं बड़ी उत्सुकता से यह सब देखने बैठा था। परन्तु ऐसा कुछ भी नहीं हुआ। अंजनाबाई

ने पुरण-पोलियाँ बना लीं और आराम से खाने लगी। भाभी ने कहा, "राँड़, बड़ी तेज निकली। उसने मेरा टोटका लौटा दिया। अब अगले त्योहार को देखूँगी।" मुझे टोने-टोटके का कुछ समझ में नहीं आता था। भाभी कहती, "टोना-टोटका में अगर सिद्धि प्राप्त करनी है तो पाँच शनिवार तक इमली के बीज के बराबर गू खाना पड़ता है। इससे भूखे रहने की कभी नौबत ही नहीं आएगी। टोना-टोटका भी आ जाता।" मैं जब भूख से बेहाल हो जाता, तो इच्छा होती कि अंजना भाभी के यहाँ जाऊँ, उससे कहूँ कि मुझे टोना-टोटका सिखा दे। पाँच शनिवार गू खाने की इच्छा होती है। भूखेपन से मुक्ति तो मिलेगी। क्या अच्छे घर के लोग टोना-टोटका सीख लेते हैं ? और गू खाने के बाद अगर वह विद्या नहीं आई तो ? इस कारण मैं अंजना भाभी के यहाँ गया ही नहीं। एक बार बाबा ने मुझसे कहा था, "बेर और रुचिक के पेड़ों के बीच ही शौच को बैठना चाहिए। ठीक एक माह बाद इन दोनों पेड़ों के बीच रुपए का एक सिक्का किसी का मुँह न देखते हुए जमीन में गाड़ देना चाहिए। इससे यह होगा कि आदमी के पास कितने भी रुपए आएँ, कितने भी खर्च हो जाएँ—एक रुपए हमेशा जेब में बचा रहेगा। इससे एक अन्य सिद्धि भी प्राप्त हो जाएगी। पक्षियों की भाषा समझ में आने लगेगी।" मैं पूरी ईमानदारी के साथ पूरे एक महीने तक रुचिक और बेर के पेड़ के बीच की जगह पर शौच के लिए जाने लगा। पर गाड़ने के लिए मेरे पास एक रुपए का सिक्का ही नहीं था। मेरी तपस्या बेकार गई। बाद में पाँच शनिवार मैं गू खा भी लेता, पर टोना न आए तो सब बेकार हो जाएगा—ऐसा डर लगता। इस कारण मैंने टोना नहीं सीखा। गरीबी ने मेरी क्या गत की थी, कितनी भयावह स्थितियों का सामना मुझे करना पड़ता था। क्या-क्या करने की इच्छा उन दिनों हो रही थी—इसकी याद कर मैं आज भी बेचैन हो जाता हूँ।

एक बार मैं और भाभी बाहर आँगन में सोए थे। अन्य भाभियाँ भीतर सोई थीं। देर रात में कोई एक पुरुष वहाँ आया और सीधे भाभी के शरीर पर लेट गया। मैं सोया नहीं था। परन्तु चुपचाप लाश की तरह पड़ा रहा। मेरी भाभी के शरीर को काफी घोलकर वह तेजी से निकल पड़ा। भाभी जोर-जोर से चिल्लाने लगी। "भागो, भागो, कोई मेरे शरीर की ओर आया था।" भीतर से भाई लोग निकले और उस दिशा में दौड़े। परन्तु अँधेरे में वह व्यक्ति गायब हो गया। हमारी अन्य भाभियाँ इस भाभी से पूछने लगीं, "वह तेरे साथ सोया था क्या ?" तब भाभी ने कहा, "मैं क्यों सोने दूँगी ? भड़वा, मेरे शरीर पर लेट रहा था। मुँह पर हाथ रख रहा था।" वास्तविकता क्या थी—भाभी को ही मालूम। मैं असलियत जानता था। परन्तु भाई भाभी को छोड़ देंगे इसलिए खामोश रहा।

एक बार भाऊ बहुत बीमार हो गया। हाथ-पैर बहुत कमजोर हो गए। वह बचेगा ही नहीं, ऐसा लगने लगा। अण्णा ने कुछ पैसे इकट्ठे किए और बैलगाड़ी के लिए पूरे गाँव भर में घूम आया। कोई भी अपनी बैलगाड़ी देने को तैयार नहीं था। इस समय बेंबड़े के डिगू की बैलगाड़ी लातूर के लिए निकली थी। अन्ना ने बेंबड़े से बिनती की,

"कारभारी, मेरे भाई को बैलगाड़ी में ले चलिए। वह बीमार है। लातूर के दवाखाने में भरती करना है।" बेंबड़े के नागा ने कहा, "नहीं, सम्भव नहीं। तुम्हारे बाप की गाड़ी है क्या ?" तब अण्णा उसके पैर पकड़ने लगा। फिर भी वह नहीं माना। आखिर में मेरा चचेरा भाई तुलसीराम भाऊ को गधे पर बैठाकर लातूर ले गया और भाऊ के प्राण बच गए। गाँव के लोग कभी किसी प्रकार से हमारी सहायता नहीं करते थे। हमारे गाँव का लिंगराव चामले अमीर आदमी था। श्रावण में वर्षा के दिनों में जब गरीब लोग बिना मजदूरी के परेशान हो जाते, तब वह गरीबों को खराब जवार दो-चार पसेरी बाँट देता और बदले में हमारी बस्ती के घूरों को खाद रूप में ले लेता था। हमारे गाँव के अमीर गरीबों की मजबूरी का हमेशा फायदा उठाते। पुलिसवाले या और लोग जब हमारी पिटाई करते, तो कभी कोई पूछताछ करने नहीं आता था, इतना हमारा गाँव कठोर था। अंततः भाऊ भलाचंगा होकर लौट आया। उन्हीं दिनों भाभियों में झगड़े बढ़ने लगे। अलग रहने की बात शुरू हुई। रोज की किचकिच से यही अच्छा लगा। हरेक के हिस्से किए गए। हम तीन लोग अनाथ थे। बाबा (पिताजी), मैं और हरचंदा। बाबा तो रखवाली का काम करता था। हरचंदा चोरी के काम में था। उसको सँभालने के लिए तीनों भाई तैयार थे। बाबा को सँभालने को अण्णा तैयार थे। परन्तु मुझे सँभालने के लिए कोई तैयार नहीं था। वे कहने लगे कि "हम अपने बाल-बच्चों को सँभालें या इसको ? इसे किताबें-कॉपियाँ कौन लाकर देगा ?" अन्ततः संबाभाऊ मुझे सँभालने को तैयार हुआ। अन्य भाई पुस्तक-कॉपियों के खर्चे को बाँट लेने के लिए राजी हुए। बड़ा भाई हरचंदा को सँभालने को तैयार हुआ, क्योंकि वह चोरियाँ करके कुछ-न-कुछ लाता ही था। सब स्वतन्त्र रहकर अपनी-अपनी जिन्दगी जीने लगे। धनेगाँव में काम नहीं मिल रहा था, इसलिए अण्णा ससुराल चला गया। दादा अपने किसी रिश्तेदार के यहाँ चला गया। अब घर में मैं, भाऊ और भाभी रह गए। फसल के दिनों में भाभी मैके चली गई। मैं और भाऊ दोनों रह गए। उन दिनों मैं खुद रोटियाँ बनाता था। भाऊ मजदूरी कर रोज चार रुपए ले आता।

कभी-कभार भाऊ देर रात लौटता। मैं उसकी प्रतीक्षा करता मन्दिर के चबूतरे के पास बैठा रहता। कई बार मुझे वहीं नींद लग जाती। लौटने पर भाऊ जगाता। फिर हम दोनों घर आते। घर में कुछ होता ही नहीं था। भाऊ के आने तक भूखा ही रहता। लौटते समय भाऊ दो-एक किलो जवार पीसकर लाता। भाऊ गए रात चूल्हा सुलगाता, मुझे सब्जी बनाने के लिए कहता।

यह घटना उन दिनों की है जब मैं बाभलगाँव के स्कूल गया था। भाऊ काम पर चला गया था। घर में कोई नहीं था। मैं ताला लगाकर स्कूल चला गया। स्कूल से जब लौटा तो ताला नीचे गिरा हुआ था। दरवाजा खुला हुआ था। मैं भयभीत हो गया। रोता हुआ सड़क पर खड़ा हो गया। स्कूल के एक साथी से मैंने कहा कि हमारे घर को किसी ने फोड़ा है। उसने कहा, चल भीतर चलते हैं। दोनों डरे हुए थे। भीतर गए। भीतर सब चीजें खुली पड़ी थीं। एक कमीज थी, जो हरचंदा चोरी कर ले आया था। जिन्दगी में

पहली बार मुझे इतनी कीमती कमीज मिली थी। पर वह गायब थी। उस कमीज को मैं खास त्यौहारों के दिनों ही पहनता था। बहुत बड़ी सम्पत्ति खोने जैसा मुझे उसका दुःख हुआ। मैं रोने लगा। दोस्त मुझे सान्त्वना देता रहा। टोकरी में जो रोटी थी, वह भी गायब थी। भाऊ की धोती, ओढ़ने की चादर, मेरी कमीज, सब कुछ चला गया था। उस दिन मुझे बहुत जोरों की भूख लगी थी। बालाचार्य गुरुजी का अरुण साथ में था। उसने घर जाकर अपनी बहन से कहा, "लक्ष्मण के यहाँ चोरी हो गई है। उसकी रोटी भी चोरी हो गई है। वह भूखा है।" तब सुलभा ने मुझे बुलाया और रोटी-सब्जी दी। मैं सोच रहा था कि चोर कौन होगा? रात में भाऊ आ गया। जाड़े के दिन थे। घर में ओढ़ने के लिए कुछ नहीं था। भाऊ के पास पैसे नहीं थे। एक ही धोती थी, जो उसने पहन रखी थी। उसे हम दोनों ओढ़ते। जब बहुत ठंड महसूस होती तो अलाव तैयार करते और तापने बैठते। कॉपियों के कागजों से मैं टोपी बनाता और पहनता। हम दोनों भाई रोते बैठे रहते। दो दिन के बाद पता चला कि हमारे चचेरे भाई के लड़के नार्‍या ने हमारे यहाँ चोरी की थी। हमारे यहाँ चुराई गई वस्तुओं—कुर्ता, धोती और चादर को सोनवती जाकर दस रुपए में बेच आया था। इन चीजों को वापिस लेने के लिए हमारे पास दस रुपए भी नहीं थे। नार्‍या लापता था। उन दिनों हमारा बहुत बुरा हाल हुआ। दिन-भर जो धोती भाऊ पहनता, रात में उसी को ओढ़ता। भाऊ कहता कि इन दिनों वह किसी मशीन की दुरुस्ती का काम सीख रहा है। काम सीखने के बाद उसे वे अधिक वेतन देंगे और बाद में स्थायी नौकरी भी मिल जाएगी। मैं सपने देखता कि मशीन दुरुस्त करने का काम सीखने के बाद भाऊ लातूर जाएगा, वहीं घर बनाएगा, पैंट पहनेगा, साहब की तरह रहेगा। मैं भी लातूर जाऊँगा, तब सुख-चैन के दिन आएँगे। बस, गाड़ियाँ, रेल, बाजार, सिनेमा सब देखने को मिलेगा। कभी-कभार जब हम गाँव लौटेंगे तो गाँववाले कहेंगे, अरे, उठाईगीर के ये लोग लातूर जाकर काफी सुधर गए। तब हमें कोई चोर नहीं कहेगा। साहब की तरह पैंट पहन भाऊ साइकिल पर घूमेगा। मैं इस प्रकार स्वप्न देखता और खुशी-खुशी सो जाता।

घर के सभी भाइयों के स्वतन्त्र हो जाने के कारण मेरी देखभाल का प्रश्न था ही। इस कारण मैंने बाभलगाँव की बोर्डिंग में रहने का निर्णय लिया। कक्षा के एक लड़के ने मुझसे कहा था कि पिछड़े वर्ग के लिए बोर्डिंग की व्यवस्था होती है और वहाँ पैसे देने की जरूरत नहीं होती। मैं हेडमास्टरजी के यहाँ गया। मैंने उनसे बोर्डिंग के सेक्रेटरी के नाम एक चिट्ठी ले ली। सेक्रेटरी ने कहा, "सामान ले आओ।" उनकी बोर्डिंग में विमुक्त जनजातियों का एक भी लड़का नहीं था। इस कारण उन्होंने तुरन्त हाँ भर दी। फिर मैंने भाई से कहा, "मुझे अब बोर्डिंग में जगह मिल गई है। मैं वहीं जा टिकता हूँ। स्कूल काफी दूर हैं। आने-जाने में काफी समय लगता है।" मैंने कहा कि किताब-कॉपियाँ रखने के लिए एक सन्दूक, थाली और लोटा दिला दो। तब भाऊ चार रुपए का लकड़ी का एक सन्दूक ले आया और मैं बोर्डिंग में रहने चला गया। वहाँ लगभग बीस लड़के थे। मैं उनमें शामिल हो गया। धीरे-धीरे सबसे दोस्ती हो गई। दोनें

समय भरपेट भोजन मिलने लगा। मैं समय पर कक्षा में जाता। छुट्टी के दिन यानी रविवार को मैं धनेगाँव जाता। बाबा से मिलने चामले के बगीचे में जाता। रविवार को उनके पास ही बगीचे में रहता। बाबा बहुत ईमानदारी से नौकरी करता था। गन्ने की फसल खड़ी थी। पर मुझे उसने कभी भी गन्ना नहीं दिया। चूहों द्वारा खाया गन्ने का एकाध टुकड़ा किसी दिन दे देता। मैं उत्साह से उस टुकड़े को खाता। छिलकों को बाबा जमीन में गाड़ देता। बगीचे के किसी भी पेड़-पौधे का एक पत्ता तक वह नहीं तोड़ने देता था। इतनी ईमानदारी से वह नौकरी करता था। बदले में उसे दो वक्त का खाना और प्रति माह पन्द्रह रुपए मिलते थे। कभी-कभार वह मुझे 50-75 पैसे दे देता। रविवार को मैं पहुँचता हूँ, इसलिए पेड़ से गिरे सीताफल और चूहों द्वारा खाया हुआ गन्ना वह हिफाजत से रखता। शुक्रवार से ही अपने हिस्से की रोटी के टुकड़े बचाकर रखता था। पहुँचने पर बड़े प्यार से खिलाता था। मैं सोचता कि बाबा अब इतना बूढ़ा हो गया है, थक गया है, पर फिर भी नौकरी कर रहा है। बाबा कहता, "तू खूब पढ़, बड़ा आदमी बन।" सोमवार सबेरे मैं स्कूल जाता। बोर्डिंग में मैं रम गया था। सभी साथी मुझसे स्नेह जतलाते। बाभलगाँव की बोर्डिंग पाटील चलाते थे। मैं मंगलवार, शुक्रवार तथा महीने की दो एकादशियों को उपवास करता हूँ—यह सुनकर उन्हें आश्चर्य हुआ। वे मुझे चाहने लगे। शुक्रवार अथवा एकादशी के दिन वे मुझे फलाहार के लिए अपने घर ले जाते। मैं बहुत प्रसन्न होता। सोचता, मैंने कितना नाम कमाया है। इतने बड़े घर के पाटील मुझे अपने घर फलाहार को ले जाते हैं, मामूली बात थोड़े ही है। बोर्डिंग के अन्य लड़के मेरी ओर आदर से देखते। इस बोर्डिंग में लिंगायत जाति के दो लड़के थे। अन्य सभी अस्पृश्य जाति के अर्थात् महार और मातंग। मैं अकेला उठाईगीर जाति का था। लिंगायत लड़के हमसे दूर ही रहते। घुलते-मिलते नहीं थे। उनमें जातिगत अहंकार था। वे अपने को श्रेष्ठ समझते थे। खाना खाते समय हम सबसे दूर बैठते। मैं गौर मसलगा के गंगाधर गायकवाड़ और शिवाजी के साथ बैठता। दाल में कभी-कभार कीड़े निकलते। रोटियाँ अधपकी होतीं। शिकायत करने की किसी की हिम्मत नहीं थी। चुपचाप खा लेते। बाद में गालियाँ बकते। हमारे नाम पंर सरकार से पैसे लेते हैं और इतना घटिया खाना देते हैं—ऐसा कहते। अलबत्ता मैं कभी-कभार मोरे गुरुजी के कमरे पर चला जाता। अपना बचा-खुचा खाना वे मुझे दे देते। उनका मुझ पर स्नेह था। कारण, वे अंग्रेजी पढ़ाते थे और मैं अंग्रेजी शब्द याद कर तुरन्त अर्थ बतला देता था। जब कभी वे घर पर अकेले होते, मुझे बुलवा लेते। मैं उनके बर्तन माँजता, उनके साथ खाना खाता और उनके विषय का अध्ययन करता। बोर्डिंग के सारे दोस्त शाम को टहलने जाते। मेरे पास पानी पीने और शौच जाने के लिए एक ही लोटा था। टलहने काफी दूर जाते और गपशप करते। सभी साथी मुझे शरारती समझते थे। सबको पता था कि मैं उठाईगीर जाति का हूँ। वे मुझसे पूछते कि आपके लोग चोरी कैसे करते हैं ? मैं उन्हें विस्तार से समझाता था। पर मैं यह भी कहता कि मेरा एक भाई सरकारी नौकर है। घर पर रेडियो है। उन दिनों मैं 'सहकार' और 'सरकार' इन दो शब्दों के अर्थ में अन्तर

नहीं कर सकता था। भाऊ की नौकरी सरकारी ही है—ऐसा मैं समझता था। कभी-कभार जब मैं गाँव जाता तो लौटते समय भाऊ का छोटा रेडियो, ट्रांजिस्टर बोर्डिंग ले आता। सारे साथी मेरी ओर बड़े कौतूहल से देखते थे। "इसका भाई पड़े पद पर है," ऐसा वे आपस में कहते। मुझे बहुत अच्छा लगता। मेरे भाई को लोग बड़ा समझ रहे हैं—यह सुनकर मुझे खुशी होती। लातूर मुझे बहुत बड़ा शहर लगता। एक बार इतिहास-भूगोल के गुरुजी ने सबसे पूछा, "क्या किसी ने औरंगाबाद देखा है ?" सबने कहा, "नहीं।" मैंने कहा "हाँ, मैंने देखा है।" गुरुजी ने पूछा, "कहाँ ? तू कब गया था ?" मैंने कहा, "जब मैं तुलजापुर गया था, तब बस से मैंने औरंगाबाद को देखा है।" मेरे इस उत्तर पर सारी कक्षा हँसने लगी। मुझे पता ही नहीं चला कि वे क्यों हँस रहे हैं। बाद में मुझे मालूम हो गया कि बस से मैंने उस्मानाबाद को देखा था, औरंगाबाद को नहीं। दोनों में मैं अंतर ही नहीं कर पा रहा था।

दीपावली तक मैं बोर्डिंग में रहा। बीच-बीच में मैं लातूर जाता था। इस कस्बे में घूमने से मन पर कुछ बातों का परिणाम होने लगा। बाबा बहुत बूढ़ा हो गया था। हरचंदा ने चोरी करना छोड़ दिया था, इस कारण उसको कोई रख लेने को तैयार नहीं था। पुस्तक-कॉपियों के लिए मुझे कोई पैसे भी नहीं दे रहा था। अब कहीं तो नौकरी करनी चाहिए, बाबा की देखभाल करनी चाहिए, ऐसे विचार मेरे मन में आने लगे। दीपावली की छुट्टियाँ हो चुकी थीं। मैंने अपना लकड़ी का सन्दूक उठाया और सीधे लातूर आ गया। वास्तव में मैं छुट्टियों की प्रतीक्षा कर रहा था। यूँ बोर्डिंग में मुझे भरपेट खाना मिल रहा था, पर हरचंदा की हालत खराब हो रही थी। उसे कोई सँभालना नहीं चाहता था। कभी भाई के घर वह चला जाता, तो भाभियाँ कुत्ते की तरह उसे भगा देती थीं। दो-दो दिन उसे रोटी न दी जाती थी। वह भूखों मरने लगा, इसलिए बाबा ने उसे अपने यहाँ बगीचे में रख लिया था। अपनी रोटी में से आधी रोटी उसे देने लगा। रविवार को मैं पहुँचता, तब बाबा को और परेशानी होती। एक खाने के तीन हिस्से करने पड़ते। बाबा को मालकिन एक समय में ढाई रोटियाँ भिजवाती थी। उनमें से एक बाबा खाता था, बाकी हरचंदा को देता था। कभी-कभी मैं हिस्सेदार हो जाता। खाने की मेरी कतई इच्छा नहीं होती। पर वे दोनों चाहते थे कि मैं उनके साथ खाऊँ। मैं झूठ-मूठ कहता कि मैं तो अभी खाकर आया हूँ, बावजूद इसके दोनों मुझे जबरदस्ती लेकर बैठते। हम तीनों बेसहारा हो गए थे। तब मैं सोचता, मुझे पढ़ाई छोड़ देनी चाहिए। उठाईगीरी सीखकर बाबा और हरचंदा को सँभालने की इच्छा होती थी। अब मैं काफी समझदार हो गया था। कभी-कभी मालिक बाबा को गालियाँ देता था कि मैंने तुम्हें नौकरी दी है, लड़के को नहीं। तुम दोनों को सँभालने का क्या मैंने ठेका ले रखा है ? कई बार वह रोटियाँ भी कम देता। बाबा और हरचंदा शकरकन्द ढूँढ़ लाते और उसे भूनकर खाते। मालिक के घर से जब रोटी समय पर न आती, तो वे दोनों प्याज की हरी पत्तियाँ तोड़कर खा लेते। इस कारण मैंने तय किया कि अब दोनों को मैं सँभालूँगा। दीपावली तक स्कूल कर लूँ और छुट्टियाँ शुरू हुईं कि बोर्डिंग से अपना सन्दूक लेकर भाग निकलूँ। इसी विचार

से छुट्टियों में मैं लातूर—भाऊ के पास—पहुँचा। सन्दूक टिका दी। मैंने भाऊ से कहा, "मैं सभी पुस्तकें और कॉपियाँ ले आया हूँ।" भाऊ ने बहुत-सी बातें सुनाईं। भाभी को मेरा आना अच्छा लगा। पुस्तकें, कॉपियों का अब खर्चा बच जाएगा और यह कुछ कमाकर लाएगा—इस विचार से वह चुप थी। दो-चार दिन चले गए। मैं कुछ ला तो नहीं रहा था। अब भाभी मुझे डाँटने लगी। वह अब रसोई देर से बनाने लगी। रोज के झगड़े शुरू हुए। भाऊ जिस बाड़े में रहता था, उसकी मालकिन हमारी जाति की ही थी। दो पतियों को छोड़ चुकी थी। यलमा के एक रेड्डी के साथ इन दिनों वह रहती थी। सही कहना हो तो उसने ही उस रेड्डी को रख लिया था। लातूर के बहुत से लोग उसे जाधवीन के नाम से पहचानते थे। इस औरत का नम्बर दो का धन्धा था। शुरुआत में वह कच्ची शराब बेचने का धन्धा करती थी। तब मैं और भाभी वहाँ आए थे क्योंकि वह भाभी के गाँव की थी और उनकी रिश्तेदार थी। उन दिनों वह एक अच्छे मकान में रहती थी। ऐसे मकान में, जिसकी मैंने स्वप्न में भी कल्पना नहीं की थी, इतना अच्छा वह मकान था। उसका एक नियम था, उठाईगीरों को वह अपने मकान के सामने भी खड़ा नहीं होने देती थी। हमारी भी वही स्थिति हो गई। मैंने सोचा था कि अपनी जाति की यह अमीर स्त्री है, तब अपने सुख-दुःख पूछेगी। पर ऐसा नहीं हुआ। उसने हमें भगा दिया। अपने नौकर को उसने कहा, "इन्हें रोटी दो" और हमसे कहा, "रेड्डी अब खाना खाने आएगा, तुम यहाँ से निकलो। अगर नहीं गए तो वह तुम्हें पीटेगा।" तब हम चुपचाप निकल आए। उन दिनों दारू के धन्धे से उसने जो मकान बनाए थे, वे आज भी लातूर में हैं। उस समय हमें पता नहीं था कि कभी हमें लातूर रहने के लिए आना पड़ेगा। जब भाऊ को लातूर में नौकरी मिल गई, तब कमरे की जरूरत हुई। तब इस औरत चन्द्रभागा से भाभी मिली। तब उसने अपने ही बाड़े में एक कमरा किराए पर दे दिया। उसका कारोबार काफी बड़ा था। मुझे कभी वह दूध बेचने भेजती, कभी भूसा-खली लाने के लिए कहती और कभी इस काम के बदले 25-30 पैसे देती। वे पैसे मैं भाऊ को दे देता। दीपावली की छुट्टियाँ चन्द्रभागा के यहाँ काम करते-करते खत्म हो गईं। यूँ मैंने 10-15 रुपए इकट्ठे कर लिए थे।

एक दिन बाबा लातूर आया। उसकी तबीयत बहुत खराब हो गई थी। कहने लगा, "बेटे, स्कूल न छोड़। घर के टीन बेच दूँगा, तुझे किताब कॉपियाँ लाकर दूँगा, पर पढ़ाई जारी रख। चोरियों के कारण हरचंदा की जिन्दगी बर्बाद हो गई है। अब तो वह न चोरियाँ करता है और न कुछ। वह काम से गया। पता नहीं कब, किस समय, कहाँ उसे मिरगी का दौरा आएगा और कहाँ गिर जाएगा। मुझे उसकी बहुत फिकर है। हम दोनों भी अब बेकाम हो गए हैं। दोनों भूखों रहते हैं। मैं कितने दिन भूखा रहकर उसे सँभालूँ ? इन दिनों मालिक बहुत गालियाँ दे रहा है। मालकिन जानबूझकर रोटियाँ कम भेज रही है। हरचंदा को अब मैं तुलजापुर से एक परड़ी लाकर देता हूँ। माँगकर तो खाएगा।" मालिक से कुछ रुपए उधार लेकर बाबा तुलजापुर गया और हरचंदा को उसने परड़ी लाकर दी। हमारे घर में देवी की परड़ी की परम्परा है। मैं मंगलवार, शुक्रवार

जोगवार माँगता और संकेतों के अनुसार परड़ी रिक्त न रखी जाए, इसलिए उसमें आटा या अनाज के कुछ दाने रखा करता था। घर में चूहे बहुत थे। उन्हें खाने के लिए कुछ मिलता नहीं था, इसलिए उन्होंने परड़ी को कुतरना शुरू कर दिया था। पुरानी परड़ी इस प्रकार बेमतलब हो चुकी थी। इसलिए बाबा नई परड़ी लेकर आया। हरचंदा जब चोरी करता था, तब वह सबका प्यारा था। घर के सभी लोग उससे प्यार जतलाते थे। पर पिटाई के डर से और मिरगी के दौरे के भय से त्रस्त होकर उसने चोरी छोड़ दी। बाबा ने उसे छोटी कौड़ियों की माला लाकर दी। भीख माँगकर तो वह जिए, इसलिए। हरचंदा रोज गाँव में जोगवा माँगता और पेट भरता। आरम्भ में वह हमारे गाँव में जोगवा नहीं माँगता था। पड़ोस के गाँवों में अथवा कभी लातूर में जोगवा माँगने जाता था। कुछ दिनों बाद गाँव में भी घूमने लगा। देवी के नाम पर मंगलवार, शुक्रवार और अमावस्या के दिन ही जोगवा माँगा जाना चाहिए। हरचंदा का ऐसा नहीं था। वह रोज जोगवा या यथार्थ में भीख ही माँगता था। हम उसे भीख न कहकर जोगवा कहते, इतना ही फर्क था।

इन तकलीफों से परेशान होकर मैंने नौकरी के लिए प्रयत्न शुरू कर दिए। मैंने यह सोच रखा था कि हरचंदा को भीख नहीं माँगने दूँगा। लातूर नांदेड़ रोड पर गरीबों की बस्ती है। वहाँ मैंने ब्रेड (पाव) बेचना शुरू कर दिया। बहुत दिनों तक पाव बेचता रहा। भाऊ सूत गिरनी में नौकरी करता था। देहातों के कई गरीब लड़के उसके पास नौकरी की खोज में आते थे। इन अशिक्षित लड़कों को मैं नौकरी हेतु प्रार्थनापत्र लिखकर देता था। कुछ को नौकरी मिल जाती, कुछ से कहा जाता कि अभी तू उमर में छोटा है, तू यह काम नहीं कर सकता। तब मुझे लगता कि मुझसे बड़ी उमर के लड़कों को ये ले नहीं रहे हैं, तो मुझे क्या लेंगे ? मैं खामोश रहता। मैं भाऊ से कहता, "भाऊ, अपने अफसर को कहकर मेरी नौकरी लगवा देना।" भाऊ कहता, "तू छोटा है रे।" मैं चुप हो जाता। कुछ समझ नहीं पा रहा था कि क्या करूँ। मेरी उमर के लड़के बाजारों में कई प्रकार के काम कर रहे थे। मैं देख रहा था। कोई केले बेच रहा है, कोई मूँगफली तो कोई कुछ और। ब्रेड में कुछ अधिक मुनाफा नहीं मिल रहा था, इसलिए मैंने केले बेचने का निर्णय लिया। केले खरीदने के लिए मैंने भाऊ से पैसे लिए। बड़ी मुश्किल से उसने पैसे दिए। केले की एक डाल मैंने खरीद ली। रोज सबसे 11-12 रुपए सैकड़ा के भाव से मैं सौ केले लेता और 15 पैसे में एक या पावने दो रुपए दर्जन से बेचता। इसके लिए दिन-भर घूमता रहता। कुछ दिन 'पाव लो' कहकर घूमता रहा था, अब 'केले लो, केले' चिल्लाने लगा। केले में अच्छा मुनाफा मिलने लगा। खाने के लिए केले भी मिलने लगे। इस कारण यह धन्धा मुझे अच्छा लगने लगा। पास के केले खत्म हुए कि चन्द्रभागा के यहाँ जाता, उसके कुछ काम करता, वहाँ से भी कुछ पैसे मिल जाते। घर में अगर कुछ खाने के लिए न होता, तो मैं सीधे होटल जाता, कुछ खा लेता अथवा रास्ते में ठेले पर जो भी मिलता, खा लेता। मैं सोचने लगा कि अब भाभियाँ मुझे सँभालें या न सँभालें, मैं खुद धन्धा कर आराम से जी सकता हूँ। अब मुझे किसी की जरूरत

नहीं है। इसका कारण भी था। भाभी मुझसे खार खाती, अपमान करती, घर से निकल जाने को कहती। कभी-कभार तो बाहर निकाल भी देती। दीपावली के बाद से मैं रोज कुछ-न-कुछ बेचने का धन्धा कर रहा था, इस कारण अब मुझे वह ताने ही दे रही थी। इस बीच स्कूल के कुछ साथी मिले। कहने लगे कि हेडमास्टर मुझसे बहुत नाराज हैं। बोर्डिंग से भाग आने के कारण वे कह रहे हैं कि लक्ष्या को पकड़ लाओ। उसके पास से भोजन के पैसे वसूल करने हैं और स्कूल से निकाल बाहर करना है। मैं घबरा गया। मुझे लगा कि अगर स्कूल जाकर माफी माँगू, तो कम-से-कम बोर्डिंग के पैसे तो माफ हो जाएँगे। वे अगर यहाँ तक पैसे वसूलने आ गए तो ? इतना पैसा कहाँ से लाऊँगा ? इस कारण मैंने स्कूल लौटने का निर्णय लिया। लातूर से बाभलगाँव गया। स्वामी गुरुजी ने छड़ी से मेरी पिटाई की। "स्कूल छोड़ोगे ? बोर्डिंग से भाग जाओगे ?" कहते और मारते। मैंने अब उन्हें स्पष्ट रूप से कह दिया, "गुरुजी, अब मैं पढ़ना नहीं चाहता। अब से पढ़ाई बन्द" और रोने लगा। तब उन्होंने पीटना बन्द किया। मैंने अब स्कूल छोड़ ही दिया। और एक दिन नौकरी की दरख्वास्त लेकर सीधे लातूर की सूत मिल में गया। "तू बहुत छोटा है, कम उमर में कौन नौकरी देगा," ऐसा कहकर मुझे वहाँ से भगा दिया गया। मिल के बाहर एक ने मुझसे कहा, "श्री केशवराव सोनवणे से मिल ले। दरख्वास्त पर उनकी दस्तखत हुई कि यहाँ के अधिकारी चुपचाप नौकरी दे देते हैं।" तब मैं केशवराव का मकान ढूँढ़ता घूमने लगा। मकान मैंने ढूँढ़ निकाला। उन दिनों श्री केशवराव सोनवणे सहकार मंत्री थे। उस दिन वे लातूर में नहीं थे। कब आएँगे, कुछ पता नहीं था। मैं उनकी टोह में था। आखिर एक दिन पता चला कि वे आए हैं। मैं सबेरे-सबेरे उनके घर गया। मुझे भीतर नहीं जाने दिया जा रहा था। लेकिन मैं तो उनके दस्तखत लेने की जिद से पहुँचा था। धीरे से उनके मकान में घुस गया। सोनवणे साहब कहीं दीख नहीं रहे थे। बचपन से ही मैं हिम्मतवाला हूँ। किसी से मिलने में मुझे न कभी डर लगा, न कभी संकोच हुआ। मैं एक कमरे से दूसरे कमरे में गया। एक कमरे में सोनवणेजी अपनी दाढ़ी बना रहे थे। मुझे पता नहीं था कि वे ही सोनवणे हैं। मैंने उनसे पूछा, "ओ साहब, मुझे सोनवणे साहब से मिलना है, उनकी दस्तखत मुझे इस कागज पर लेनी है।" तब उन्होंने कहा, "बोलो, मैं ही सोनवणे हूँ।" मैं तुरन्त उनके पैरों पर झुक गया और गिड़गिड़ाते हुए कहने लगा, "साहब, मुझे सूत-मिल में नौकरी करनी है। मैंने सुना है कि आपके दस्तखत के बगैर वहाँ किसी को नौकरी नहीं दी जाती।" उन्होंने मुझसे कहा, "तू अभी छोटा है।" मैंने कहा, "साहब, मेरी कोई देखभाल नहीं करता। अगर आपने नौकरी नहीं दी, तो मुझे भीख माँगनी पड़ेगी। मैं देखने में भला ही छोटा होऊँ, तो भी मेहनत में कम नहीं हूँ।" मेरी ये बातें सुनकर केशवराव सोनवणेजी ने दाढ़ी बनाते-बनाते मेरे प्रार्थना-पत्र पर हस्ताक्षर कर दिए और कहा, "तू होशियार दीखता है, बोलता भी ठीक है। ले जा।" मैं उस कागज को लेकर मिल की ओर दौड़ा। परन्तु वहाँ का वाचमैन मुझे भीतर नहीं जाने दे रहा था। तब मैंने कहा, "सोनवणे साहब ने मुझे भेजा है।" तब उसने मुझे भीतर छोड़ दिया। मैं स्पिनिंग

मास्टर के कार्यालय में गया। मेरे बदन पर हाफ नेकर और हाफ कमीज थी। स्पिनिंग मास्टर ने पूछा, "तेरी उमर क्या है ?" उसे मराठी नहीं आती थी और मुझे हिन्दी नहीं आती थी। बावजूद इसके मैं अपनी टूटी-फूटी हिन्दी में स्कूल में जो भी, जैसी भी सिखाई गई थी, उसके सहारे हिन्दी में बोलने लगा, "साहब, वैसे मैं बड़ा हूँ।" उसने फिर पूछा, "तेरी उमर क्या है ?" मैंने कहा, "सोलह वर्ष।" तब उसने कहा, "हम तो अठारह बरस वालों को ही लेते हैं।" तब मैंने पूरी निर्भयता से कहा, "साहब, स्कूल में मेरी आयु सोलह वर्ष की लिखी गई है, पर असलियत में वह अठारह की है।" तब उसने किसी प्रकार मेरे प्रार्थना-पत्र पर कुछ लिख दिया और कहा, "इतने छोटे बच्चे, पता नहीं कैसे काम करेंगे ?" उसने मुझे रिंगफ्रेम विभाग में डाल दिया। सूत मिल में मैं सबसे छोटा था, इस कारण सभी मुझे छुटका कहते।

मैं काम पर जाने लगा। शुरुआत के कुछ दिन फोकट में ही काम करा लिया जाता था। धागा लगाने का काम मैं सीखने लगा। चाती हाथ में पकड़ने की कोशिश करता तो हाथ झुलस जाता। भयंकर पीड़ा होती। मैं पुनः-पुनः चाती पकड़ने की कोशिश करता। अन्य लोग सहजता से चाती को पकड़ते और धागा लगाते। मैं खुद पर चिढ़ता और चाती पकड़ने जाता। कभी-कभार कुछ अन्य काम दिए जाते थे। कभी कपास उठाने के लिए कहते। ऐसे ही कामों में 15-20 दिन बीत गए। चाती पकड़कर जब तक मैं उससे धागा नही जोड़ूँगा, तब तक पगार शुरू नहीं किया जाएगा—ऐसा कहा गया। मुझसे बड़े-बड़े लड़के चाती पकड़ उसमें धागा जोड़ने की कोशिश तीन-तीन, चार-चार महीने करते रहे और अन्त में असफल हो निकल गए थे क्योंकि तब तक पगार शुरू ही नहीं की जाती थी। फोकट में वे कितने दिनों तक टिके रहते ? काम करनेवाले सब बाहर के थे। मेरे प्रयत्न जारी थे। स्पिनिंग मास्टर कभी हमारे विभाग में आते तो मैं कहता, "साहब , अब मैं डोरा लगा सकता हूँ, मेरी ट्रायल लीजिए।" कभी-कभी धागा चिपकता और तुरन्त टूट जाता। इस कारण साहब निकल जाते। इस काम पर आकर मुझे 125 दिन हो गए थे। मैंने साहब के यहाँ एक प्रार्थना-पत्र भिजवा दिया, "कृपया मेरा वेतन शुरू करें।" तब साहब ने मुझसे कहा, "तुम जब तक धागा नहीं लगाते तब तक पगार चालू नहीं होगा।" तब मैंने साहब से विनती की, "साहब, मैं बहुत गरीब हूँ। मुझे खाने को नहीं, पहनने को नहीं, साहब आप ही मेरे माई-बाप हैं। मेरी पगार शुरू कीजिए।" तब साहब ने कहा, "चलो, तुम्हारी ट्रायल ले लेता हूँ।" मेरा कलेजा काँपने लगा। मन-ही-मन मैंने सभी भगवानों के नाम गिनने शुरू किए। हे भगवान ! मुझे इस परीक्षा में सफलता दिला दे। एक आसान मशीन पर जाकर साहब के सम्मुख चातियों को पकड़ मैंने धागा लगाकर बतलाया। साहब खुश हो गए। कहने लगे, "छोकरा होशियार है।" और मेरे प्रार्थना-पत्र पर साठ रुपए प्रति माह लिख दिया। मैं बहुत खुश हुआ। अब मैं इज्जतदार वेतनवाला बन गया था। मेरी पाली सबेरे की थी। सबेरे सात बजे से ड्यूटी शुरू हो जाती। मैं जल्दी जागता। छह बजे ही मिल के सामने खड़ा हो जाता। पौने सात बजे सूत मिल का भोंपू बज उठता। भोंपू बजने के बाद ही भीतर जाने देते। पगार शुरू

हो जाने के कारण अब मुझे बड़े काम दिए जाने लगे। बहुत भारी वजन के बास्केट उठाने के लिए कहते। शरीर की पूरी ताकत लगाने पर भी एक टोकरी को उठाना अथवा खींचकर ले जाना मुश्किल होता। एक टोकरी कम-से-कम 60-70 किलो वजन की होती। मैं मजबूरी में यह काम कर रहा था क्योंकि अगर यह न करूँ तो काम से निकाल देने का डर था। बीच की छुट्टी में खाना खाने जाता। दो माह बाद मुझे डाप काढ़ना सिखाया गया। डाप काढ़ने का मतलब है, मशीन द्वारा भरे गए धागों की बाबिन को बाहर निकालना। बड़े-बड़े डिब्बे सिर पर लेकर इधर-उधर दौड़ना पड़ता था। ये सारे काम मैं ठीक से कर रहा था। उस समय कोकणे नामक एक जॉबर थे। वे मुझे छोटे भाई की तरह समझते थे। कहते, ''छुटके, धीरज रख, मन लगाकर काम कर, काम ठीक से करने लगेगा, तो मैं तुझे साइडर बना दूँगा।'' साइडर का अर्थ मशीन सँभालने वाला। मैं पूरी तल्लीनता से काम करता। अपनी उम्र के मजदूरों से भी अधिक तेजी से मैं काम करता, धागा लगाता। मैं बहुत कम दिनों में 'डापर' से 'तारवाला' हो गया। तारवाले को ज्यादा काम नहीं रहता। केवल तार लगाते घूमो। बोझा उठाने की जरूरत नहीं रहती। काम पर लगे हुए मुझे केवल छह माह हुए थे कि मेरा वेतन साठ से पिचहत्तर रुपए हो गया। मुझे लगता कि मैं कितनी बड़ी पगार पा गया हूँ ? एक दिन मैं धनेगाँव गया। वहाँ रोकड़ोबा और देवी को पेड़े चढ़ाकर मैंने अपनी मनौती पूरी की। अब मैं ढंग से रहने लगा। साइकिल सीखने की इच्छा होने लगी। काफी कोशिश के बाद, खून से सने घुटनों और कइयों की गालियाँ और कभी मार खाकर मैं साइकिल चलाना सीख गया। फिर मैं किराए की साइकिल लेकर घूमने लगा। अब मैं साइकिल लेकर सीधे अनाज बेचनेवालों की लाइन में गया। डालडा फैक्टरी के एक वॉचमन के ऊपर मेरी साइकिल चढ़ गई। सामने आदमी आने पर ब्रेक लगाकर साइकिल रोकी कैसे जाए, इसका मुझे पता नहीं था। उस दिन मेरा साथी कोकणे घर आया। उसके आग्रह के कारण साइकिल लिए हम दोनों निकले थे। कोकणे बहुत ढंग से साइकिल चलाता था, वह मुझसे आगे निकल गया। मैं फँस गया। उस वॉचमैन ने अपनी चप्पल निकाली और लगा पीटने। बहुत पीटा उसने। लोगों ने छुड़ाया। मैं देहाती अज्ञानी मनुष्य। मेरी कोशिश थी कि इन शहरी लोगों की तरह जिऊँ, साइकिल चलाना सीखूँ, उनकी बराबरी करूँ ? पर यहाँ तो छोटी-छोटी गलतियों पर पिटाई होती है। बावजूद इसके मैं अपनी जिद पर कायम था।

अब मैं ठीक से नौकरी करने लगा। भाऊ और भाभी को अच्छा लगने लगा। अलबत्ता मैं उदास था। सोचता, बाबा अब नौकरी नहीं कर पा रहा है। हरचंदा की देखभाल कौन करेगा ? बाबा की इच्छा थी कि मैं खूब पढ़ूँ। बड़ा आदमी बनूँ ? पर मैं तो पढ़ाई भी छोड़ चुका था। तो अब मैं बड़ा आदमी कैसे बन सकता हूँ ? अच्छी नौकरी कैसे पा सकता हूँ ? ऐसे प्रश्न मन में उठते।

उन दिनों पाटील नामक एक व्यक्ति टाईमकीपर के रूप में सूत मिल में था। एक बार वेतन लेने मैं उनके पास गया तो वे कहने लगे, ''क्यों एल.एम. गायकवाड़ ? तू तो बहुत छोटा है। पढ़ाई छोड़कर नौकरी क्यों कर रहा है ? तू स्कूल में भी जा और

नौकरी भी कर।" तब मैंने विचार पक्का किया कि अब नौकरी भी करूँगा और पढ़ाई भी। एक दिन बाभलगाँव के हेडमास्टरजी के पास जाकर टी.सी. ले आया और लातूर के शिवाजी हाईस्कूल में मैंने प्रवेश लिया। पाटील साहब से कहकर मैंने स्थायी रूप से रात की पाली ले ली। रात में बारह बजे मैं मिल में चला जाता। सबेरे तक ड्यूटी करता। जो भी रात का बचा-खुचा होता, उसे खाकर साढ़े नौ बजे तक सो जाता। ठीक दस बजे स्कूल चला जाता। स्कूल में गुरुजी पढ़ाते और होमवर्क के लिए कहते। शाम पाँच बजे स्कूल की छुट्टी हो जाती। कक्षा में मुझे बहुत नींद आती। रात-भर काम करने से बहुत थकावट हो जाती थी। उबासियाँ लेते हुए कैसे तो सुनता, पढ़ता। स्कूल छूटा कि सीधे घर जाता, खाना खाता और सो जाता। अब मेरा यही कार्यक्रम बन गया था। काफी तकलीफ होती। स्कूल में कई नए दोस्त मिल गए। नांदेड़-नाका के पास सरकारी उर्वरक का एक गोदाम था। वहाँ मेरे कुछ दोस्त रहते थे। अच्छी दोस्ती हो गई थी। मैं वहीं पड़ोस में चन्द्रभागा के बाड़े में रहता था। नौकरी के साथ-साथ मैं पढ़ाई कर रहा था, इसलिए सब मेरी तारीफ करते। मुझे भी अच्छा लगता। अच्छे घर के दोस्त मिल गए थे। मराठा, गुरव, वाणी आदि उच्च जाति के दोस्त मुझे अपने घर ले जाते। ठीक से बातें करते। कभी बाप जनम में इन लोगों ने हमें छुआ तक न था। 'लक्ष्या', 'उठाईगीर' कहकर मुझे चिढ़ाते। यहाँ तो सभी मुझे लक्ष्मण गायकवाड़ कह रहे थे और वे भी मराठा जाति के। मुझे ये लोग कितना सम्मान दे रहे थे। मैं क्या था और आज इज्जत पा रहा हूँ, इसे सोच खुशी होती।

एक बार दत्तू सावंत के घर किसी त्यौहार के दिन मुझे खाना खाने के लिए बुलाया गया। दत्तू की माँ बहुत अच्छी महिला थी। मुझसे स्नेह जतलाती। उस दिन दत्तू के यहाँ खाना खाने गया। वहाँ दत्तू के पिताजी, उसके चाचा, मैं, बाबू और दत्तू, इतनों के लिए थालियाँ परोसी गईं। मैं जिन्दगी में पहली बार ऐसी थालियाँ देख रहा था। घर बहुत साफ-सुथरा था। आसन बिछाए गए थे। मुझे आसन पर बैठने के लिए कहा गया। जब थाली सामने रखी गई तब तो मैं बहुत परेशान हो गया। थाली स्टील की थी। उसमें तीन-चार कटोरियाँ, भात, पापड़, सब्जी आदि थी। मैं सोचने लगा, दत्तू के घर में स्टील की इतनी कटोरियाँ, थालियाँ और लोटे कहाँ से आ गए ? इतना सामान किसी के घर में हो सकता है, इसकी कल्पना भी मैं नहीं कर सकता था। खाना खाने में मेरा मन कहाँ था ? मैं तो सोच रहा था कि क्या इतना सामान किसी के यहाँ संभव है ? इसी समय दत्तू की माँ शुद्ध घी परोसने आई। घी परोसकर उसने कहा, "शुरू करो।" परोसे गए पदार्थों में, किस चीज को पहले खाना चाहिए, यह मुझे मालूम नहीं था। थाली में इतनी चीजें—यह अनुभव ही मेरे लिए नया था। एक पकौड़ा मैंने उठाया। मेरे निकट दत्तू बैठा था। उसने इशारा किया। भात पर वह उँगली रखकर इशारा कर रहा था। मैं समझ गया और केवल भात खाने लगा। तब सभी मेरी ओर देखने लगे। मुझे लगा कि कहीं गलती हो गई है। मैं अब दत्तू का अनुकरण करने लगा।

दत्तू ने दाल-भात एक किया और फिर खाने लगा। मैंने भी वैसा ही किया। वहाँ

उस हालत में खाना खाते समय मेरा सारा शरीर काँप रहा था। अपने अब तक के जीवन में इतनी बड़ी थाली को इतनी कटोरियों के साथ न मैंने कभी देखा था और न कभी उसमें खाया था। पकौड़े, पापड़, सब्जी यह सब एक ही समय खाते हैं कि अलग-अलग—यह तक मुझे मालूम नहीं था। हमारे यहाँ खाना खाने का मतलब था, जरमन की थाली, हाथ में लो, दोनों हाथों से रोटियों के टुकड़े करो, उस पर दाल उड़ेलो और खा लो। यहाँ तो सब अलग ही था। मैं उनकी पद्धति से खाने की कोशिश करने लगा। परंतु बड़ी परेशानी हो रही थी। अन्ततः मैंने अपनी पद्धति से खाना शुरू किया। सब लोग हाथ से खा रहे थे। हाथ की उँगलियों से रोटी के टुकड़े करना मुझे आता ही नहीं था। और यहाँ तो गेहूँ की चिकनी चपातियाँ थीं। एक हाथ से उसके टुकड़े हो ही नहीं रहे थे। या कहें कि मुझे आदत नहीं थी। इस कारण मैंने मजबूरी में दोनों हाथों का प्रयोग शुरू किया। किसी भी चीज को कभी भी खाने लगा। आसन-पट्टी पर पहली बार बैठकर खा रहा था। काफी परेशानी महसूस कर रहा था। एक बार इस भोजन से निपट गया और आदत के अनुसार मैंने थाली में ही हाथ धो लिए। तब दत्तू मेरी ओर गुस्से से देखने लगा। हाथ धोकर मैं खामोश कहाँ था ? एक दूसरी बहुत बड़ी गलती कर बैठा। हाथ धोने के बाद मैंने अपनी थाली और कटोरा उठाए तथा पीने के पानी का लोटा लेकर बर्तनों को माँजने के लिए बाहर निकला। क्योंकि घर पर हमेशा यही करता था। हमारे यहाँ एक या दो थालियाँ रहा करती थीं। खाना होने के बाद थाली माँजकर औरों के लिए रखनी पड़ती थी। परन्तु यहाँ अपनी थाली को धोना गलत या हल्केपन का काम समझा जाता था। उसी थाली को मिट्टी से एकदम साफ धोने की इच्छा से मैं उसे बाहर ले जा रहा था, तब दत्तू की माँ बोली, "लछमन, खाने के बाद थाली उठाने की जरूरत नहीं है।" मुझे यह सुनकर आश्चर्य हुआ। जिन्दगी में पहली बार मुझे कोई शहरी सभ्यता सिखा रहा था। मैं तो हाथ में मिट्टी लिए तैयार हो रहा था। इतना अच्छा खाना जिन्होंने खिलाया, उनके प्रति अपनी भावना व्यक्त करने हेतु मैं थाली और कटोरों को खूब मेहनत से आईने की तरह माँजना चाह रहा था। दत्तू की माँ की बात सुनकर मैंने थाली वहीं रख दी और बैठक में जा बैठा। खाना खाने का वह दृश्य बार-बार आँखों के सामने आने लगा। इन लोगों की जिन्दगी कहाँ, अपने लोगों की जिन्दगी कहाँ, हम लोग कहाँ—यही तुलना बार-बार मेरा मन करने लगा। भविष्य में क्या कभी ऐसी जिन्दगी मैं पा सकता हूँ—ऐसा सोचने लगा।

इतने में दत्तू और बाबूजी खाना खाकर आए। सबने सुपारी, सौंफ ले ली। मैंने दत्तू से कहा, "चलता हूँ। मेरी रातपाली है। अब सो जाना जरूरी है। आज नींद पूरी नहीं हुई है।" तब दत्तू मेरे साथ बाहर आया और सड़क पर खड़े हो बातचीत करने लगा। वास्तव में मेरे खाने के तरीके पर गुस्सा आया था। "इसे खाने पर बुलाकर मैंने गलती की," ऐसा वह सोच रहा था। मुझे कुछ कहने की हिम्मत भी उसकी नहीं हो रही थी। अन्त में उसने मुझसे इतना ही कहा, "देख लक्ष्मण, इसके बाद जिस किसी के घर तू खाना खाने जाएगा, कुछ बातें तुझे ध्यान में रखनी होंगी। खाते समय बाएँ हाथ का

स्पर्श खाने की चीजों को नहीं होना चाहिए। त्यौहार के दिन अगर किसी ने आमन्त्रित किया हो, तो खाने के पहले लोटे का पानी लेकर उसे थाली के चारों ओर छोड़ना चाहिए। इसके बाद पहले चावल पर थोड़ी सी दाल डालकर चावल खा लेने चाहिए। उसके बाद चपातियाँ या पुरण पोली खानी शुरू करनी चाहिए। चपाती या पोली दाएँ हाथ से ही खानी चाहिए। और खाते समय बीच-बीच में सब्जी या पकौड़े खाने चाहिए। एक बात ध्यान में रख कि किसी भी स्थिति में थाली उठानी नहीं चाहिए। और पंगत में बैठने के बाद सबका खाना होने के बाद ही हाथ धोने चाहिए।''

भाऊ और मैं जिस बाड़े में रहा करते थे, वहाँ के लोग काफी पिछड़े हुए थे। रुक्मिनीबाई जाधवीन को लोग 'महामाया' कहते। उसके इस बाड़े में जितनी औरतें थीं, वे किसी-न-किसी की रखैल थीं। रुक्मिनीबाई तो दो पुरुषों के साथ रहती थी। एक स्थायी रूप से और एक कभी-कभी आनेवाला। जो स्थायी रूप में था—वह तुकाराम रेड्डी था, कभी पुलिस-विभाग में था, बाद में वहाँ से सस्पेंड हो गया था। दूसरा एक ठाकुर था। इसके पहले रुक्मिनीबाई अपनी बिरादरी (मतलब उठाईगीर जाति) के दो पतियों को छोड़ चुकी थी। उसके बाद ही वह लातूर आई और काफी प्रगति कर गई। इस पति से उसे बच्चे नहीं हो रहे थे, इसका कारण वह अपने इस पति की—रेड्डी की—दूसरी शादी जमाने का प्रयत्न कर रही थी। ''इस रेड्डी की मैं बहन हूँ,'' ऐसा नाटक कर एक गरीब घर की युवती को बहू बनाकर वह ले आई। उस युवती का नाम सुशीला था। पूरे बाड़े में उसे कोई भी सुशीला नहीं कहता था। सभी उसे 'सुची' कहते। वास्तव में रुक्मिनीबाई घर के काम के लिए मजदूर के रूप में विवाह का नाटक कर इसे ले आई थी। भैंस का गोबर निकालना, बर्तन माँजना, रसोई बनाना—दिनभर काम-ही-काम। कभी काम में कोई गलती हो तो रुक्मिनीबाई उसकी बहुत पिटाई करती। सुशीला को एक लड़का और एक लड़की हुई। ये दोनों बच्चे अपनी सगी माँ को सुची कहते और रुक्मिनीबाई को माँ। रुक्मिनीबाई के हाथ में सारा कारोबार था। उसका ही रौब चलता था। तुकाराम रेड्डी उसकी हर बात मानता था। क्योंकि जो भी जायदाद थी, बाड़ा, घर, किराया सब कुछ रुक्मिनीबाई ने अपने नाम पर कर रखा था। इस कारण उसको सब कुछ सुनना पड़ता था। रुक्मिनीबाई परचून की एक दुकान चलाती थी और गाँजे की पत्तियों की गोलियाँ बेचा करती थी। रोज चार सौ, पाँच सौ रुपयों की ये नशीली गोलियाँ वह बेचती थी। इसमें उसको बहुत पैसा मिलता था। उस गली में कोढ़ी, झाड़-फूँक करने वाले ओझा आदि अधिकांश संख्या में थे। इन लोगों में उसका प्रभाव अधिक था। इन लोगों से वह कम कीमत में जवार, अनाज खरीद लेती और महँगे दामों में बेचती। कोढ़ियों को हैदराबाद भेज देती और वहाँ से गाँजे के पत्ते मँगवाती, क्योंकि कोढ़ियों को पुलिस छेड़ती नहीं थी। इनकी कोई तलाशी भी नहीं लेती थी। उन पत्तों को जमीन में गाड़कर रखती और उसके बाद उसकी गोलियाँ बनाकर बेचती थी।

उसके घर में शौच की व्यवस्था नहीं थी। शरीर से भारी-भरकम होने के कारण शौच के लिए वह मैदान में नहीं जाती थी। एक टोकरे में वह शौच करती थी और अपनी

सौत—सूची—को मैला फेंक आने के लिए कहती। बकरे का मटन कहकर सुअर का मांस बेचा करती थी। रेड्डी यलमा जाति का था, वह उससे ये बातें छिपाकर रखती। अलबत्ता उसे रोज दोपहर में बकरे का मटन खाने को देती। वैदुओं (एक जनजाति) से मैं कभी-कभार सुअर का मटन ले आता था।

उसके बाड़े में एक बार एक मसानजोगी (एक जनजाति) आया था। उससे इसने एक कंगन और दो हड्डियाँ खरीदीं। इन वस्तुओं का काफी धूर्तता से उपयोग करती रही। इन चीजों को सामने रखकर वह किसी को शकुन बतलाती, किसी को अंगारा देती, किसी को दवा। दवा के नाम पर गाँजे और तुलसी के पत्तों को कूटकर उनका मिश्रण देती। आश्चर्य इस बात का कि कुछ लोगों को इससे फायदा भी होता। जिसे बच्चा नहीं हो रहा था, ऐसी औरत को उसने यह दवा दी और उसे बच्चा हुआ—ऐसी अफवाह फैल गई। काफी दूर-दूर से लोग आने लगे। उन्हें वह यह दवा देती। एक बार एक औरत शकुन दिखाने आई जो मुरुड़ के निकट की थी। वह दवा ले गई। दवा का असर हुआ और वह माँ बन गई। तब उसने सौ के दो नोट पचास पैसे के लिफाफे में डालकर, उस पर इसका पता लिखकर भेज दिया। पता किसी दूसरी का था। वह लिफाफा पोस्टमैन किसी अन्य रुक्मिनीबाई को दे गया। उस औरत ने लिफाफा खोलकर देख लिया और उसमें दो सौ रुपए के नोट देखकर घबरा गई। लिफाफे पर रुक्मिनी जाधवीन का नाम था। अन्दर एक चिट्ठी थी कि आपकी दवा से मुझे बच्चा हुआ, इसलिए ये रुपए भिजवा रही हूँ। जिसे लिफाफा मिला, वह स्त्री अशिक्षित थी। उसने किसी से वह पत्र पढ़वा लिया। घबराकर लिफाफा लिए कई स्थानों पर वह इस रुक्मिनी को ढूँढ़ने लगी। वह कह रही थी कि "पता नहीं सरकार मुझ पर क्या कार्रवाई करेगी? मैंने बेकार में पोस्टमैन से यह लिफाफा लिया।" अन्त में उसने इस रुक्मिनी को ढूँढ़ निकाला। वह लिफाफा उसके हाथ में देते हुए उसने कहा, "देख लो भला। पूरे दो सौ रुपए हैं कि नहीं ? अब किसी से शिकायत न करना।" रुक्मिनी ने मुझे बुला लिया। चिट्ठी पढ़ने को कहा। मैंने पढ़कर बताया। चिट्ठी में उस औरत ने लिखा था, "माँ, तेरे आशीर्वाद से मुझे लड़का हुआ है। साड़ी के लिए सौ रुपए और आपकी फीस के सौ रुपए—इस प्रकार दो सौ रुपए भेज रही हूँ।" मैंने माथे पर हाथ रख लिया। कैसी विचित्र दुनिया है देखिए ! पैसे के पास पैसा चला जाता है। इसे कुछ आता-जाता नहीं। केवल ढोंग करके लोगों को बेवकूफ बनाती है और इसे मनीआर्डर से पैसे आते हैं। लिफाफा अगर दूसरों के हाथ में चला भी गया तो वे खुद उस तक आकर पैसा लौटा देते हैं। रुक्मिनीबाई के शरीर में देवी भी आती थी। बातचीत करते-करते वह बेहोश हो जाती। या तो यह नाटक होता अथवा मिरगी की बीमारी। एक बार तो उसकी हालत बड़ी अजीब हो गई। बेहोश हुई और बाद में उसके दाँत एक-दूसरे पर ऐसे फिट बैठ गए कि मुँह ही नहीं खुल रहा था। रेड्डी ने बहुत कोशिश की, पर बेकार ! तब रेड्डी रसोईघर से उलथान ले आया और उसे दो दाँतों के बीच की दरार में फँसाकर मुँह खोलने की कोशिश करने लगा। इससे रुक्मिनी के दो दाँत तो टूटे पर मुँह खुल गया। रेड्डी रोने

लगा, कहने लगा, ''रुक्मिनी, तू मुझे छोड़कर मत जा। यह सब कुछ तूने कमाया है। अब तक तू मेहनत ही करती रही। तुझे अब आराम करना है।'' हम सबको लगा कि यह अब मर जाएगी। पर ये कहाँ मरनेवाली थी ? थोड़ी देर बाद उठी, दाँतों से खून निकल रहा था। तब उसे पता चला कि उसके दो दाँत टूट गए हैं। काफी देर तक चुप्पी साधे बैठी रही। सम्पत्ति का उसका मोह कभी कम नहीं हुआ। ऐसी भयानक स्त्री के साथ उसके भयावह बाड़े में मैं रह रहा था। मुझपर अच्छे संस्कार तो दूर, उलटे कई नई बातें मैंने यहाँ सीख लीं।

शहरों में किस तरह जीना चाहिए, इसकी जानकारी मुझे रुक्मिनी से मिल रही थी। वह मुझे कभी भूखा नहीं रहने देती। कुछ भी काम करूँ, उसका मेहनताना दे देती थी। कभी मैं उसके यहाँ खाना भी खा लेता था। कभी वह मुझे नशीली गोलियाँ बनाने को कहती। गाँजे की पत्तियाँ पकाकर, उसमें काली मिर्च डालकर उसे पीसने के लिए कहती। छोटी-छोटी गोलियाँ बनाने के लिए कहती। उन्हें सुखाकर बेचती। कभी-कभार रेड्डी की दुकान पर ये गोलियाँ पहुँचाने के लिए कहती। बाद में पच्चीस पैसे दे देती। जब कभी मैं उसका ऐसा कोई काम नहीं करता, तब भाई या भाभी के पास मेरी चुगली करती, झगड़े लगाती और बाद में खुद आकर हममें सुलह करवाती।

मैं स्कूल जा रहा था। नौकरी भी कर रहा था। इस क़ारण काफी दोस्त मिल गए। वेतन आने पर मैं उन पर खर्च करता। मैं कुछ आवारा दोस्तों के सम्पर्क में आ गया। उनके साथ कहीं पर भी घूमता रहता। रघु शिन्दे और मन्या गुरव –मेरे ये दोस्त बहुत शरारती थे। शहर की किसी भी गली में जाकर ये मार-पीट करते। मैं भी उनके साथ घूमता। गरगजे लातूर की वेश्याओं का किंग था। सभी वेश्याएँ डर के मारे उसे पैसे देती थीं। किसी वेश्या के साथ किसी ग्राहक ने अधिक शरारत की, उसे ज्यादा परेशान किया, झगड़े किए कि हम सब मिलकर उसकी पिटाई करते। यूँ हमारी पार्टी की भी कई बार पिटाई हो जाती। कभी-कभार हम होटल में खाना खाने जाते। स्टील के चम्मच जेबों में डालकर ले आते। कभी-कभार बालाजी के या देवी के मन्दिर में जाकर पुरानी चप्पलों को रखकर नई-नई चुराकर लाते। मुझे यह जानकर हैरानी होती कि हमारे ही लोग चोरी नहीं करते अपितु अच्छे घर के लोग भी चोरी करते हैं। उल्टे उन सब में मैं ही बहुत डरता था। संकोच करता था। कई बार मैं अचानक मुकर भी जाता। दिन गुजर रहे थे। मेरी पढ़ाई और नौकरी चल रही थी।

उस गली के सभी लोग अब मुझे पहचानने लगे। कभी-कभार ओवर-टाइम करता। भागामाय के बाड़े में दिन में नींद लेना मुश्किल ही था क्योंकि औरतों और बच्चों की किंचपिच दिनभर चलती रहती। इसलिए मैं इस बाड़े के निकट के सरकारी गोदाम की छाँव में सोने जाता। रातपाली के कारण दोपहर में धूप हो, तो भी गहरी नींद लग जाती। धूप का अहसास भी नहीं होता। उस गोदाम के सामने एक इंजीनियर का मकान था। उसमें एक सुन्दर लड़की रहती थी। मैं जब सोने जाता तो वह मेरी ओर देखकर हँसती थी। वह हँसी कि मेरे मन में गुदगुदी होती। इतनी अमीर घर की खूबसूरत लड़की मुझ

जैसे फटीचर लड़के को देखकर हँसती है, मामूली बात नहीं थी। मुझे बहुत खुशी होती। जब तक वह खिड़की में खड़ी होती, मैं भी नींद का नाटक कर उसे देखता, उसकी हँसी को प्रतिसाद देता। हमारी ओर कोई देख रहा है, ऐसा सन्देह हुआ कि मैं झट से सो जाता। सतत हँसते रहने के कारण उस लड़की ने मुझे पागल बना दिया था।

मेरा अब यह रोज का कार्यक्रम था। रोज ड्यूटी कर, घर आने के बाद गोदाम के पास सोने जाना। वह लड़की खिड़की में कब आएगी, इसकी प्रतीक्षा करते रहना। एक दिन सबेरे दस बजे मैं स्कूल को निकला था, तब वह भी स्कूल को निकली। रास्ते में हमारी भेंट हुई। उससे खूब बातचीत करने की मेरी इच्छा हो रही थी। पर बातचीत की इच्छा से ही मेरा शरीर काँपने लगा। बातचीत की हिम्मत ही नहीं हो रही थी। वह मेरे आगे धीमी गति से चल रही थी। वह भी मुझसे बातचीत करना चाह रही थी, पर घबरा रही थी। अन्ततः हम दोनों एक-दूसरे की ओर देखते, हँसते निकल गए। उस दिन दोनों की हिम्मत नहीं हुई। मैं अपने स्कूल की ओर मुड़ा और वह अपने रास्ते चली गई। जाते समय उसने धीरे-से अपना एक हाथ उठाया, तब मैंने भी अपना हाथ ऊपर उठा दिया और स्कूल गया। उस दिन मेरा मन उस लड़की में ही खो गया। हाथ ऊपर किया हुआ उसका चेहरा आँखों के सामने नाचने लगा। कक्षा में गुरुजी क्या पढ़ा रहे हैं, इसकी ओर ध्यान ही नहीं था। रातपाली के कारण कक्षा में रोज नींद आती थी, पर आज पता नहीं, नींद कहाँ भाग गई थी।

जिन्दगी में पहली बार, इतने अमीर घर की लड़की मुझसे प्रेम कर रही है, इसकी बेहद खुशी हुई और उसे लेकर मैं कई स्वप्न देखने लगा। कब स्कूल से छूटूँगा और आज उससे कब मिलूँगा, कब बोलूँगा—ऐसा ही लगता रहा था। उससे क्या बोलूँगा—इस पर मैं सोचने लगा। मन-ही-मन वाक्यों को दुहरा रहा था। आज नहीं तो कल उससे बोलूँगा जरूर, मैंने निश्चय किया। स्कूल के बाद, जानबूझकर उसके बँगले के सामने से गया, पर वह दिखलाई ही नहीं दी। घर गया, खाना खाकर फिर वहाँ पहुँचा। इस बार अलबत्ता वह खिड़की में खड़ी मेरी प्रतीक्षा कर रही थी। वह मेरी ओर देखकर इशारा करने लगी और मैं उसकी ओर। दूसरे दिन स्कूल जाते समय हम रास्ते पर एक-दूसरे से मिले। अब हम दोनों साथ-साथ चलने लगे। उसने ही हिम्मत की और पूछा, "किस स्कूल में जाते हैं आप ?"

उसका यह प्रश्न सुनकर मेरा कलेजा नाच उठा। मैं उत्तर ही नहीं दे पा रहा था। नई नवेली दुल्हन की तरह लजाते हुए मैंने कहा, "शिवाजी स्कूल में, नौवीं कक्षा में पढ़ता हूँ। सूत मिल में नौकरी भी करता हूँ।"

फिर उसने नाम पूछा। मैंने अपना नाम बताया। फिर मैंने उसका नाम पूछा, तब उसने कहा, "शोभा जगताप।" उसने कहा कि वह लड़कियों के सरकारी स्कूल में पढ़ती है। यूँ बोलने में वह मुझसे अधिक हिम्मतवाली लगी। मैंने उसकी ओर देखा तब उसके गले में सोने का लॉकेट, एक उँगली में सोने की अँगूठी और शरीर पर कीमती कपड़े थे। देखने में इतनी खूबसूरत थी कि उसके पैर स्पंज की तरह लगते थे। मेरे शरीर पर

ढंग के कपड़े भी नहीं थे। जो थे, वे भी गन्दे। मेरी हथेलियाँ उसके पैरों-सी थीं। मैं सोचने लगा कि हम दोनों एक-दूसरे से प्रेम...कैसे क्या होगा। इतने में उसने कहा, "चलिए, मुझे मेरे स्कूल तक छोड़ आइए।" मैं उससे बातें करते हुए उसके साथ हो लिया। मैंने उसे स्पष्ट शब्दों में कहा, "शोभा, मैं बहुत गरीब हूँ। तुम तो अमीर लड़की हो। हम दोनों को कोई देख ले, तो लोग क्या समझेंगे ?" तब उसने कहा, "लोग क्या कहेंगे ? लोगों की परवाह नहीं करनी चाहिए।" मैं तो अब पूरा पागल हो गया था।

अब हम रोज साथ में निकलने लगे। एक-दूसरे को प्रेम-पत्र लिखने लगे। एक बार उसने मुझे बड़ा सुन्दर पत्र लिखा, "तुम जहाँ भी रहो, खुश रहो, सनम ! दिल से दिल मिल गया, यह क्या कम है, सनम !"

उसका एक प्रेम-पत्र मैंने एक बार अपने मित्र मोती को दिखा दिया। मैंने उससे कहा कि यह लड़की मुझसे प्रेम करती है। मुझे उसने पत्र भी लिखा है। उसने वह चिट्ठी पढ़ ली। इस प्रेम-पत्र का उत्तर लिखवाने के लिए मैंने उसे वह चिट्ठी दे दी। मुझे पता नहीं था कि खूबसूरत शोभा पर और भी मुझ जैसे मरते हैं। मोती भी उनमें से एक था। शोभा उसकी ओर देखती तक नहीं थी। उस मोती के हाथ शोभा की चिट्ठी लग गई। मोती ने मुझसे कहा कि चिट्ठी पढ़कर आराम से उत्तर लिखकर दूँगा। मुझे क्या पता था कि आगे कुछ और ही होनेवाला है। दूसरे दिन मोती शोभा के रास्ते पर खड़ा हुआ था। शोभा के निकट जाकर उसने कहा, "तू मुझसे प्रेम क्यों नहीं करती ? उस बेवकूफ लक्ष्मण गायकवाड़ पर क्यों मरती है ?" तब शोभा ने पैर से चप्पल निकाली और कहा, "यहाँ से जाता है कि..." तब मोती ने वह चिट्ठी शोभा को दिखा दी और कहा कि "तेरी यह चिट्ठी तेरी माँ को बतला दूँगा।" तब शोभा खामोश रही और उसके बाद मेरी भेंट होने पर मुझ पर भड़क उठी। मुझसे बात करना भी उसने बंद कर दिया। खिड़की में भी अब नहीं आती थी। तब मुझे अपनी गलती का अहसास हुआ। मैं मोती से मिला और उस पर बिगड़ा। तब उसने मुझे भी धमकी दी।

कुछ दिनों बाद उसने वह चिट्ठी शोभा के भाई के जरिए उसके पिता के पास पहुँचा दी। शोभा के बाप ने सेगड़ी पर उलथान लाल कर शोभा को दागा। उसके गाल पर एक काला निशान बन गया। मुझे बहुत बुरा लगा। मेरे कारण शोभा को यह सब सहन करना पड़ रहा था। एक बार शोभा मुझसे मिली और बाप ने किस प्रकार पिटाई की और दागा, उसका वर्णन कर रोने लगी। मैं भी रोने लगा। बावजूद इस घटना के, वह मुझसे अभी भी प्रेम कर रही थी। मैं अगर दो-तीन दिन दिखलाई न देता तो वह बेचैन हो जाती। मुझे प्रेम के सम्बन्ध में कुछ भी पता नहीं था। इतने भयावह प्रसंग के बाद भी शोभा मुझसे बातें कर रही थी। मैं काफी परेशान हो जाता। मुझे लगता, कोई मुझे जान से ही मार डालेगा। इतनी अमीर लड़की के साथ मैं कैसे प्रेम कर सकता हूँ ? पर उसका मुझ पर बहुत प्रेम था। वह अपनी अँगूठी पहनने के लिए मुझे कहती। सोने की जंजीर ले लेने को कहती। पर मुझे डर लगता। मैंने उससे कभी कोई चीज नहीं ली।

अन्ततः हम दोनों के प्रेम की चर्चा सभी जगह शुरू हो गई। मेरे सभी दोस्त और

उसके घरवालों को भी मालूम हो गया। कभी-कभार शोभा चोरी से मेरे घर आती। भाभी के साथ बातचीत करती। उसकी माँ को यह सब मालूम हुआ। मेरे सभी दोस्त मुझसे जलने लगे। हम इतने अमीर, इतने कीमती कपड़े, बूट पहनते हैं, तो भी शोभा हमारी ओर देखती तक नहीं, बात करना तो दूर। और इस फटेहाल, गन्दे लक्ष्मण के साथ कैसे बोलती है--इसका उन्हें आश्चर्य होता।

जिन दोस्तों के साथ मैं आवारागर्दी करने जाता, औरों की पिटाई के लिए उनके साथ घूमता, उन्हीं दोस्तों में से एक ने मुझसे एक दिन कहा, "शोभा तुझे बुला रही है, चल।" और वह मुझे एक कमरे में ले गया। वहाँ और भी दोस्त बैठे थे। सबने मुझे घेर लिया और पीटने लगे। बहुत मारा उन्होंने। कहने लगे, "खबरदार, आगे कभी शोभा से बातचीत की तो। अब कभी उसके साथ दिखलाई दिया तो तुझे खत्म ही कर देंगे।" उस दिन मुझे पता चला कि प्रेम किसे कहते हैं? दोस्ती का भी अनुभव मुझे हो गया। बाद में शोभा को सब मालूम हुआ। मैंने शोभा को एक लंबा पत्र लिखा। मैंने लिखा कि "शोभा तुममें और मुझमें जमीन-आसमान का अन्तर है। मैं बहुत गरीब हूँ। तुमसे प्रेम करने की योग्यता मुझमें नहीं है। हम दोनों प्रेम के कारण करीब आए और हम दोनों पाक हैं। अब आगे मेरे-तुम्हारे सम्बन्ध रहेंगे, पर भाई-बहन की तरह।" किसी तरह यह पत्र मैंने उस तक पहुँचाया। इस पत्र को पढ़कर शोभा हुमस-हुमसकर रोने लगी। कहने लगी, "लक्ष्मण, ऐसा पत्र तूने क्यों लिखा।" उसकी इस हालत को देखकर मैं घबरा गया, पर मेरी भी तो मजबूरी थी क्योंकि अगर हम मिलते रहते तो मेरे दोस्त मेरा खून ही कर डालते और शोभा का बाप उसकी पिटाई करता। इस कारण शोभा से मैं हमेशा के लिए दूर हो गया। उसके बाद, अलबत्ता स्थायी रूप से वह मेरे मन के किसी कोने में बैठ गई।

कुछ दिनों बाद उसका विवाह एक शिक्षक के साथ हो गया। विवाह का निमंत्रण भिजवाना वह भूली नहीं। मैं उसकी शादी में नहीं जा सका। बाद में वह मुझसे एक बार मिली। शादी के दो वर्षों बाद, प्रसूति के समय शोभा गुजर गई। जब मुझे यह समाचार मिला, मैं बहुत रोया। अमीर होते हुए भी एक गरीब पर प्रेम करने वाली शोभा को मैं भूल नहीं सकता।

शिवाजी हाईस्कूल में मैंने नौवीं की परीक्षा दी। नौकरी के कारण अध्ययन नहीं कर पा रहा था, इसलिए फेल हो गया। सूत मिल में अच्छा वेतन मिल रहा था। हरचंदा भीख माँगकर खा रहा था, इसलिए उसकी भीख छुड़ाकर मैं उसे लातूर ले आया और उसे सँभालने लगा। अब मैंने अलग कमरा ले लिया और हरचंदा के साथ रहने लगा। मैं रोज सबेरे रसोई बनाकर ड्यूटी पर जाने लगा। हरचंदा के लिए किसी काम की तलाश भी करने लगा।

इन्हीं दिनों मुझे पता चला कि औरंगाबाद की सूत मिल में कामगारों की भरती शुरू हुई है। वहाँ कामगारों की माँग है, दो सौ रुपया अग्रिम भी दे रहे हैं और वेतन भी अधिक है। मैं लातूर से निकल औरंगाबाद जाने की सोचने लगा। घर से काफी दूर जाने से

अलग अनुभव आएगा, ऐसा सोच 1972 में मैं औरंगाबाद गया।

औरंगाबाद शहर के सम्बन्ध में मैंने इतिहास की पुस्तकों में ही पढ़ा था। अजन्ता-एलोरा की कला मन को खुश कर देती है--ऐसा मैंने पढ़ा था। औरंगाबाद जाने का अवसर है न, निकलो--ऐसा सोच, पूरे सामान के साथ मैं हरचंदा को साथ लेकर निकला। दोनों के लिए ओढ़ने की एक चादर, सफेद लोटा, दो थालियाँ, एक-दो भगवान् की तस्वीरें लेकर मैं औरंगाबाद जाने को तैयार हुआ, कभी मैंने भाई से दस-बीस रुपए लिये थे। तब मेरे पैसे फेंक और फिर यहाँ से जा, ऐसा कहकर भाई ने मेरा सारा सामान छीन लिया।

मैं रो रहा था। भाऊ जब ड्यूटी पर चला गया, तब मैं और हरचंदा औरंगाबाद की ओर निकले। औरंगाबाद में बाबा की याद बहुत सताने लगी। बाबा को इस आयु में, इस हालत में गाँव में छोड़ जाने का दुःख भी था। औरंगाबाद से तीन-चार कि.मी. की दूरी पर गारखेड़ा नामक एक गाँव था। गाँव में अधिकतर मुसलमान ही थे। उस गाँव में कमरा किराए पर लेकर रह रहा था। सूत मिल पास में ही थी। वासनगाँव के लड़कों के साथ मिलकर मैं सूत मिल जाता था। लातूर से हम पाँच-छह युवक आए थे। एक ही कमरे में रहते थे। लातूर में हम लोग सूत मिल के अलग-अलग विभागों में काम करते थे। परन्तु यहाँ सब एक ही विभाग में आ गए। रोज दस रुपए मजदूरी मिलती थी। अच्छा लगता। हम बाहर से आए थे, इस कारण हमें प्रति सप्ताह वेतन दिया जाता था। वेतन मिलते ही हम सब हर रविवार औरंगाबाद शहर में सामान खरीदने जाते। लातूर में हायब्रीड* खाने की आदत थी। यहाँ हायब्रीड मिलती नहीं थी। बाजरा ही लाते थे। गेहूँ या बड़ी ज्वार काफी महँगी मिलती। उसे खरीद नहीं पाते थे। अब रोज बाजरे की रोटियाँ खाने लगे। इसकी भी आदत पड़ गई। रीझमल सेठ की दुकान से सारा सामान खरीद लेते और गारखेड़ा लेकर आते। हम सब लड़के अकेले ही यहाँ आए थे। इस कारण बर्तन माँजना, रसोई बनाना और कमरा साफ करना, आदि काम करने पड़ते थे। कमरे में हम छह लड़के रहते थे। तीन की सबेरे की ड्यूटी, तीन की रातपाली की। कई बार सबेरे की पाली के लड़के जानबूझकर बाल्टी का सारा पानी उड़ेलकर चले जाते। रात में बारह बजे, ड्यूटी से वापिस आने के बाद हम खाना न बना सकें, भूखे सोएँ—ऐसी उनकी इच्छा थी। रात में जब हम ड्यूटी से थके वापिस आकर जैसे ही दरवाजा खोलते, पैरों से जूठे बर्तन टकराते। फिर हम उन्हें गालियाँ देते। उतनी रात, किसी से एक पतीली पानी माँगकर ले आते और रसोई बनाते। रात में एक दो बजे खाना खाते। हम भी बदला देने की इच्छा से बर्तन जूठे ही रख देते।

साफ-सफाई मैं फिर भूलने-सा लगा। केवल मैं ही नहीं, मेरे दो साथी भी। प्रत्येक के पास लकड़ी की सन्दूक थी। सबके-सब अपनी सन्दूकों में आटा, नमक, मिर्च रखते और रसोई बनाते, अब यह दिनचर्या बन गई थी।

---

* हायब्रीड : सामान्य किस्म की एक ज्वार।

गारखेड़ा बहुत छोटा-सा गाँव है। अब तो औरंगाबाद (द.) का हिस्सा बन गया है। वहाँ सभी मुसलमान थे। इस कारण मैं हिन्दी बोलने लगा। शुरुआत में वहाँ की भाषा, रहन-सहन को देखकर मुझे हँसी आती थी। बूढ़ी औरतें पायजामा पहनतीं। वहाँ के लोग शुक्रवार को ही नहाते थे। अब हमें भी वही आदत पड़ गई। गारखेड़ा काफी पिछड़ा हुआ था। बाहर के लोगों के अधिक संख्या में आने के कारण इस गाँव में धीरे-धीरे सुधार होने लगा। कामगारों और अन्य नौकरीवालों को शहर में मकान मिल नहीं रहे थे, इसलिए वे यहाँ आने लगे। किराए के मोह के कारण यहाँ के लोग कमरे बनाने लगे। घर किराए पर उठाने लगे। शराब की दुकान आई, होटल आए। ऐसी कुछ अन्य बातें यहाँ होने लगीं। अब मेरा मन यहाँ रमने लगा। अनेकों से जान-पहचान होने लगी। लातूर की सूत मिल की तरह यहाँ तकलीफ नहीं थी। वहाँ तो जॉबर लोग कामगारों की बहुत पिटाई करते थे। औरंगाबाद में यह स्थिति नहीं थी। यहाँ काम भी परेशानी का नहीं था। छुट्टी के दिन हम दोस्तों के साथ बीवी का मकबरा, दौलताबाद का किला किराए की साइकिल लेकर देख आए। मेरे अन्य साथी पूरा वेतन खर्च कर देते। पान-तम्बाकू, शराब आदि के कारण उनका वेतन जल्दी खत्म हो जाता। इस कारण बाद में वे दस रुपए प्रति माह के हिसाब से ब्याज पर कर्ज लेते। मुझे किसी भी प्रकार की बुरी आदत नहीं थी। इस कारण मुझे कभी पैसों की अड़चन नहीं होती थी। एक बार हमारी मिल में रूस से एक अधिकारी आए। उन्होंने अपने भाषण में कहा कि रूस में मजदूर और मालिक एक ही हैं। वहाँ के लोग बहुत सुखी हैं। भाषण समाप्त होने पर उन्होंने पूछा, "किसी को कुछ पूछना है ?" तब मैंने कहा, "रूस में मजदूर और मालिक अगर एक हैं, फिर हमारे भारत में ऐसा क्यों है ?"

तब उन्होंने मुझे उत्तर दिया। पर बाद में मुझे बुलाकर उन्होंने मेरा नाम पूछा और मेरा पता भी ले लिया। "तुम बुद्धिमान हो, मुझे बाद में मिलो।" उन्होंने मुझसे कहा। एक होशियार कामगार के रूप में मेरी पहचान होने लगी। सभी अधिकारी मुझे जानने लगे। फैक्टरी के मैनेजर मुझसे निरन्तर काम के बारे में पूछते। वे भी लातूर से आए थे। उनका नाम तांदले था। मुझे उनका बहुत बड़ा समर्थन प्राप्त था।

लातूर में मेरे भाई संबाभाऊ की नौकरी चली गई। सब्जी बेचते हुए वह लातूर में घूम रहा था। पता लगने पर मैंने उसे भी औरंगाबाद बुला लिया और तांदले साहब के पास उसे ले गया। फिटर के रूप में उसकी नियुक्ति हो गई। भाऊ और भाभी के आ जाने के कारण मैं अब अच्छे कमरे की तलाश मे भटकने लगा। जवाहर कॉलोनी में दो अच्छे कमरे सस्ते किराए पर मिल गए। हम वहाँ रहने लगे तो थोड़े ही दिनों बाद भाभी, हरचंदा और मुझमें झगड़े शुरू हुए। इस कारण औरंगाबाद से मैं अब ऊब गया था। उदास-उदास महसूस करने लगा। 10-15 दिन की छुट्टी लेकर मैं बाबा, बड़ी भाभी से मिलने के लिए लातूर के लिए निकला।

अब और दो भाई--सबसे बड़ा मानिक और भगवान--दोनों लातूर की मिल में नौकरी पर लग गए थे। मैं वहाँ गया। बाबा से मिला। धनेगाँव गया। बाबा को बहुत

खुशी हुई। उसने कहा, "लक्ष्मण, तू इतनी दूर नौकरी के लिए गया है। मैं बूढ़ा हो गया हूँ। अचानक कभी किसी दिन मर जाऊँगा। तब मेरी भेंट भी नहीं हो पाएगी। तू यहाँ नजदीक आ जा। अब मैं कितने दिन और मेहनत करूँ ? मालिक अब खाना तक ठीक से नहीं भेजता।" यह सुनकर मुझे खुद पर गुस्सा आया। जन्म देनेवाले बाप तक को मैं सँभाल नहीं सकता, फिर इस जिन्दगी का मतलब ही क्या है ? माँ तो बचपन में ही गुजर गई। कम-से-कम बाप को तो सुख देना चाहिए। उन दिनों मालकिन बाबा को बासी रोटियाँ दे रही थी। वह भी समय पर नहीं। बड़ी मुश्किल से उन्हें दो वक्त पेट-भर भोजन दिया जा रहा था। बाबा की यह दशा देखकर औरंगाबाद लौटने की मेरी इच्छा नहीं हो रही थी। यहीं-कहीं आसपास नौकरी करूँ, बाबा और हरचंदा को सँभालूँ--ऐसा मन होने लगा। मैंने बाबा से कहा, "बाबा, मैं तुम्हें लातूर ले चलता हूँ। और वहाँ ही नौकरी ढूँढ़ता हूँ।" ऐसा कहकर मैं धनेगाँव आया। गाँव के सभी लोग मेरी ओर देख रहे थे। "इसकी माँ की...। उठाईगीर ! लोग पैंट-सूट-बूट डालकर साहब की तरह घूम रहे हैं।" कोई कहता, "अरे, कितना गरीब था यह, चलो, भगवान् ने अच्छा ही किया। अब ये नौकरी करता है।" अमीर घर के लड़के कहने लगे, "अरे, ये और नौकरी ? इसकी माँ की....ये उठाईगीर की जाति क्या कभी सुधरेगी ? ये लक्ष्या होगा किसी चोरी करनेवालों के दल में। इसे कैसे नौकरी मिल सकती है ? हम इतने पढ़-लिखकर बेरोजगार घूम रहे हैं। इस उठाईगीर को नौकरी मिलेगी ? असम्भव।" मुझे इन लोगों पर बहुत गुस्सा आता।

धनेगाँव में अब हमारा अपना कोई नहीं था। वहाँ के दलित अथवा मेरी जाति के लोग मिलते, तो वे ही मेरी प्रशंसा करते। मैं गाँव में अच्छे पकड़े पहनकर जान-बूझकर गया था। कारण, जिस गाँव में मैं कभी भीख माँगता था, भूखा घूमता था, गाँव के लोगों की गालियाँ झेलता था, वहाँ उन गाँववालों को मैं बतलाना चाह रहा था कि अब मैं अच्छी जिन्दगी जी रहा हूँ। औरंगाबाद के पुराने कपड़ों के बाजार में जाकर बीस रुपए देकर मैंने टेरीकॉट की पैंट खरीदी थी। शर्ट भी पुरानी ही थी। शहागंज जाकर पुराने परन्तु अच्छे बूट खरीदे थे। सारी वस्तुएँ पुरानी थीं, पर मुझे एकदम फिट बैठी थीं। मैं थोड़ा-सा आकर्षक दीख रहा था। इस गाँव में मैं जनमा, इसलिए यह मेरा गाँव है ! बाकी इस गाँव से मेरा नाता ही क्या है ? क्योंकि इसी गाँव ने मुझे भूखा रखा था और लाचार जिन्दगी जीने पर मजबूर किया था। मराठा जाति का नन्हे-से-नन्हा बच्चा भी मुझे यहाँ कभी 'लक्ष्मन ताता, केकड़े का शोरबा पीता' कहकर अपमानित किया करता था। किसी के बर्तन को अगर मैं गलती से भी छूता, तो उस बर्तन को जलाकर यहाँ के लोग शुद्ध करते थे। यहाँ के एक वर्ष के बच्चे से भी मुझे अदब से बात करनी पड़ती थी। इस गाँव ने मुझे गुलामी का जीवन जीने को मजबूर किया था। इस गाँव के प्रति मेरे पास इसके अलावा और स्मृतियाँ थीं ही नहीं। इन कटु अनुभवों के बावजूद इस गाँव पर मेरा सचमुच प्रेम था। इतना कुछ सुधरकर, स्वाभिमान से नौकरी करते हुए आज मैं यहाँ आया हूँ। पर गाँव की मानसिकता में कोई विशेष परिवर्तन नहीं हुआ है—इसका मुझे

दुःख हो रहा था। मैं पूरी श्रद्धा से गाँव के प्रत्येक को 'राम-राम' कह रहा था। परन्तु मेरे इस नमस्कार को प्रतिसाद देने के बजाय वे पूछ रहे थे, "कब आया है रे ! उठाईगीर का लक्ष्या, अब तू कहाँ है ?" मैं सोचता कि फिर कभी इस गाँव में इतना बड़ा बनकर आऊँगा कि सारा गाँव मुझे आदर से (भले ही वह दिखावटी हो) नमस्कार करेगा। ऐसा निश्चय कर मैं अपना गुस्सा पी लेता। टहलते हुए मैं बाबा के मालिक के बाड़े पर गया। दूर से मैंने किसनमाय के पैर छुए। किसनमाय नेक स्त्री थी। अपनी बहू को उसने चाय बनाने के लिए कहा। लकड़ी के डोंगे में उसने मुझे चाय दी। "ले लक्ष्या, चाय ले। बहुत दिनों बाद बाप को देखने आया है। शादी-वादी हो गई है क्या ?" मैंने कहा, "नहीं।" "नौकरी करते हो क्या ?" मारतंड मुझसे कह रहा था कि लक्ष्या औरंगाबाद में प्रति माह तीन सौ रुपयोंवाली नौकरी कर रहा है। सच है क्या रे ?" मैंने कहा, "हाँ, माँ, सच है, औरंगाबाद की सूत मिल में मैं नौकरी कर रहा हूँ।" किसनमाय ने कहा, "अच्छा ही हुआ रे। माँ की मौत के बाद तू परदेसी हो गया था। वह गुजर गई, तब तू इतना-सा था। चलो, भगवान ने उसकी इच्छा पूरी कर दी।"

वहाँ से मैं बाहर निकला। तुलसीराम के नाऱ्या से, तुक्या से मिला। तुक्या मेरे चाचा का लड़का और बचपन का मित्र था। उसने पूछा, "कब आया, लक्ष्या ? आ, आ न !" ऐसा कह, उसने गुदड़ी फैला दी। वह झोंपड़ी में ही रह रहा था। मैंने पूछा, "तुकाराम, आजकल तू कर क्या रहा है ?" तब उसने कहा, "मेरा क्या बाबा ? मैं थोड़े ही तेरी तरह साहब बनने वाला हूँ। बाप ने जो किया, वही मैं कर रहा हूँ। एक ही बात मैंने नई की है, देख ये, सुन्दरे आ।" उसने जैसे ही सुन्दरे कहा, कोने में बैठी बँदरिया दौड़कर तुक्या के पास आई। तुक्या ने कहा, "मामा के हाथ में हाथ दे।" वह मेरे पास आई, उसने अपना हाथ मेरे हाथ में दे दिया। तब मुझे पता चला कि तुक्या अब बन्दर-बँदरिया का खेल दिखाकर पेट भरता है। नाऱ्या आज भी चोरियाँ करता है। तुक्या ने कहा, "लक्ष्या, आज तूँ यहाँ ही ठहर। नर सुअर काटता हूँ। तुझे खास भोज देता हूँ।" मैंने कहा, "नहीं" और पूछा कि "कितने सुअर हैं ?" उसने कहा, "सोनवती की लड़की को बहू बनाकर लाया हूँ। ससुर ने दहेज में सुअर दिए थे। अब उनकी प्रजा बहुत बढ़ गई है। दो-तीन गधे हैं, अच्छी बात इतनी ही कि अब रोज चूल्हा जलता है।" तुक्या की सारी रामायण मैंने सुनी। उसने रुकने के लिए बार-बार आग्रह किया, पर मैं रुका नहीं।

बाद में मैं लातूर आया। अण्णा और दादा के यहाँ गया। सूत मिल के अपने पुराने साथियों से मिला। जॉबर कोकणे से मिला। मैंने उसे यूँ ही पूछा, "लातूर के मिल में क्या कोई नौकरी मिल सकती है ? क्या मुझे वहाँ लोगे ?" उसने पूछा, "तू आना चाहता है क्या ?" मैंने कहा, "अगर नौकरी मिल जाए, तो यहाँ लौटने की इच्छा है। पिताजी बहुत थक गए हैं। अब मैं औरंगाबाद कितने दिनों तक रहूँ। कभी तो गाँव की ओर लौटना ही है न !" तब कोकणे ने कहा कि वह प्रयत्न करेगा। साहब अच्छा था। मुझे प्रार्थना-पत्र देने के लिए कहा। मैं अर्जी लेकर प्रभाकर कोकणे के साथ गया। फैक्टरी

मैनेजर से मिला। उन्होंने मेरी अर्जी पर दस्तखत कर दिए और 'लुपसी' के रूप में मेरी नियुक्ति हो गई। मैं प्रभाकर कोकणे की पाली में ही था। मुझे बहुत खुशी हुई। मैं सोचने लगा, चलो अच्छा हुआ। अब मैं अपने गाँव में रहूँगा और बाबा को सँभालूँगा।

मेरा सारा सामान औरंगाबाद में ही था। पन्द्रह दिन बाद, वेतन लेकर मैं औरंगाबाद गया। त्यागपत्र देकर बचा-खुचा वेतन मैंने ले लिया। हरचंदा और अपने सामान को साथ लिए मैं वहाँ से निकला। भाऊ और भाभी रोने लगे। कहने लगे, "लक्ष्मन हम तेरे कारण इतनी दूर आए और अब तू ही हमें छोड़ निकला है। तब मैंने उन्हें समझाया, "अब बाबा थक चुके हैं। उनकी देखभाल करने के लिए मैंने लातूर में ही नौकरी कर ली है। अब तुम्हें भी वहीं पर बुला लूँगा, तब तक तुम यहीं रहो।" मैं वहाँ से लातूर लौटा।

एक कमरा किराए पर लेकर रुक्मिनीमाय के बाड़े में ही मैं फिर से रहने लगा। थोड़े ही दिनों बाद मैंने बाबा की नौकरी छुड़वाई और उन्हें लातूर ले आया। अब मुझ पर बाबा और हरचंदा की जिम्मेदारी आ पड़ी थी। लातूर में अब मुझे तीन-साढ़े तीन सौ रुपए प्रतिमाह मिलने लगे।

एक बार मेरे पैर में एक फोड़ा हो गया। धीरे-धीरे वह इतना बड़ा हो गया कि दाएँ पैर के घुटने तक का हिस्सा सड़ता नजर आने लगा। कई प्रकार की दवाएँ मैंने लीं, पर कुछ फर्क ही नहीं हो रहा था। देवी का कोप होगा, ऐसा समझ बाबा ने मुझे मंगलवार को उपवास करने के लिए कहा। जोगवे की परड़ी लिए हर मंगलवार को मैं देवी के नाम पर कुछ घरों में भिक्षा माँगता। पर कोई फर्क नहीं हुआ। मैं लँगड़ाने लगा।

रुक्मिनीबाई के यहाँ जवार बेचने के लिए एक वैदू (विमुक्त जनजाति का एक व्यक्ति) आया था। ये लोग जंगली दवाएँ बेचते घूम रहे थे। बाबा ने उसे मेरा पैर दिखाया। उसने कहा, "मैं इसे एक दवा देता हूँ। ठीक होने पर मुझे बीस रुपए दे देना।" बाबा ने कहा, ठीक है। वह तुरन्त एक तुमड़ी* ले आया। मेरे पैर को सबने पकड़ लिया। वैदू ने ब्लेड से फोड़े में छेद किया और उसमें तुमड़ी डाल मुँह से हवा खींचने लगा। मैं बेहोश-सा हो गया। इस फोड़े से कटोरा-भर पीप निकला। उसमें कीड़े बिलबिला रहे थे। वैदू ने कीड़े निकालकर दिखलाए। बाद में उसने किसी वनस्पति की पत्तियाँ देकर कहा कि इसे कूटकर जख्म पर लगाओ। बाबा उसे लगाने लगे। डॉक्टर की दवाई भी जारी थी। फिर धीरे-धीरे दर्द कम होता गया। पूरे दो महीने बाद घुटने से लेकर तलुवे तक का हिस्सा ठीक हो गया। अलबत्ता उस पर स्थायी रूप से कुछ दाग दिखलाई देने लगे। अगर मैं यूँ ही देवी का प्रकोप आदि समझकर चुपचाप बैठ जाता तो पैर कटवाने की ही नौबत आ जाती। ठीक समय पर मैं दवाखाने गया, इलाज करवाया, इसलिए ठीक हो गया। आज मैं ढंग से चल सकता हूँ। नहीं तो लँगड़ा बनकर भीख माँगता।

वह प्रसंग खत्म हुआ। उन दिनों मेरी तबीयत बहुत बिगड़ गई। काफी दुबला-पतला

---

* तुमड़ी—वैदू के पास की एक विशिष्ट वस्तु, इससे वे फोड़े को फोड़कर भीतरी पीप को मुँह से खींचकर बाहर निकालते हैं।

हो गया था। साहब के सामने जाकर मैं गिड़गिड़ाने लगा। उन्होंने मुझे फिर से काम पर ले लिया। जब तक पैर ठीक नहीं हुआ था, घर पर ही था। वेतन बन्द था। इस कारण काफी कर्जा हो गया था। इसलिए डबल ड्यूटी कर मैं अधिक पैसे कमाने लगा। बाबा ने हरचंदा को रसोई करना सिखा दिया। इससे मैं अब रसोई के झंझट से मुक्त हो गया। अब केवल ड्यूटी और बचे हुए समय में दोस्तों की महफिल।

सबसे छोटा होते हुए भी मैं बाप को, भाई को सँभाल रहा हूँ, अच्छे लोगों के बीच उठ-बैठ रहा हूँ, इसका अभिमान होता। धीरे-धीरे दो सौ रुपए इकट्ठे कर मैंने एक साइकिल खरीद ली। पैदल चलने की परेशानी भी दूर हो गई। मिल में साहब लोग कभी-कभार पेड़ की गीली शाखा से कामगारों की पिटाई करते। काम में थोड़ी सी गलती हुई कि मार पड़ी। मैं अब अच्छी नौकरी कर रहा हूँ, इसकी चर्चा मेरे सभी रिश्तेदारों में होने लगी।

मेरी बड़ी भाभी के छोटे भाई की शादी सलगरा में थी। शादी का बुलावा आया। उन दिनों नाते-रिश्तेदारों से हम लोग टूट रहे थे। क्योंकि सभी भाई अलग-अलग स्थानों पर जा चुके थे इस कारण इस बार हम सभी इस विवाह में शामिल हुए। दूर-दूर के रिश्तेदार आए थे। विवाह के पहले ये सभी रिश्तेदार आपस में झगड़ा कर रहे थे। अधिकतर शराब पीकर आए थे। कुछ कह रहे थे कि यह शादी होगी कैसे, इसे देख लेते हैं। अरे, इस लड़की की माँ कभी अशुद्ध हो गई थी। अभी तक उसे पंचायत से शुद्ध नहीं कराया गया है। वहाँ इकट्ठे अलग-अलग गाँवों के हमारी जाति के पंच यही कह रहे थे। होली गाँव का मारुति तो इसे नमक-मिर्च लगाकर तूल दे रहा था।

यह शादी हुई तो समझो कि अपनी जाति की नाक ही कट गई—ऐसा वह जोर-शोर से कहने लगा। इस लड़की की माँ की माँ (मतलब नानी) एक मराठा की रखैल थी। उस मराठा से इसकी माँ का जन्म हुआ और इस कारण इस लड़की का रक्त शुद्ध नहीं है। हमारी जाति के लड़के से इसकी लड़की का विवाह हो ही कैसे सकता है, ऐसा सवाल पूछने लगे। विवाह का मुहूर्त टल गया, पर ये लोग विवाह की अनुमति ही नहीं दे रहे थे। वर-वधू के घरवालों ने एक-दूसरे की राजी-खुशी से, सोच-समझकर यह शादी तय की थी। पर जात-पंचायत के ये तथाकथित प्रस्थापित लोग इस विवाह को रोक रहे थे। इनकी बात को अनुसनी कर दें तो ये लोग उन दोनों परिवारों को बहिष्कृत कर सकते थे। उसका डर तो था। अन्ततः झगड़े शुरू हुए। आम के पेड़ के नीचे पंचायत बैठी। पंचों की चर्चा शुरू हुई। कोई कहता कि वधू की माँ को गू खाने के लिए कहो, कोई कहता कि दो हजार रुपए दंड करो। कोई कहता कि उसकी नाक कटवा दो। अन्ततः एक ने रास्ता निकाला कि वधू की माँ के सभी बाल उतारे जाएँ। इस पर सब पंचों ने सहमति जतलाई। वधू की माँ को बुलाया। मेरा सिर चकराने लगा। मैं सोचने लगा कि मेरा समाज कितना पिछड़ा हुआ है। कितनी क्रूर घटनाएँ यहाँ आज भी हो रही हैं। एक ओर प्रगतिशील शहरी समाज है तो दूसरी ओर हमारी जात-पंचायत। जात-पंचायत का यह डंक भयावह, क्रूर और बीभत्स महसूस होने लगा। इस पूरे माहौल में मैं क्या कर

सकता था ? मैं तो सबसे छोटा था। मैं कुछ कहता, विरोध करता, तो ये मेरे खानदान की भी जड़ खोद निकालेंगे और झूठ-मूठ आरोप लगाकर जीना हराम कर देंगे। मेरी तो अभी तक शादी भी नहीं हुई थी। इस वक्त अगर मैं कुछ विरोध करूँ तो बाबा मुझे गालियाँ देंगे। यह जात-पंचायत का विरोध करता है, ऐसा कहकर कोई मुझे लड़की भी नहीं देगा। इसलिए मैं चुप्पी साधे आगे की घटनाओं को देखता रहा।

अपनी बेटी का विवाह अगर इस वक्त रुक गया तो आगे कभी उसका विवाह नहीं होगा—इस डर से वधू की माँ जात-पंचायत के सामने आई और सिर झुकाकर बैठ गई। उसने सबके पैर छुए। उस औरत का पति खामोश खड़ा यह सब देख रहा था। एक पंच उठा। उस्तरा ले आया और उसे पानी में भिगोकर वधू की माँ के बाल उतारने लगा। उस माँ की मनःस्थिति की मैं कल्पना कर रहा था। उसकी आँखों से आँसू टपक रहे थे। मुँह में साड़ी का पल्लू दबाकर वह बैठी थी। अपनी माँ की गलती का प्रायश्चित्त बेटी कर रही थी। पति की जीवितावस्था में उस स्त्री के बाल उतारे जा रहे थे। इतने पर न रुकते हुए उन निर्दयी पंचों ने उस स्त्री के सिर पर सिन्दूर पोत दिया। अब जात-पंचायत का निर्णय खत्म हो गया था। विवाह की शुरुआत की गई। वधू की माँ अब मंडवे में अपने नंगे पैर और बालरहित सिर पर आँचल ओढ़े फफक-फफककर रो रही थी। शादी हो गई। पंचों ने न्याय दिया, इस खुशी में वर-वधू के माँ-बाप ने पंचों को सुअर का माँस और शराब परोसी।

रात में भुने हुए सुअर का माँस और शराब पी सब पंच मस्ती में आ गए। मैं सोचने लगा, इन लोगों ने शादी में अड़चनें पैदा कीं। वधू की माँ के सुन्दर बाल उतार दिए और इतना सब करने पर भी लोग उन्हें शराब पिलाते हैं। मैं कुछ नहीं कर पा रहा था क्योंकि मेरा बाप भी उन पंचों में बैठा हुआ था। उन दिनों मेरे मन में बहुत बड़ा परिवर्तन नहीं हुआ था। अभी पुराने विचार मेरे दिमाग को घेरे बैठे थे। इस कारण मैं खामोश रहा।

अलबत्ता आए हुए लोग मुझे बार-बार देख रहे थे। मारतंड का यह लड़का अच्छा दीख रहा है—ऐसा वे आपस में कह रहे थे। अपनी लड़की इसे दी जाए—ऐसा भी कह रहे थे। सलगरा की इस शादी से हम सब लौटे।

लातूर आने पर मुझे अपने बाप का नाम बदलना पड़ा क्योंकि बाप का नाम मूलतः मारतंड था। मारतंड लिखने में हमें संकोच होता था। भाऊ ने मारतंड न लिखाते हुए मारुति लिखवाया था। तब से मैं बाप का नाम मारुति लिखने लगा। अब यही नाम स्थायी हो गया।

सूत मिल की ड्यूटी फिर से शुरू हो गई। रुक्मिनीबाई के बाड़े से मैं अब ऊब गया था। वहाँ का रहन-सहन अब मुझे ठीक नहीं लगता था। तब मैं और मेरा एक दोस्त साइकिल पर कमरा ढूँढ़ने लातूर गए। मकान मालिक हमसे हमारी जाति पूछते। सच्ची जाति बताते तो कमरा न मिलता था। सालेगली में मैंने अपना परिचय मराठा के रूप में दिया, तब एक कमरा किराए पर मिल गया। रुक्मिनीबाई के बाड़े से निकलकर मैं

अब इस नई जगह में आ गया।

सालेगली में कुछ दिन मजे में कटे। पास ही मेरा एक बड़ा भाई रहता था। वह भी सूत मिल में काम पर था। भगवान भाऊ की ससुराल के लोग जब भी इस ओर चोरियाँ करने आते, तब उनका मुकाम बड़े भाई के पास ही होता। मेरे भाई का ससुर दरअसल हमारा करीबी रिश्तेदार ही था। उसकी चार पत्नियाँ थीं। उनमें यल्लवा नामक एक पत्नी थी। चोरियाँ करने में बहुत चतुर थी। जब वह लातूर आती तो दोनों पति-पत्नी एक-दो दिन में चार-पाँच हजार रुपए आसानी से कमा लेते। ये दोनों जब भी भाई के घर आते, उम सबकी मौज होती। वे दोनों शराब और मटन के लिए दिल खोलकर खर्च करते।

भाऊ का साला भी सूत मिल में काम करता था। वह और मैं एक ही कमरे में रहते थे। शिवा को किसी बात की कमी नहीं थी। माँ-बाप दोनों चोरी करने लातूर आते तो उसे कपड़े और पैसे देते। उसके साथ मेरी भी मौज हो जाती। शिवा का बाप सोपान पूरे उस्मानाबाद जिले में उठाईगीर के रूप में प्रसिद्ध था। जेब काटने में वह बड़ा उस्ताद था। जिले की पूरी पुलिस उसे जानती थी। लातूर, अंबाजोगाई, उदगीर, जहाँ-जहाँ साप्ताहिक बाजार लगता, वहाँ-वहाँ वह जाता। पुलिसवालों के साथ उसके सीधे सम्बन्ध थे। जिस दिन उसकी भरपूर कमाई होती अथवा रकम उड़ाई गई है—ऐसी खबर मिल जाती तो पुलिस सीधे अपना हिस्सा माँगने के लिए सोपान के यहाँ पहुँचती। सोपान पुलिसवालों को बड़ी-बड़ी पार्टियाँ देता था।

सोपान पुलिसवालों को उनका हिस्सा दिए बगैर अगर कभी निकल जाता तो पुलिस किसी स्टैंड पर उसे पकड़ लेती। उस पर केस करती। उसकी पत्नी जावली चली जाती और वहाँ से हजार-पाँच सौ लाकर फौजदार-जमादार को देती, और सोपान को तुरन्त छुड़ा लाती। पुलिस सोपान को कभी तकलीफ न देती! सोपान हमें कहता कि पुलिसवालों को कमाई का हिस्सा अगर देते रहें, तो वे कभी तकलीफ नहीं देते। उलटे सहायता करते हैं। सोपान की पत्नी यल्लवा औरतों के गहने उड़ाते समय अगर कभी पकड़ी गई तो भाई और भाभी जावली के किसान से पैसे लेकर उसे छुड़ा लाते थे।

यल्लवा औरतों के गले से हार उड़ाती थी। आढ़त पर जाकर गठरियाँ उठाकर लाती थी। शराब पिए बगैर वह चोरी नहीं करती थी। रोज शराब पीती थी। बीड़ियाँ और गाँजा हमेशा फूँकती थी। हमारे लोग कहते हैं कि अगर वह अपनी कमाई ढंग से रखती तो दस-बीस लाख की मालकिन बन सकती थी। अपनी कमाई को शराब, गाँव के साहूकार और पुलिसवालों को बाँटने में ही खर्च करती रही। जिन कपड़ों को वह चुराकर लाती, उसे उन दिनों मैं और शिवा पहनकर घूमा करते थे। कभी-कभार हम उसके साथ कपड़ों की दुकान में भीड़ लगाने जाया करते थे।

एक बार की घटना है। कोई त्यौहार था। बाजार में बहुत भीड़ थी। यल्लवा ने हम दोनों से कहा, "चलो, मैं तुम्हें कपड़े दिला देती हूँ।" मुझे, अण्णा, भाभी और शिवा को लेकर वह बाजार निकली। बड़ी-सी दुकान में जाकर उसने कई कपड़े निकलवाए।

हम कपड़े देखने बैठ गए। इस बीच बड़ी चालाकी से यल्लवा ने कपड़ा अपनी बड़ी थैली में सरका दिया। इधर-उधर की बातचीत के बाद, उसने हमें इशारा किया। बाद में वह वहाँ से निकली और छोटी-छोटी गलियों से भागने लगी। मैं शिवा को लेकर दूसरे रास्ते से निकल पड़ा। जब हम घर पहुँचे, यल्लवा वहाँ पहुँच चुकी थी। हमें अच्छा लगा। अब हिस्सा मिलेगा। कीमती कपड़े की पैंट सिलवाऊँगा, ऐसा मैं मन-ही-मन सोच रहा था। यल्लवा ने हम दोनों से दो-दो रुपए माँगे शराब पीने के लिए। कपड़े की आशा से हमने रुपए दे दिए। यल्लवा शराब की दुकान में जा शराब पी आई। रातपाली के कारण हम दिन-भर सोए रहते थे। सबेरे अगर नींद पूरी न हुई, तो रात में काम के समय तकलीफ होती। कपड़े की आशा से आज दिन-भर नींद नहीं आ सकी थी। सबेरे से यल्लवा के साथ था। शराब और बीड़ी के लिए अगर उसे पैसे नहीं मिल सके तो वह महँगा कपड़ा मिट्टी के मोल बेच देगी--ऐसा हमें डर था, इसलिए मैंने और शिवा ने सोचा कि आज काम पर जाएँगे ही नहीं। यल्लवा शराब पीकर आई। काफी मीठी बातें बनाकर हम दोनों ने पैंट का कपड़ा उससे माँग लिया। एक पैंट के कपड़े के बदले यल्लवा ने दस रुपए माँगे, वह हमने दे दिए।

खाकी रंग का कपड़ा लेकर जब हम टेलर के पास गए तो उसने कहा, सिलाई के ज्यादा पैसे लगेंगे, क्योंकि यह टेरीकॉट का महँगा कपड़ा है। तब हमें और भी खुशी हुई। हम तुरन्त वापिस लौटे, यल्लवा से और दो-दो पैंटों का कपड़ा हमने खरीद लिया। हमारे बदन पर इन कीमती कपड़ों को देखकर अन्य कामगार समझने लगे कि ये अच्छे घर के लड़के हैं। वेतन में ऐसा कपड़ा खरीदना किसे सम्भव था ? अन्य साथी कामगारों से हम कहते कि हम मराठा जाति के हैं। इस कारण चोरी के इन कपड़ों पर किसी को सन्देह न होता।

यल्लवा एक ही चोरी पर अवलम्बित नहीं थी। वह अनेक प्रकार की चोरियाँ किया करती थी। कभी आढ़त (गल्ले की थोक दुकान) पर या कभी बड़े मेले में जाकर वह पुरुषों की जेबें तक काटती थी। औरतों के गलों के हार वह दाँतों से काटने में बड़ी चतुर थी। वह कहती कि मैं सोने की जंजीर को दो दाँतों से कुछ क्षणों में ही काट देती हूँ। दाँतों से इसलिए कि ब्लेड से सोना जल्दी कटता नहीं। सोपान जीजा—मेरे भाई का ससुर--यल्लवा के साथ हो लेता। दोनों मिलकर मुहिम पर निकलते। शराब पिए बगैर दोनों चोरियाँ कर ही नहीं सकते थे। कभी-कभार चोरियों के लिए काफी दूर निकल जाते और बाद में चोरी की वस्तुओं को बाँटने के प्रश्न को लेकर दोनों में खूब झगड़े होते थे। दोनों शराब पीते और फिर झगड़ते।

यल्लवा अपने पति सोपान्या से कहती, "मैं सोने के इतने अलंकार ले आई, पर मुझे तुमने कितने पैसे दिए ?" सोपान्या कहता, "यल्ले, मैं तुझे अपनी रखैल बनाकर लाया हूँ। तुझे सगी पत्नी की तरह लिए घूमता हूँ। तू जब ज्यादा कमाई ला देती है, तब मैं खुशी से तेरा हिस्सा दे देता हूँ। फिर भी तू शिकायत करती है ?" यल्लवा सोपान की चौथी पत्नी थी। सोपान उसे कहीं से उड़ाकर आया था, क्योंकि वह चोरियाँ करना

जानती थी। वह किस जाति की थी, पता नहीं। सोपान की दो औरतें घर पर थीं। उन्हें बच्चे थे। वे दोनों अलग-अलग रहती थीं। सोपान उन दोनों का खर्च चलाता। सोपान की पहली पत्नी मर जाने के बाद उसने तीन शादियाँ की थीं। उसकी पहली (परन्तु अब मृत) पत्नी मेरी बड़ी बहन थी।

सोपान की चोरी की कमाई अधिक थी। अब यल्लवा के कारण तो वह और भी बढ़ गई। लेकिन यल्लवा अलग रहती थी। उसे एक लड़का हुआ। इस कारण सोपान को छोड़कर अलग से चोरियाँ करने लगी। जब वह लातूर आती, हम उसके साथ रहते। यल्लवा जो माल उड़ाती, उसमें हमें हिस्सेदारी देती, या कम दामों में चीजें मिल जातीं। उसकी कमाई देखकर कई बार मुझे लगता कि नौकरी की अपेक्षा यह धन्धा सीख लूँ, तो कितना अच्छा होगा !

एक बार यल्लवा लातूर से नए कपड़े और कंगन की एक-एक गठरी उठाकर आई। वे गठरियाँ उसने माणिकदादा के कमरे में रखीं। पुलिस पीछा करते हुए उस गली में आ गई और माल पकड़ लिया। यल्लवा भाग गई। पुलिसवालों ने भाभी को पकड़ लिया। हमारी भाभी न चोरी कर सकती थी, न उसे यह कुछ मालूम था। गरीबी के कारण वह उठाईगीरों को अपने घर में पनाह देती। जब तक वे उसके पास रहते, वे पाँच-दस रुपए देते, खाने की तकलीफ न होती। पर इस बार पुलिस ठीक स्थान पर पहुँच गई थी। माल के साथ उन्होंने भाभी को पकड़ लिया। पुलिस भाभी को परेशान करने लगी। पूछने लगी, "बता, किसने चोरी की है ? कौन-कौन साथ थे ?" तब भाभी ने कह दिया कि चोरी यल्लवा ने की है।

पुलिस जब भाभी को पकड़ ले गई, तब अण्णा परेशान हो गया। छोटी भाभी के गले की सोने की जंजीर भाई ने चार सौ रुपए में रेहन रख दी। भाभी पर केस न हो, केस कोर्ट में न जाए, इसीलिए पुलिसवालों ने चार सौ रुपए माँगे थे। छोटी भाभी यल्लवा की सौतेली लड़की थी। अपनी देवरानी की इज्जत न जाए, इसलिए उसने अपने गले की जंजीर रेहन रखने के लिए दे दी। भाई भाभी को छुड़ाकर ले आया। उस दिन से उस गली में हमारी इज्जत खत्म हो गई। गली के सभी लोग हमें चोर समझने लगे। इस धन्धे के खतरे अब मुझे समझ में आ गए। यल्लवा के साथ अब घूमना बन्द—ऐसा मैंने निर्णय ले लिया। उसे कमरे तक में घुसने नहीं दूँगा—ऐसा मैंने सोचा। शिवा और बाबूशाह सौतेले भाई थे और वे सोपान जीजा के लड़के थे। अलबत्ता ये दोनों अपनी इस सौतेली माँ के साथ घूमते, उससे पैसे निकालते।

कुछ दिनों बाद बाबूशाह की शादी हो गई। बहू सोलापुर की थी। बाबूशाह के माँ-बाप इस विवाह के लिए तैयार नहीं थे। बाबूशाह सूत मिल में अच्छे वेतन पर कामगार था। वह बाइंडिंग विभाग में काम करता था। बाबूशाह को लड़की पसन्द है न, फिर विवाह हो जाना चाहिए—मेरे भाई ने निर्णय ले लिया और वे आगे हो गए। बाबूशाह का विवाह जहाँ पहले निश्चित हुआ, वहीं उसी लड़की से शादी हो—ऐसा उसके माँ-बाप का कहना था। अन्ततः अण्णा ने (मेरे बड़े भाई) सोलापुर की लड़की को, उसके

घरवालों को लातूर बुला लिया और वर के माँ-बाप की अनुपस्थिति में वह विवाह करा भी दिया। बाबूशाह के माँ-बाप बाद में अण्णा पर बहुत बिगड़े, काफी झगड़े हुए। पर शादी हो चुकी थी। अब वे कर ही क्या सकते थे। दोनों पति-पत्नी मजे से रहने लगे। उन्हें देख मुझे भी लगता कि अब शादी करनी चाहिए। यूँ, जब मैं छोटा था, तब मेरी सगाई भाड़गाँव के तुकाराम की लड़की के साथ हो चुकी थी। तुकाराम ने सोचा था कि लक्ष्मण जब दामाद हो जाएगा तब उसे जेबकतरे की कला सिखाऊँगा, खूब कमाएगा। पर मैंने पढ़ाई शुरू की, इसलिए उसने अपनी लड़की की शादी कहीं और कर दी। इसके बाद मेरी दूसरी सगाई जावली की लड़की के साथ हुई। एक बार गानूर की लड़की के साथ हुई थी, वह भी टूट गई। बाद में जगलापुर से सगाई का प्रस्ताव आया था। आश्चर्य इस बात का कि इसमें से एक भी सगाई की बात मुझे मालूम नहीं थी। मुझसे कभी इस सम्बन्ध में पूछा ही नहीं गया था। उन दिनों मुझे पूछता ही कौन था ?

कवठा गाँव की चिंगू चोरियाँ करने में बहुत चतुर थी। वह हमारे दूर के रिश्ते में थी। उसके घरवालों ने मेरे भाई से पूछताछ की और शादी की तैयारियाँ शुरू कर दीं। इस लड़की को स्कूल भेजने के बजाय चोरी करना सिखाया जा रहा था और इसके साथ मेरी सगाई हो गई। मैं भी सोचता कि अपनी पत्नी चोरी करनेवाली हो तो दोनों की कमाई हो जाएगी। शादी की तैयारियाँ इस चिंगू ने शुरू कीं। एक दिन कवठा में लिंगप्पा के घर में उसने पूछा कि शादी के लिए कितना खर्च आएगा ? इस लिंगप्पा की एक लड़की अनब्याही थी। कवठा के चन्द्रभागा ने पूछा, "लड़का कहाँ का है ?" चिंगी ने कहा, "धनेगाँव का है। अच्छा पढ़ा-लिखा है। सूत मिल में नौकरी करता है।" चन्द्रभागा अपनी लड़की के सम्बन्ध में सोचने लगी और मेरे लिए अब उन दो परिवारों में स्पर्धा शुरू हुई। मेरी सास कहने लगी, "मेरी छबू को पढ़ा-लिखा लड़का चाहिए, यह मैं कितने दिनों से कह रही हूँ। पर आज तक इस पर किसी ने विचार नहीं किया। अब धनेगाँव के इस लड़के के लिए कोशिश करो। लातूर जाओ।" तब महादू और किसन लातूर आए। बड़े भाई की और उनकी पहले से जान-पहचान थी। उन्होंने भाई से विवाह के सम्बन्ध में पूछा।

बड़ा भाई एकदम खुश। उसने हाँ कर दी। दूसरे भाई को उसने पूछा तक नहीं। उधर दूसरे भाई ने मेरे लिए अपनी सौतेली सास की लड़की देख रखी थी। उससे पूछताछ की थी। हामी भी भर दी थी। मजे की बात यह कि इन दोनों में से एक ने भी इस सम्बन्ध में मुझे कुछ भी नहीं पूछा था। दोनों ने दो स्थानों पर मेरी सगाई कर दी। परिणामतः दोनों भाइयों में खूब झगड़े हुए। दादा कहने लगे कि कवठा की करो, अण्णा कह रहा था कि जावली के बाबूशाह की लड़की से ही तुझे करनी चाहिए।

हमारे यहाँ लड़का या लड़की को अपनी शादी के सम्बन्ध में दखल देने का कोई अधिकार नहीं होता। बड़ों की बातों में छोटों की दखलअंदाजी मान्य नहीं—ऐसा ही नियम है। इस कारण मैं चुप था। बड़ा भाई आया और कहने लगा कि "कवठा की

लड़की अच्छी है, गोरी है और घर पर खेती वगैरह है। उस लड़की की बहन का पति इंजीनियर होनेवाला है। वे शादी करके देनेवाले हैं और लड़की के लिए वे कोई दहेज लेनेवाले नहीं हैं। हमें खाली हाथ जाना है। मैं तेरा सब ठीक-ठाक करना चाहता हूँ, पर यह भगवान (दूसरा भाई) मेरी ससुराल की ही करो—ऐसा आग्रह कर रहा है। उसकी मत सुनो।'' भाई मुझे पटाने की कोशिश कर रहा था। मैंने उसकी बातें सुनीं। मैं कहने लगा, ''कवठा की ही लड़की निश्चित करो।'' परन्तु अण्णा और भाऊ कहने लगे, ''लक्ष्मण, तू दादा की मत सुन। अरे, वे काफी दूर के लोग हैं। हम उन्हें जानते तक नहीं। अगर उनके खानदान में कुछ दाग वगैरह हो तो शादी के वक्त काफी परेशानी हो जाएगी। जात-पंचायत बहिष्कार करेगी। अपने नजदीकी रिश्तेदार की लड़की है, उसे हाँ कर दो। तू जो चाहे माँग, वे देने के लिए तैयार हैं। तू अगर मिल कीं नौकरी छोड़ना चाहता है, तो वे तुझे परचून की दुकान खुलवाकर देने को तैयार हैं।'' यह सुन में दुविधा में पड़ गया। क्या करूँ, समझ में नहीं आ रहा था। मैं जानता था कि मेरी शादी में कोई भी भाई अपनी ओर से दस रुपए भी खर्च नहीं करेगा। शादी का सारा खर्चा मुझे ही करना था।

अन्ततः मैंने बाबा से पूछा। बाबा ने कहा, ''देख भई, तू ही देख, मेरा क्या है ? पर एक बात कहता हूँ, अपने नजदीकी रिश्तेदार से मत कर। वे पहले मीठी-मीठी बातें बोलते हैं, पर बाद में कोई इज्जत नहीं करते।'' मैं अपने पैरों पर खड़ा था, इस कारण अपना निर्णय खुद ले सकता था। मैंने विचार किया, ''कवठा के लोग खेती-बाड़ी वाले हैं और साढ़ू इंजीनियर होनेवाला है, तब कवठा की लड़की से ही शादी करनी चाहिए।'' मैंने दादा से कह दिया, ''दादा, कवठा का रिश्ता निश्चित करो।'' दादा सूत मिल में झाड़ू लगाने का काम करता था। हम चार भाई लातूर में और एक औरंगाबाद में था। चूँकि मेरी शादी अभी नहीं हुई थी इस कारण मैं बाबा और हरचंदा की देखभाल कर रहा था, इसलिए घर के आठ टीन मेरे नाम पर ही रखे थे। उन्हें मैंने चन्द्रभागा के घर पर लाकर रख दिया था। दादा जब भी कवठा जाता, मुझसे पैसे माँगता, और मैं देता जाता। सगाई हो जाने के बाद, एक बार मुहूर्त निकलवाने जाना था।

अण्णा और भाऊ मुझसे नाराज हो गए। कहने लगे कि हम अब कहीं नहीं जाएँगे। उनका कहना था कि जावली की लड़की से ही शादी करो। तब मैंने कहा कि अब तो मैं कवठा की ही लड़की से करनेवाला हूँ। यूँ मैंने इनमें से एक भी लड़की को अब तक देखा नहीं था। दादा के कहने पर मैंने निर्णय ले लिया था। मुहूर्त तय करने के लिए पैसे नहीं थे। दादा चोरियाँ करता था, हमेशा पिए रहता। उसने कहा, ''लक्ष्मण, तेरे नाम के टीन बेच देंगे।'' मैंने उसे टीन बेचने की अनुमति दे दी। दादा ने कहा, ''चन्द्रभागा के नाम इस आशय की चिट्ठी दो।'' मैंने चिट्ठी दी और काम पर चला गया। तब दादा ने दो टीन बेचने का वादा कर सभी आठ टीन बेच दिए। पत्नी से कहा कि मीठी रोटियाँ बनाओ। लड़की के लिए उसने साड़ी-ब्लाउज भी ले लिए। टीन के काफी पैसे आए थे। अपने लिए उसने नई धोती, कमीज खरीद ली और मेरे ड्यूटी से लौटने तक वह चला

भी गया।

सभी टीन बेचकर दादा ने मेरे प्रति अपने प्रेम को व्यक्त कर ही दिया था। टीन के सारे पैसे उसने खत्म कर दिए। मैंने पूछा, "दादा सारे टीन क्यों बेच आए ?" तब उसने कहा, "शादी क्या फोकट में होती है ? सगाई करने नए रिश्तेदारों के यहाँ अगर मुझे जाना है, तो क्या मैं फटे कपड़ों में जाऊँ ? तेरी पोजीशन का मुझे खयाल रखना चाहिए कि नहीं ? तू ही बता ?" उल्टे उसने मुझे सिद्ध कर बतलाया कि सभी टीन बेचना कैसे आवश्यक था। मैंने मन-ही-मन सोचा कि दादा चोरियाँ करने जब जाता है, तब कइयों को बेवकूफ बनाता है, आज उसने मुझे बनाया है। शादी होने वाली है—यह मेरे लिए सुखद अनुभव था। इस कारण चुप था। मुहूर्त निकाला गया। शादी के पूर्व अन्य दोस्त अपनी होनेवाली पत्नी को देख आते हैं, इसलिए मुझे भी शादी से पहले अपनी होनेवाली पत्नी को देख आना चाहिए, इस विचार से एक दोस्त के साथ मैं साइकिल पर कवठा गया। उठाईगीरों का यह कवठा लातूर से सत्तर कि.मी. पर है। जब हम वहाँ पहुँचे तब हमारे होनेवाले ससुर ने हमारा स्वागत किया। कवठा के वे लोग मुझसे झगड़ने आए, जिनके यहाँ मेरी पहली सगावत हो चुकी थी। हमारी लड़की से तुम करनेवाले थे, अब बदल कैसे गए, हम जात-पंचायत बिठाएँगे—ऐसा कहने लगे। हमारे ससुरालवालों ने ही उन्हें खामोश किया। वह झगड़ा वहीं समाप्त हुआ, यह देख मैं खुश हुआ। मैं लड़की देखने ससुराल गया, इसलिए ससुराल के लोग मुझ पर बहुत प्रेम करने लगे। मैं भी पहली बार लड़की देखने गया था। इस कारण मैं भी लड़कियों की तरह लजा रहा था। मुझे सब कुछ नया-नया महसूस होने लगा। मेरी एक साली पढ़ी-लिखी थी। इस कारण नई पद्धति से लड़की बतलाने का तय हुआ। दो आसन रखे गए। एक पर मैं बैठा, दूसरे आसन पर लड़की को बैठने के लिए कहा गया। वह आकर बैठ गई। मुझे तो पसीना ही छूट गया। क्या पूछूँ, समझ में ही नहीं आ रहा था। लड़की भी लजा रही थी। मेरी भी वही स्थिति थी। लड़की की गरदन झुकी हुई थी। मैंने पूछा, "नाम क्या है ?" उसने कहा, "छबू।" फिर मैंने पाँच रुपए थाली में रख दिए और खामोश बैठा रहा। लड़की की बड़ी भाभी ने मुझसे पूछा, "और कुछ पूछना है क्या, जीजाजी ?" जीजाजी शब्द सुनकर मेरा मन नाच उठा। मैंने इशारे से ही कहा, "नहीं।" लड़की उठकर चली गई। उस दिन मैंने वहाँ मुकाम किया। रात में भटन बनाया गया। मैं जब से नौकरी कर रहा था, तब से न शराब पीता था और न तम्बाकू खाता था। पर उस दिन ससुरालवालों ने मुझे शराब पिलाने की सोची थी। दूसरे स्थानों पर लोग सगाई के पहले यह पूछताछ करते हैं कि लड़का शराब पीता है क्या ? बुरी आदतें हैं क्या ? परन्तु हमारे यहाँ सब उलटा था। यहाँ तो मुझे जबरदस्ती शराब पिलाई गई। परिणामतः मुझे उलटियाँ हुईं। दूसरे दिन मुझे कइयों ने चाय के लिए आमन्त्रित किया। घर में कोई लड़की दिखाई देती तो मैं सोचता कि क्या कल मैंने इसी को देखा था ? दरअसल मैं अपनी होनेवाली पत्नी को ठीक से देख नहीं पाया था। अन्ततः लातूर के लिए निकला। मेरी होनेवाली सास ने कहा, "देखिए लक्ष्मणजी, आप मेरे दामाद हैं ही, मेरे लिए तो

आप लड़के की तरह हैं। कोई कुछ भी कहे, तो किसी की कुछ सुनिए नहीं। हमारा अपमान न कीजिए।'' मैंने उनसे कहा, ''ऐसा कुछ भी नहीं होगा।''

मुझे छोड़ने के लिए ससुरालवाले काफी दूर तक आए। कवठा में हमारी जाति के बहुत से युवक थे। सभी जेब काटने में उस्ताद थे। मैंने यह सब सुन रखा था। पर आज मैंने प्रत्यक्ष अपनी आँखों से देखा कि इनका रहन-सहन काफी अच्छा है। कीमती कपड़े पहने हैं। यहाँ आते समय मैं मित्रों से कपड़े उधार लेकर आया था। इतना ही नहीं, निकलते समय लातूर के पुराने बाजार से पुराने बूट और मोजे भी मैंने खरीदे थे।

मैं जब लातूर लौटा तब सभी भाइयों ने मुझे गालियाँ देनी शुरू कर दीं। कहने लगे, ''शादी से पहले पत्नी को देखने गया ? अरे, हमारी भी शादियाँ हुई थीं। परन्तु हमने कभी ऐसी हिमाकत नहीं की थी। क्या समझ में आता है तुझे ?'' अन्ततः शादी की तारीख निश्चित हुई। कवठा के लोग कपड़े खरीदने आए। शादी 15 दिनों बाद थी। वर को कपड़े खरीदकर देने से वह स्थायी रूप से हममें फँसा रहेगा, मुकर नहीं जाएगा—ऐसा उनका सोचना था। जिन्दगी में पहली बार मैंने इतने कीमती कपड़े उस दिन खरीदे। एक ड्रेस के 250 रुपए गए और 60 रुपए के बूट। कपड़े सिलाई के लिए डाल दिए। बूट लेकर घर आया। ससुराल के लोग अब मेरे कमरे पर आने-जाने लगे।

इस बीच जावली की बुआ अपनी जवान लड़की को लेकर अण्णा के घर आ बैठी। अण्णा से वह कहने लगी, ''लक्ष्मण के साथ बेटी ब्याहो ! अगर नहीं करोगे तो मैं जान दे दूँगी। मैं तुम्हारे घर के सामने आत्महत्या कर लूँगी।'' बड़े भाई (दादा) को उसने बुलावा भेजा। उससे वह कहने लगी, ''देख माणिक, मैंने तुम लोगों की टट्टी भी धोई है। बचपन से मैंने तुम लोगों की कितनी सेवा की है ? मुझे अब दूर मत करो। कुछ भी करो, पर लक्ष्मण की शादी मेरी लड़की से करो। जो माँगो, वह देने को मैं तैयार हूँ। लक्ष्मण को पाँच तोले सोना दूँगी। लातूर में प्लॉट है, घर बना दूँगी। इसके अलावा वह और जो भी माँगे, वह दूँगी। शादी अपनी ओर से कर दूँगी। कहो, और क्या चाहिए ?'' इतने सारे आकर्षण सुनकर मेरे सब भाई एक हो गए।

उस दिन बुआ ने सब भाइयों को भरपूर शराब पिलाई। दादा का क्या ? शराब मिली कि बस। उसने बुआ से तुरन्त कहा, ''लक्ष्मण मेरे कहने में है। वह मेरी बात टाल कैसे सकता है ? उसकी यह सागावत (कवठा की) मैंने ही की है और अब उसे मैं ही तोड़ दूँगा।'' एक बार दादा मछली पकड़ने कहीं गया था, वहाँ उसे किसी ने शराब पिलाई और वह मेरी सगाई कर आया। मैं अब काफी समझदार हो गया था। दादा, अण्णा और भाऊ बुआ की इस लड़की से मेरी शादी के लिए सहमत हो गए। मुझे समझाने लगे, ''लक्ष्मण, हमारी सुन, तेरी जिन्दगी बन जाएगी। बुआ हमारे अधिक निकट आ जाएगी।'' मैंने कहा, ''नहीं।'' तब बुआ ने कहा, ''लक्ष्मण, तेरे बहनोई के पास थोड़ा-सा सोना है। मैं तुझे सोने की जंजीर बनवा दूँगी। तू मेरी सुन।'' तब मैंने कहा, ''देखो बुआ, मैंने एक बार कवठावालों को वचन दे दिया है। उन्होंने दूल्हे के लिए कपड़े भी ले लिए हैं। आठ-दस दिन में शादी है। अब अगर तुम सोने का पलंग भी

देना चाहोगी तो भी मैं कवठा की ही लड़की से शादी करूँगा।'' तब बुआ जोर-जोर से रोने लगी। बेहोशी का नाटक करने लगी। तब मेरा बड़ा भाई, जो कुछ दिन पूर्व मुझे समझा रहा था कि कवठा की ही लड़की से शादी करनी चाहिए, जिसने मेरी सगाई भी की थी, वही बड़ा भाई मुझसे कहने लगा, ''मेरी सुन, बुआ की लड़की से ही तू कर ले। वह अब अधिक दहेज देने को तैयार है। कवठावाले तो केवल शादी भर करने वाले हैं। अब अगर तू कवठा की लड़की का आग्रह करेगा, तो मैं यहाँ लातूर में ही तेरी शादी जबरदस्ती बुआ की लड़की से कर दूँगा। हाँ, याद रख।''

सब भाई बदल गए, ''लक्ष्मण अब हमारे कहने में नहीं है। उसकी शादी अब हम जबरदस्ती ही करेंगे।'' इस पर सब सहमत हो गए। मैं विचित्र स्थिति में फँस गया था। अलबत्ता बाबा मेरी ओर था। पर बाबा था बूढ़ा। उसकी कोई सुन ही नहीं रहा था। इसलिए अन्त में मैंने एक युक्ति सोची। क्योंकि मैं यह समझ गया कि बुआ लड़की को साथ ले आई है और मेरे भाई किसी भी दिन जबरदस्ती मेरी शादी उससे करा सकते हैं, इसलिए मीठी बातों से ही अब रास्ता निकल सकता है। इसलिए मैंने कहा, ''उन्होंने कपड़े खरीदे हैं।'' तब भाइयों ने कहा, ''जा, उनके कपड़ों के पैसे लौटा आ।'' मैं उनसे यही उत्तर चाह रहा था। उनके कपड़ों के पैसे लौटाने के बहाने मैं कपड़े और पैसे लिए कवठा गया और उन्हें सारी स्थिति से अवगत कराया। ससुरालवाले घबरा गए। मैंने उनसे कहा, ''आप फिकर मत कीजिए। मेरा एक भी भाई शादी में न आए तो भी मैं शादी के लिए तैयार हूँ। आप तैयारी कीजिए।'' तब उनमें हिम्मत आई। लौटने के बाद मैं तीन-चार दिन किसी भाई से मिला ही नहीं। औरों के सामने मैंने कहा, ''मैं मरना पसंद करूँगा पर किसी अन्य लड़की से शादी नहीं करूँगा।'' तब सभी भाई खामोश हो गए। बुआ चार-पाँच दिन प्रतीक्षा करती रही, बाद में निराश होकर लौट गई। मेरा एक भाई भगवान अण्णा अधिक समझदार था। उसने सबको समझाया, ''लक्ष्मण जैसा चाहेगा, वैसा ही हो जाने दो।'' फिर सब भाई चुपचाप मान गए। मेरी शादी न ससुराल में हुई और न मेरे घर पर। मेरा अपना खुद का मकान नहीं था, इस कारण ससुरालवालों ने यह तय किया कि किसी रिश्तेदार की शादी में मेरी शादी की जाए। मेरी सास की बहन के लड़के की शादी उसी तिथि को थी। उसी मंडप में मेरी शादी निश्चित हुई। निमंत्रण भिजवाए गए। शादी पर कोई भी भाई कुछ भी खर्च करने को तैयार नहीं था। अन्ततः मैंने अपने कुछ मित्रों से और सोसाइटी से कर्जा लेकर शादी की तैयारी की। यूँ शादी में मुझे अधिक खर्च भी नहीं करना था। न दहेज और न कुछ। वे केवल शादी करके दें, इतनी ही शर्त थी। मेरा साला बड़ा चालू था। मेरे एक रिश्तेदार किसन ने मुझसे कहा था कि यह साला उठाईगीरी में उस्ताद है, इस कारण किसे कैसे घुमाना चाहिए, इसे वह जानता है। शादी के एक दिन पहले यह साला मेरे पास आया और धीरे-से कहने लगा, ''जीजाजी, कुछ परेशानी आ गई है। आप शादी में किसी बात की जिद न कीजिए।'' मैंने उसे आश्वासन दिया कि ऐसा कुछ नहीं करूँगा। दूसरे दिन शादी थी। घर के सब लोग निकलने की तैयारी में थे। बैलगाड़ियों से जाने का तय हुआ था।

हरचंदा मिरगी की बीमारी से परेशान था। उसे घर पर ही छोड़ना तय हुआ। उसने कहा, "मैं भी लक्ष्मण की शादी में जाऊँगा।" परन्तु मिरगी के कारण वह कहीं पर भी, कभी भी बेहोश होकर गिर सकता था, इससे बेकार में तमाशा हो जाएगा, यह सोच उसे घर पर ही छोड़ने का निर्णय लिया गया। बैलगाड़ियाँ मिल नहीं रही थीं। इस कारण हम सब एस.टी. से पानचिंचोली पहुँचे। वहाँ से पैदल 'योली' नामक गाँव की ओर निकले। रास्ते में एक स्थान पर रसोई बनाई गई। सबने खाना खाया। फिर हम सब येली पहुँचे। गाँव की सीमा पर स्वागत के लिए ससुरालवाले खड़े थे। गाते-बजाते वे हमें गाँव में ले गए। एक कमरे में बारात को ठहराया गया।

शादी की धूमधाम शुरू हुई, क्योंकि मेरी शादी के साथ-साथ दो और शादियाँ भी थीं, इस कारण काफी बाराती भी दिखाई दे रहे थे। जिधर देखा उधर जात-पंचायत के लोग गुटों में बैठे थे। शराब बाँटी जा रही थी। लोग गिलास-पर-गिलास शराब पी रहे थे। पुराने विवाद खोद-खोदकर निकाले जा रहे थे। दूल्हों को हल्दी चढ़ाई गई थी। हमारी बारात में अण्णा की पत्नी झगड़ने के लिए कारण ढूँढ़ रही थी क्योंकि जावली की उसकी बहन को मैंने नकारा था। लड़कीवालों ने बाबा के लिए कपड़े क्यों नहीं खरीदे—यह उसके झगड़े का कारण था। बात गम्भीर थी। इसलिए मेरे सभी भाई इस विषय पर एक हो गए। "वर के बाप का सम्मान क्यों नहीं किया जा रहा है ? वर का बाप हमारा है क्या ? इनकी यह पद्धति है क्या ?" आदि सवाल जोर-जोर से करने लगे। सबके सब मुझे गालियाँ देने लगे, "इसको हमने दस बार कहा था कि अरे, इस लड़की से शादी न कर। पर यह कहाँ मानता ? ले अब, बाप की बेइज्जती देख। तेरी माँ की..."

अन्त में बाबा ने सबको समझाया, "कपड़ों के लिए क्यों झगड़ते हो ? जाने दो।" उसने सबको शान्त किया। शादी का वक्त हो गया था। मिल के मेरे कामगार साथी साइकिल पर शादी में शामिल होने के लिए आए थे। पहले दत्तू की शादी हुई। बाद में मेरी शादी की तैयारियाँ शुरू हुईं। हनुमान मन्दिर के चबूतरे पर मुझे वे उठाकर ले गए। वहाँ एक दूसरे के हाथों में सुपारियाँ देकर वर-वधू के पिता एक-दूसरे से मिले। मुझे कपड़े दिए गए। कपड़े मिलने के बाद तो मैं अत्यधिक खुश हो गया। कीमती कपड़े थे। बूट-पैंट पहन मैंने शर्ट अन्दर किया। मैं आकर्षक दीख रहा था। लोग कहने लगे, "सभी दूल्हों में यही सर्वाधिक खूबसूरत दिखाई दे रहा है।" फिर गाते-बजाते वे मुझे मंडप में ले आए। सबको अक्षत (चावल के दाने) बाँटे गए। पंडितजी ने वधू को लाने के लिए कहा, आमने-सामने खड़ा कर दिया गया और शादी हो गई।

शादी के तुरन्त बाद अण्णा की पत्नी जानबूझकर झगड़ा करने लगी। जावली का शिवा, बाबूशाह और भाभी एक हो गए। बिना किसी कारण के वह झगड़ा करने लगी। मुझे गालियाँ देने लगी, अपमान करने लगी। यह शादी नहीं, बरबादी है, ऐसा कहने लगी। अण्णा ने भाभी की वहीं पिटाई भी की। रिश्तेदारों ने उन्हें रोका। अब एक-दूसरे को सम्मान के कपड़े पहनाए जा रहे थे। दादा नेग लेने बैठा। जब कोई नेग में कुछ

देता तब उसका नाम स्पीकर पर से घोषित किया जाता। उन दिनों मुझे स्पीकर से बोलने का बहुत चाव था। दादा के पास जब नेग आता, तो दादा उसे ले लेता और स्पीकर से नेग देनेवाले का नाम पुकारता। एक स्टील का गिलास नेग में आया, तो मुझे बहुत खुशी हुई। लगा कि कितना बड़ा उपहार मिल गया है ! मैंने गड़बड़ी में नेग में आए सारे पैसे दादा से ले लिए। नेग में तीस-एक रुपए मिले थे। मेरी शादी के लिए जो लोग आए थे उनका टिकट मुझे ही खरीदना था, इसलिए मैंने वे रुपए जेब में रख लिए। रात में, गाँव में हमारी बारात निकाली गई। मेरे कंधे पर रखे तौलिये और पत्नी के आँचल में गाँठ बाँधी गई। मैं आगे-आगे और मेरी पत्नी पीछे-पीछे चल रही थी। रुकवत* के समय फिर झगड़े शुरू हुए। रुकवत देखने के लिए मुझे पन्द्रह रुपए रखने पड़े। इस प्रकार मेरी शादी हो गई।

शादी के बाद पत्नी मेरे पास ही रहने लगी। आरम्भ के चार-पाँच दिन हम सभी अण्णा के पास रुके। कुछ ही दिनों में मेरा वेतन मिला। शादी के समय भाभी ने कुछ रुपए अपनी ओर से खर्च किए थे। अब वह पैसे माँगने लगी। कहने लगी, "शादी के समय बहुत खुश थे। अब पत्नी बगल में आ गई तो क्या पैसा लौटाना नहीं चाहते हो ? पहले मेरे पैसे दो।" मजबूरी में मैंने कुछ रुपए उन्हें दे दिए। अण्णा ने मुझे कहा, "तूने इसकी बहन के साथ शादी नहीं की है न, ये अब तुझे सताएगी।" वहाँ मैं पाँच-छह दिन रहा था। पर उन पाँच-छह दिनों में मेरी पत्नी से वह बहुत काम करवा रही थी। जान-बूझकर झगड़ा कर रही थी। परिणामतः मैंने यह तय किया कि अब अपने कमरे पर चला जाऊँ और एक दिन पत्नी को लेकर अपने कमरे पर चला आया। उन दिनों मेरे कमरे में बहुत थोड़ा सामान था। जर्मन की दो थालियाँ, लोटा, दो कटोरे, एक पतीली। इतने सामान पर मैंने अपने वैवाहिक जीवन की शुरुआत की। मेरी पत्नी के साथ उसकी दादी भी आई थी। इस तरह हम तीन और बाबा सहित चार लोग उस एक कमरे में रहने लगे। हरचंदा कभी मेरे पास, तो कभी अण्णा के पास रहने लगा। कमरा एक ही था। साढ़े तीन टीन से बना हुआ। इस कमरे का किराया बीस रुपए प्रतिमाह था। छोटे से वेतन में सबकी जरूरतें पूरी करना मुश्किल हो रहा था। शादी का सोसाइटी से लिया कर्जा था। इसलिए बहुत थोड़ा बचता था। आटे-नमक की भी मुश्किल होने लगी। मेरी हालत दिन-ब-दिन खराब होने लगी। इस हालत को देखकर बाबा फिर से नौकरी के लिए धनेगाँव वापिस चला गया। मेरे सिवा बाबा की देखभाल के लिए कोई तैयार ही नहीं था। बुढ़ापे में मैं उसे आधार देने को तैयार था। दे भी रहा था। पर मेरी हालत देखकर वह खुद धनेगाँव लौट गया। मैं सोचने लगा कि बेकार शादी की। मैंने बाबा से कहा, "बाबा, अब तू नौकरी मत कर। यहाँ थोड़ा-बहुत जो भी मिलेगा, खाकर पड़ा रह।" तब बाबा ने कहा, "नहीं लक्ष्मण, आज तेरी स्थिति अच्छी

* रुकवत : विवाह के तुरन्त बाद वधू-पक्ष की ओर से वर-पक्ष को जो वस्तुएँ भेंट रूप में दी जाती हैं, उनको सजाकर रखा जाता है। सर्वप्रथम वर इसे देखता है, बाद में सभी लोग। इसे देखने के लिए वर से पैसे माँगे जाते हैं।

नहीं है। जैसे ही तेरी हालत ठीक हो जाएगी, मैं लौट आऊँगा। तब तक तू कर्ज से हल्का हो जा। हरचंदा की ओर कोई देखता नहीं, तू उसे देख।" घर की इस बिगड़ती हालत से पत्नी की दादी भी वापिस जाना चाहती थी, पर यह सुन पत्नी रोने लगती। एक ही कमरा था, इस कारण संकोच से मैं देहरी के बाहर सोता। पत्नी और उसकी दादी भीतर कमरे में सोतीं। कभी किसी दिन देर रात दादी उठकर बाहर आती और मुझे भीतर जाने के लिए कहती। भीतर जाने की मेरी भी बहुत इच्छा होती, पर संकोच के मारे मैं हिम्मत न करता, क्योंकि वह बूढ़ी औरत अन्ततः मेरी ददिया सास जो थी। मैं उसे मामी कहता। यह मामी कुछ दिन तो रोज मुझे भीतर भेजती थी। अगर किसी दिन बारिश हो जाती तो हम सब एक ही कमरे में सो जाते। ऐसे में अगर कोई रिश्तेदार आ जाए तो परेशानी बढ़ जाती थी। पैर फैलाने की भी जगह नहीं मिलती थी। रात में पेशाब को उठना भी मुश्किल हो जाता।

हरचंदा अगर कभी मिरगी से परेशान हो जाता अथवा मेरी जाति का पता किसी को लग जाता तो मुझे कमरा बदलना पड़ता था। घर-मालिक और अड़ोस-पड़ोस के लोग इसकी शिकायत करते और कमरा छोड़ने पर मजबूर करते। लातूर जैसे कस्बे में मैंने उन्नीस बार कमरा बदला है। मैं जाति छिपाकर ही जी रहा था। पर किसी-न-किसी दिन जाति का पता चल ही जाता था। मामी हम दोनों को इकट्ठे सोने के लिए कहती। मेरी पत्नी की आयु उन दिनों चौदह-पंद्रह वर्ष की थी। कुछ दिन और चले गए। एक ठाकुर के यहाँ मैं कमरा देख आया। कमरा बड़ा था। ऊपर चार टीन, लाइट और फर्श भी था। चालीस रुपए किराया था। पहले की घर मालकिन अच्छी थी। वहाँ से जाने नहीं दे रही थी। परन्तु एक दिन उसने हरचंदा को मिरगी की स्थिति में देखा तो वह भी बदल गई। मैं ठाकुर के यहाँ आ गया। मेरे घर का पूरा सामान एक थैले में आ सकता था।

थैले में सामान भरकर मैं इस नए कमरे में आया। अब मैं पत्नी के साथ ढंग से बात कर सकता था। मेरी पत्नी पूर्ण देहाती और गँवार थी। उसे शहर का कुछ भी मालूम नहीं था। वह अशिक्षित थी। उसकी मातृभाषा तेलुगु थी, इस कारण वह ठीक से मराठी भी नहीं बोल पाती थी। मैं तेलुगु बोल सकता था और समझ भी सकता था। पर उसमें मेरी बहुत अधिक गति नहीं थी। इस कारण शुरुआत में उससे बातचीत करने में मुझे बड़ी तकलीफ हुआ करती थी। ड्यूटी पर जाने के पूर्व मैं कभी-कभार पत्नी से कहता, "देखो राकेल या जलाऊ लकड़ी मँगा लेना।" तब वह पूछती, "क्या कहा आपने ?" फिर से दोहराता। मुझे लगता कि शायद इसे ठीक से सुनाई नहीं देता। परन्तु यहाँ स्थिति कुछ दूसरी थी। कुछ दिनों बाद मुझे पता चला कि वह राकेल या जलाऊ लकड़ी का अर्थ ही नहीं जानती। शादी हुए करीब दो महीने हो गए। हम दोनों मजे में जी रहे थे। परन्तु हमारा ऐसा जीना शायद औरों को पसंद नहीं था। खासकर जावली के लोगों को। शायद उन्होंने यह तय किया था कि लक्ष्मण ने हमारी लड़की को नकारा है तो हम भी उसे यूँ ही नहीं छोड़ेंगे। मैं जब ड्यूटी पर चला जाता तो घर पर पत्नी

अकेली ही रहती। इसी समय मँझली भाभी वहाँ आ जाती। मेरे सम्बन्ध में बहुत गलत और गन्दी बातें मेरी पत्नी से कहती। जावली के शिवा और बाबूशाह भी जान-बूझकर मेरी पत्नी के कान भरते। इस कारण बाद में हम पति-पत्नी में झगड़े होते। पत्नी अगर अकेली बाहर खड़ी होती तो मुझे उसके सम्बन्ध में शंका होती। परिणामतः मैं उसकी बेतहाशा पिटाई करता। मँझली भाभी मुझे आकर धीरे से कहती, "छबू (मेरी पत्नी) का चाल-चलन ठीक नहीं है। तूने बेकार में उससे विवाह किया है।" यह सुन मैं पत्नी पर बिगड़ उठता। ड्यूटी पर चले जाने के बाद मेरे पीछे पत्नी क्या करती है, उसे देखने मैं भोजनावकाश में साहब से कुछ बहाना बनाकर साइकिल पर घर लौटता। पत्नी घर में ही है कि नहीं, इसे देखता। पत्नी घर पर ही मिलती। जब से मँझली भाभी ने पत्नी के सम्बन्ध में गलत बातें कह दिमाग में सन्देह का कीड़ा घुसा दिया था, तब से पत्नी के प्रति मुझे नफरत महसूस हो रही थी। दो-तीन माह में ही उसे छोड़ देने के विचार सिर में घूमने लगे। एक दिन मैं ऐसे ही अचानक घर लौटा। पत्नी घर पर नहीं थी। शिवा की मामी पड़ोस के एक बाड़े में रहती थी। शिवा के घर की मालकिन के साथ पत्नी गप्पें मार रही थी। मैं मँझली भाभी के घर गया। उनसे पूछा कि छबू कहाँ है ? तब यह भाभी जख्म पर नमक डालते हुए कहने लगी कि शिवा के कमरे पर बैठी होगी। यूँ शिवा इस भाभी का सगा भाई था। दिमाग पहले से ही गरम था। फिर क्या, पास के इमली के पेड़ पर मैं चढ़ा, एक शाखा तोड़ ली। पत्ते निकाल फेंके। पत्नी को वह दिखाई न दे, इस तरह शर्ट के भीतर रख लिया। मँझली भाभी के घर से पत्नी को बुला लाया। इसके पूर्व यह भाभी मुझे कई बार कह चुकी थी कि पैरों की जूती पैरों में ही रहनी चाहिए। मुझे भी लगता कि मेरी पत्नी अगर किसी की ओर आँख उठाकर देखे तो उसकी आँखें फोड़ डालनी चाहिए और आज जब मैं घर लौटा था, तब पत्नी घर पर नहीं थी। पड़ोस में गई थी। मुझसे बगैर पूछे गई थी। मेरी अनुमति के बगैर वह कहीं पर भी, किसी के यहाँ जाती है, यह देख मैं भड़क उठा था। मँझली भाभी ने इस बीच और अधिक भड़काने का काम किया था। पत्नी सामने बैठी थी। मैंने धीरे से पत्नी को कहा, "सीधे भीतर चल, घर में चूहे बहुत रोटियाँ खा रहे हैं। उन्हें निकाल बाहर कर।" तब पत्नी भीतर गई। मैं भी तेजी से भीतर गया। भीतर से मैंने कुंडी लगा दी। पत्नी ने रोना शुरू किया। फिर मैंने शर्ट से इमली की वह गीली लकड़ी निकाली और लगा पीटने। इतनी पिटाई की, इतनी क्रूरता से की कि वह मेरे पैरों पर लोटने लगी, विनती क़रने लगी। कहने लगी, "मैंने तो कुछ नहीं किया है। तुम्हारे पैरों पड़ती हूँ।" पर मैं रुक कहाँ रहा था ? इस बीच अण्णा लौटे। उन्होंने दरवाजा खटखटाया। मैंने दरवाजा खोला। बाहर मँझली भाभी खड़ी थी। कहने लगी, "मार लक्ष्मण ! मार, डर मत। मैं हूँ तेरे साथ। कवठा के उन लोगों को इस गली तक नहीं आने दूँगी।" यह सुन अण्णा भड़क उठा। लक्ष्मण इतनी क्रूरता से अपनी पत्नी की पिटाई कर रहा है, तब मेरी पत्नी यह तमाशा देख रही है, उसे रोक नहीं रही है, उलटे अब और भड़का रही है, यह देख वह मँझली को गालियाँ देने लगा। कहने लगा, "अरे, अभी-अभी शादी

हुई है, जानवर की तरह क्यों मार रहा है ?" पत्नी रो रही थी। यूँ मैंने पहली बार पत्नी की पिटाई की थी। मैंने उससे कहा, "चल, चुपचाप घर चल।" पिटाई के भय से वह चुपचाप निकली। उसकी पीठ पर लकड़ी के निशान उभर आए थे। उसका रंग गोरा-चिट्टा था, इस कारण पीठ लाल हो गई थी। मुझे अब बहुत बुरा महसूस होने लगा। पर मँझली भाभी ने दिमाग में जो कीड़ा घुसाया था, उसकी याद आते ही गुस्सा बढ़ जाता था। उस समय मेरे मन में उसके प्रति जरा भी प्रेम नहीं था।

दूसरे दिन मैं रोज की तरह काम पर गया। दिन की पाली में था। मेरे निकल जाने के बाद मँझली मेरे घर पर आई। मेरी पत्नी से कहने लगी, "जा, यहाँ से भाग जा। इसके साथ मत रह।" पिटाई के भय से और मँझली के कहने से मेरी पत्नी मेरे ड्यूटी से लौटने के पहले ही साड़ी, ब्लाउज लेकर निकल गई। उसे लातूर की कोई जानकारी नहीं थी। लातूर में उसका एक रिश्तेदार था। वह उसके घर चली गई। मँझली ने मुझे इसकी सूचना मिल में भिजवा दी। पत्नी का रिश्तेदार पत्नी को लेकर मेरे कमरे पर आ गया। उसे वहाँ पहुँचाकर वह चला गया। इससे पत्नी के प्रति मेरा गुस्सा और भी बढ़ गया। मैंने फिर से उसकी पिटाई की। वह चुपचाप मार खा रही थी। दूसरे दिन उसका भाई आ पहुँचा और कहने लगा, "मैं अपनी बहन को लेने आया हूँ।" मैंने कहा, "मैं नहीं भेजता।" उसका भाई समझदार था। बड़ी आत्मीयता से वह मुझे कई बातें समझाने लगा। कहने लगा, "आप नव-विवाहित हैं, ऐसा तो चलता रहेगा। अब मैं इसे ले जाता हूँ। एकाध सप्ताह में भेज दूँगा।" इतनी पिटाई के बावजूद पत्नी कहने लगी, "सचमुच मैं आठ दिन में आ जाऊँगी। मुझे भेज दीजिए। माँ से मिलने की इच्छा है।"

वास्तव में यह उसकी योजना ही थी। एक बार यहाँ से निकल जाने के बाद वह फिर से वापस नहीं आना चाहती थी। मेरा साला मेरे भाई से बहुत विनती करने लगा। अण्णा ने मुझसे कहा, "भेज दो।" अन्ततः मैंने कहा, "जाओ।"

शिवा और मैं अलग-अलग पाली में थे। परन्तु कुछ दिनों बाद हम दोनों एक पाली में आ गए। हम दोनों साथ-साथ ड्यूटी पर निकलते थे। कुछ ही दिनों में शिवा और बाबूशाह में झगड़ा हो गया। बाबूशाह शिवा का सौतेला भाई था। शिवा की सगाई कवठा में ही हुई थी। इस कारण शिवा मुझसे आत्मीयता जतलाने लगा। तब शिवा से मैंने कहा, "ससुरालवाले मेरी पत्नी को भेज नहीं रहे हैं। ठीक है, कभी-न-कभी जब वह आएगी तो तब उसको बताऊँगा कि मैं क्या हूँ।" मैं शिवा से उमर में बड़ा था। शिवा जाधव और मैं गायकवाड़। इस कारण शिवा मेरी पत्नी को अक्का (बड़ी बहन) कहा करता था। मैंने शिवा से कहा कि मँझली भाभी ने उसकी अक्का के सम्बन्ध में मुझे यह सब कहा है और शिवा को मैंने सबकुछ बतला दिया। सब सुनने के बाद शिवा ने कहा, "बात ऐसी नहीं है। सच्चाई मैं बतलाता हूँ।" वह कहने लगा, "तुम दोनों सुख से न जी सको, तुममें झगड़ा हो, अक्का को (पत्नी छबू) को तुम त्याग दो, ऐसी उनकी कोशिश हो रही है। इतना ही नहीं, अक्का के कानों में तुम्हारे बारे में गलत-सलत कहा गया है। कोशिश ऐसी की जा रही है कि अक्का भी मैके से न लौटे। केवल इसी उद्देश्य

से तुम दोनों में झगड़े लगाए गए हैं। मेरी बहन अर्थात् तुम्हारी मँझली भाभी जान-बूझकर तुम दोनों में सन्देह पैदा कर रही है। काम पर से तेरा लौटने का वक्त हुआ कि वह जान-बूझकर अक्का को बुला लेती थी। तेरे घर लौटने पर वहाँ तेरी पत्नी न हो और तू चिढ़ जाए—ऐसी उसकी इच्छा थी। तेरा गुस्सा बढ़े इसलिए अक्का के सम्बन्ध में तेरे दिमाग में गलत-सलत बातें वह भरती रही है। तू बड़ा बदमाश है, पिटाई करनेवाला है, ऐसा वह अक्का से कहती और भाग जाने के लिए उसे उकसाती। तुझे कुछ कहती और उसे कुछ। यह सब इसलिए कि तू अक्का को छोड़ दे और तेरी शादी अपनी बहन से कर सके। अब तू बहुत परेशान हो रहा है। इसलिए असलियत बता रहा हूँ। अब तू किसी की मत सुन।"

मेरा दिमाग अचानक चमक उठा। पता लग गया कि मेरा हँसता-खेलता वैवाहिक जीवन ध्वस्त करनेवाले मेरे अपने ही लोग हैं। तब से मैं बहुत सजग हो गया। पत्नी को बुला लाने के लिए मैंने अपने भाई को ससुराल भेजा। मेरी पत्नी का एक भाई उठाईगीरी करता था। पिछली घटना से वह मुझ पर खार खाता था। उसने भाई से कहा, "लक्ष्मण को ही भेजो। उसने मेरी बहन की इतनी पिटाई की है कि उस याद से बहन अभी भी रोती है। उसकी यह शरारत मुझे पसन्द नहीं है। वह कौन ऐसा जागीरदार बना बैठा है। जब तक वह नहीं आएगा, मैं बहन को नहीं भेजूँगा।" मजबूर होकर मैं ससुराल गया। मेरी सास मुझे देख हुमस-हुमसकर रोने लगी। कहने लगी कि आप किसी और की न सुनिए। आप दोनों का नया संसार है, ठीक से रहिए। मुझे वहाँ आग्रह से रोक लिया गया। उन्होंने मुझे और पत्नी को नए कपड़े दिए। मैं लातूर लौटा, साथ में मेरी दादी-सास थी।

अब मैं पत्नी से ठीक बर्ताव करने लगा। मैंने उससे वे सारी बातें कहीं, जो मँझली भाभी तथा उसके भाई मुझसे कहा करते थे। तब पत्नी ने भी मुझसे कहा कि वे लोग मेरे सम्बन्ध में उसे क्या-क्या कहा करते थे। अब हम दोनों सजग हो गए। ठीक से रहने लगे। हमारे साथ दादी-सास थी ही।

दादी-सास कुबड़ी थी सो झुककर चलती। एक दिन मैंने उनसे पूछा कि आप झुककर क्यों चलती हैं ? तब उसने कहा, "पुलिसवाले ने पीट-पीटकर मेरी ये हालत कर दी है। मेरा एक लड़का था राम। चोरी करने में वह बहुत चालाक था। छबू जब छोटी थी तब की यह बात है। उसने किसी की जेब काटी। उसमें दस हजार रुपए मिले। जिसकी जेब कटी वह पुलिस-स्टेशन गया। फिर क्या था ! गाँव में 25-30 पुलिसवाले आए। हमारी बिरादरी की पिटाई क्रूरता से करने लगे। पूछने लगे, 'बताओ रुपए कहाँ रखे हैं ?' तब मैंने वे सारे रुपए गाँव के बाहर स्थित एक पेड़ के निकट जमीन खोदकर सुरक्षित रख दिए थे। पुलिसवालों ने पूरे गाँव को घेर लिया। दूसरे दिन मैं चुपके से गुदड़ी सिर पर ओढ़े शौच के बहाने उस पेड़ के पास गई। पुलिसवालों को पता चला कि एक बुढ़िया घर से निकल गई है। गुस्से से पुलिसवालों ने प्रत्येक घर की तलाशी ली और औरतों सहित सबको बेतहाशा पीटने लगे। पूछ रहे थे कि बुढ़िया कहाँ गई

है ? कोई बता ही नहीं रहा था। अन्ततः उन्होंने मुझे ढूँढ़ निकाला, बहुत मारा और एक चबूतरे पर से उठाकर फेंक दिया। 'बता, रुपए कहाँ हैं ?' वे पूछते और मैं कहती, 'कुछ पता नहीं।' उन दिनों मेरी ससुराल की हालत बहुत अच्छी थी। परचून की दुकान थी, सिलाई मशीन थी। पुलिसवालों ने पूरी दुकान का माल जब्त कर लिया। सारी चीजें फेंक दीं। इसके बावजूद भी पुलिसवालों के हाथ रुपए नहीं लगे। उन्हीं रुपयों से बाद में मैंने जमीन खरीद ली। गाँव के लोग कुछ न कहें—इसलिए उन्हें भी कुछ हिस्सा दिया।'' यह बूढ़ी और मेरे ससुर पुलिस की मार खा-खाकर विकलांग हो गए हैं।

अब मैं मजे की जिन्दगी जी रहा था। हरचंदा की देखभाल कोई भी नहीं करना चाहता था, क्योंकि हरचंदा काम नहीं कर पा रहा था। किसी भी क्षण उसे मिरगी का दौरा आ जाता था। बाबा के कहने पर मैंने हरचंदा को सब्जी बेचने के लिए कहा। मैं और बाबा दोनों नहीं चाह रहे थे कि वह भीख माँगे। बाबा गाँव से सब्जियाँ भेजता। हरचंदा उन्हें बेचता। मेरे थोड़े से वेतन में सभी खर्चे नहीं चल पा रहे थे। दुकान की उधारी बढ़ती जाती। नौकरी के कारण दुकानदार उधार न देते। वेतन आया कि दुकानदार को सारा पैसा लौटाना पड़ता। हाथ में कुछ नहीं रहता। बाद के 15-20 दिन बड़ी मुश्किल से कटते। पत्नी के कारण खर्च भी बढ़ गया था। हरचंदा को सँभालना मुझे भी मुश्किल-सा लग रहा था। ''तू मुझसे बड़ा होकर भी काम नहीं करता, कुछ कमाता नहीं,'' मैं उसे अकसर कहता और गालियाँ देता। कभी-कभार मैं उसे मारता था। इस कारण वह कभी-कभी, किसी काम पर चला जाता। कभी किसी मिस्त्री के यहाँ पत्थर उठाने या टोकरियों में रेत भरने का काम करता। पाँच-दस रुपए ले आता। परन्तु मजदूरी का ऐसा काम करते समय उसे जब मिरगी का दौरा आ जाता, तो वह वहीं गिर जाता। इस कारण मिस्त्री उसे दोबारा काम पर नहीं लेते थे। बाबा कभी-कभी लातूर आता। कैसे, क्या चल रहा है, पूछताछ करता। मैं हरचंदा की शिकायतें करता। फिर क्या, बाबा उसकी पिटाई करता। एक दिन तो मैंने पत्नी से कह दिया कि हरचंदा जब तक मजदूरी करके कुछ लाएगा नहीं, तब तक उसे तू खाना मत दे।

हरचंदा लातूर के बाजार में भटकता था। केले या कुछ और चीजें चुराकर खा लेता था। कभी भीख माँगता, पर काम नहीं करता था। मेरी खस्ता हालत थी ही। मैं उसे कितने दिनों तक सँभालता ? इस कारण एक दिन चिढ़कर मैंने उससे कहा, ''भीख माँगकर तू यहाँ मत रह। जा, कहीं दूसरी जगह जाकर मर।'' घर-मालकिन उसे घर से बाहर सोने नहीं देती थी। कमरा बदलने के लिए वह कह रही थी। एक दिन बड़ी बारिश हो रही थी। हरचंदा रोज रात किसी समय कमरे के बाहर आकर सो जाता था। उस दिन कमरे को भीतर से बंद कर वह अन्दर बैठ गया। पत्नी घर-मालकिन के पास बैठी थी। भाई-भाभी मुझे कमरे के बाहर निकाल देंगे, बाहर तो बारिश है, इस भय से हरचंदा उस दिन कमरे के भीतर ही बैठा रहा। मैं ड्यूटी से रात बारह बजे घर आया। पत्नी ने कहा कि हरचंदा कुंडी नहीं खोल रहा है। भीतर बैठा है। बाहर बारिश हो रही है। मैंने गुस्से से दरवाजा खटखटाया, कहा कि ''दरवाजा खोल।'' उसने दरवाजा खोल

दिया। मैं काफी गुस्से में था, मैंने उसे बहुत गालियाँ दीं। गरीबी और गुस्से के कारण मैंने अपने सगे भाई से कहा, "जा, कहीं भी जा। मर, भीख माँग। पर यहाँ मत आ। कल अगर लातूर में दिखलाई दिया, तो याद रख पुलिसवालों से तुझे पकड़वा दूँगा। पुलिस पहले से जानती है कि तू उठाईगीर है।"

गुस्से में मैंने उसके सारे कपड़े बाँध दिए। वह चुपचाप खड़ा यह सब देख रहा था। बाहर बारिश थी। वह जाना नहीं चाहता था। कपड़ों की छोटी-सी गठरी उसके हाथों में जबरदस्ती थमाकर मैंने उसे घर से बाहर निकाल दिया। अन्ततः रोते हुए वह बोला, "जोगवा माँगकर खाने के लिए कम-से-कम मुझे वह परड़ी तथा कौड़ियों की माला तो दे दो। जाता हूँ मैं यहाँ से। मुँह काला करता हूँ। फिर कभी नहीं आऊँगा तुम्हारे पास, न किसी भी भाई के पास।" मैंने उसे कौड़ियों की माला और परड़ी दे दी। उसे गए आज तेरह वर्ष हो गए। गरीबी के कारण सगे भाई को मैंने घर से निकाल बाहर किया था। सगा भाई हमेशा के लिए निकल गया। बाद में मैं बहुत पछताया। उसकी खोजबीन करते बहुत घूमा। कुर्डुवाड़ी, बार्शी आदि स्थानों पर जाकर भिखारियों से मिला, पूछताछ की। पर हरचंदा का पता नहीं। वह जिन्दा है या नहीं, कुछ पता नहीं। कभी-कभी उसकी याद आती है, तो कलेजा निकल जाता है। गरीबी ने मुझे किस मुकाम पर खड़ा कर दिया था। केवल गरीबी के कारण मैं सगे भाई को नहीं सँभाल सका था। मुझे लगता है कि अब वह इस संसार में नहीं होगा।

साले की गली में आए मुझे बहुत दिन हो गए थे। गरीबी के कारण बाड़े के अन्य किराएदार मुझसे ठीक से बात तक न करते। मैंने कमरा बदल दिया और काफी दूर जाकर रहने लगा। एक दिन मैं बाबा के यहाँ गया। वह बहुत बीमार था। उसे लातूर लाना जरूरी लगा। हरचंदा का तो पता नहीं था। कम-से-कम बाबा की तो देखभाल करूँ, इस इच्छा से मैं उसे लातूर ले आया। वह तैयार नहीं था। फिर भी मैं उसे ले आया। अण्णा ने भी कहा कि बाबा की देखभाल करनी चाहिए। उसका खर्चा हम दोनों आपस में बाँट लेंगे। बाबा लातूर आ गया। बाबा शायद बगैर काम के जी नहीं सकता था। नौकरी के अलावा कुछ करने की मेरी भी इच्छा थी। घर पर सब्जी की दुकान चलाने का मैंने निर्णय लिया। 15-20 रुपए की सब्जी लाकर मैं बाबा को सौंपता। पर बाबा को ठीक से तौलना आता ही नहीं था। उसे तौल समझ में नहीं आते थे। ग्राहक 250 ग्राम माँगता तो बाबा 500 ग्राम देता। इस कारण फायदा तो दूर नुकसान ही होने लगा। इसलिए मैंने पत्नी से कहा कि वह बाबा के साथ बैठे। पत्नी भी गँवार ही थी, पर थी समझदार। कुछ ही दिनों में वह सारा व्यवहार समझ गई। इस कारण अच्छा फायदा होने लगा। इसलिए स्थायी रूप से मैंने रात की ड्यूटी ले ली। रोज सबेरे थोक-बाजार से सब्जी लाने के लिए समय मिलने लगा। अब आर्थिक परेशानियाँ कम होने लगीं। यूँ मिल के काम से मैं ऊब गया था। कपास के सूक्ष्म कण साँस के साथ भीतर जाते और मजदूर बीमार हो जाते। इच्छा होती कि यह नौकरी छोड़ दूँ। मजेदार बात देखिए कि अपने पुरुषार्थ का प्रदर्शन करने के लिए मैं घर पर पत्नी को गालियाँ

देता और पिटाई करता तो मिल में अधिकारी लोग मेरे साथ वही सलूक करते। सुपरवाइजर तो मजदूरों को अपनी पत्नी समझकर ही पिटाई करते थे, गन्दी गालियाँ दिया करते थे। मशीन अगर गन्दी हुई तो बीच में ही काम रोककर घर वापिस भेज देते थे। खाना खाने में थोड़ी सी देरी हुई तो गीली लकड़ी से पीटते थे। खाने के लिए केवल पन्द्रह मिनट का अवकाश हुआ करता था। नियमानुसार भोजनावकाश आधा घंटे का था। परन्तु ये लोग 15 मिनट में ही वापस बुला लेते थे। ऐसी कई गलत और गैरकानूनी बातें मिल में चल रही थीं। मैं सोचने लगा कि यहाँ एक संगठन की जरूरत है। संगठन बनाना होगा, इससे कामगारों की मारपीट बन्द हो जाएगी। इस प्रकार की पहल अगर कोई करता तो उसे अधिकारी लोग तुरन्त नौकरी से निकाल बाहर करते। इस कारण कोई हिम्मत ही नहीं करता था। मशीन पर काम करनेवालों को दिन-भर में सात रुपए मिलते थे। अन्य कामों के लिए चार रुपए। 'मशीन गन्दी है' का बहाना कर कई बार मुझे मशीन के काम पर से हटाया जा चुका था। जो मजदूर जॉबर को खुश रखते थे, उसे पार्टियाँ देते थे, उन्हें ही मशीन पर अधिक काम मिलता था। सिफारिश पर ही काम मिलता था। कई बार तो जॉबर और सुपरवाइजर अपने डिब्बे माँजने के लिए मुझसे कहते। मैं बड़ा बेचैन हो जाता, अपमानित होता। पर मजबूरी जो थी। कुछ कहूँ तो नौकरी से निकाल देंगे—यह डर था। नौकरी से अगर निकाल देंगे तो करूँगा क्या ? गाँव में घर नहीं। गाँव की ओर लौटने की कल्पना से ही मैं भयभीत हो जाता। वहाँ एक तो खेत में मजदूरी करने जाओ, मजदूरी न मिले तो चोरियाँ करो। इस कारण मिल में होनेवाले इन अन्यायों के खिलाफ सुलगते असन्तोष के बावजूद मैं खामोश था। किसी दूर प्रदेश से एक व्यक्ति हमारी मिल में साइडर के रूप में काम करने आया था। उसने मुझे साइडर कर दिया। उसका नाम था रामन्ना। एक दिन खाना खाते समय मैंने उससे पूछा, "रामन्ना, तू आज तक कितने स्थानों पर नौकरी कर चुका है?" उसने कहा "मैं गोकाक में था। और कई स्थानों पर था। पर लातूर की तरह किसी भी मिल में ऐसी तकलीफें नहीं दी जातीं।" मैंने पूछा, "क्यों नहीं दी जातीं ?" उसने कहा, "वहाँ कामगारों के संगठन हैं। नेता लोग ऐसा अन्याय नहीं होने देते।" मैंने उससे कहा, "अगर मैं इन अन्यायों के विरुद्ध उठ खड़ा हुआ तो क्या होगा ?" उसने कहा, "अगर तू ऐसा करेगा तो सभी कामगार तुझे सिर पर उठाकर नाचेंगे। लोग तेरी इज्जत करेंगे।" कुछ दिन और चले गए। सब्जी बेचने का मेरा धन्धा ठीक से चल रहा था। इस कारण मिल की नौकरी का कोई विशेष भय अब नहीं था। जब जॉबर मुझे मारने लगता, तो मैं भी गुस्से से उसकी ओर देखने लगता। ऐसे में एक मई का दिन आया। वह दिन महाराष्ट्र में 'महाराष्ट्र दिवस' और 'कामगार दिवस' के रूप में मनाया जाता है। मैंने कैन्टीन में मजदूरों की एक बैठक बुलाई। उस दिन की सभा में मैनेजर ने पूछा कि क्या किसी को कुछ बोलना है ? स्टाफ का कोई भी आदमी तैयार नहीं हुआ। ऑफिस के बाबू लोगों में से भी कोई तैयार नहीं था। तब मैं पूरी हिम्मत के साथ उठा। मैंने पूछा, "क्या मैं बोल सकता हूँ ?" सभी मजदूर मेरी ओर आश्चर्य से देखने लगे।

साहब ने कहा, "बोलो !" स्कूल के भाषणों के कारण मुझमें भाषण करने की हिम्मत तो थी ही।

मैं साहब की टेबल के पास गया। हाथ-पैर काँप रहे थे। बावजूद इसके मैंने भाषण की शुरुआत की, "हम लोगों का शरीर काम क्यों करता है ? हाथ, पैर, पेट, सिर सभी हिस्से अपना-अपना काम करते हैं इसलिए। ठीक इसी तरह मिल के कुछ लोग आफिस में हैं, कुछ साहब हैं, सबका काम भिन्न-भिन्न होते हुए भी हम सब एक हैं। एकता की भावना लेकर ही हमें काम करना चाहिए। साहब और हम मजदूर दोनों मिलकर ही महात्मा गाँधी का स्वप्न पूरा कर सकते हैं।" इतना कहकर मैं अपनी जगह पर लौट आया। सभी मजदूर तालियाँ पीटने लगे। मैनेजर उठा। मेरा भाषण उसे बहुत अच्छा लगा, इसलिए उसने मुझे ग्यारह रुपए इनाम में दिए।

अब अलबत्ता जॉबर और सुपरवाइजर मुझे कहने लगे, "लक्ष्मणराव, उस दिन तो तुमने बहुत अच्छा भाषण किया। बाबा रे, हम लोग तो साहब के सामने जाने से डरते हैं। तू तो साहब के निकट खड़ा रहा और भाषण दिया। तेरी हिम्मत है।" इससे हुआ इतना ही कि सब मुझे पहचानने लगे। जॉबर लोग मुझे साइट (मशीन पर) का काम देने लगे। पर मैं उनसे खुश नहीं था क्योंकि वे मजदूरों को बहुत पीटते थे। हाजिरी नहीं लगवाते थे। दो मिनट की देरी हो जाए तो घर वापिस भेज देते थे। बहुत मामूली कारणों से 15-15 दिन घर बैठाते थे। आठ घंटे काम करने पर कार्ड पर चार घंटे ही लिखते थे। इन बातों से मैं बहुत बेचैन हो जाता। मजदूरों की हालत इतनी बुरी थी कि वे किसी के खिलाफ बोल ही नहीं सकते थे। उनकी हिम्मत ही नहीं होती थी। रातपाली के मजदूर समय से पहले आकर मिल में सो जाते थे। भोंपू हो जाने पर भी वे जागते नहीं थे। मशीन की आवाज इतनी तेज हुआ करती थी कि मिल देखने के लिए शहर से जो लोग आते थे, वे अपने कानों में उँगलियाँ डाल लेते थे। कपास के सूक्ष्म कण साँस में भीतर जाएँगे, इस भय से नाक पर कपड़ा रख लेते थे। एक मशीन पर काम करने वाले को दूसरी मशीन पर काम करने वाला अगर बुलाना चाहता, तो उसे सीटी बजानी पड़ती थी या इशारा करना पड़ता था। ऐसी आवाज में भी मजदूर सो जाते। मशीन की इतनी आवाज में वे प्रेतों की तरह सोते। ऐसी स्थिति में जब दूसरी बार भोंपू बजता और तब भी मजदूर न जागते तो जॉबर गीली लकड़ियों से इन सोए हुओं को बेतहाशा पीटने लगता। नींद में मार इतनी जोर से लगती कि छठी का दूध याद आता। इस पर अगर एकाध न जाग पाता तो सुपरवाइजर अपने बूटों की ठोकरें उन पर जमाता। "उठ साले, ...तेरी माँ की...भैंस की तरह पड़ा है। काम तेरा बाप करेगा !" गालियाँ और बूटों की मार ! कई बार तो मजदूर इस पिटाई के भय से नौकरी ही छोड़ देते। कभी-कभार कुछ मज़दूर बाहर सड़क पर 5-10 लड़कों को लाकर उनसे जॉबर की पिटाई कर अपने अपमान का बदला ले लेते और हमेशा के लिए नौकरी छोड़ देते थे।

एक बार की घटना है। मशीन गन्दी थी और मेरी ड्यूटी रात के ग्यारह से सबेरे तक की थी। मैं दिन-भर सो नहीं पाया था। मशीन पर काम करते-करते धागा पकड़कर

मैं सो गया। इस बीच जाधव नामक सुपरवाइजर वहाँ आया। मशीन पर कपास फैली हुई थी। मेरे निकट आकर वह खड़ा हो गया। मुझे पता ही नहीं चला। उसी हालत में उसने मुझे मशीन पर ढकेल दिया। मेरा दायाँ हाथ मशीन पर गिर गया। उँगली का मांस निकल गया। हड्डी दिखाई देने लगी। रक्त बहने लगा। बावजूद इसके जाधव ने कहा, "हरामखोर, सोता है ! क्या यह बाप की जायदाद है ? मजदूरी नहीं लेता है क्या ?" मुझे बहुत गुस्सा आया, पर पेट की मजबूरी के कारण कुछ कहने की हिम्मत ही नहीं हुई। जाधव ने दवाखाने के लिए चिट्ठी लिखकर दी। पर उस दिन उसने मुझे काम नहीं करने दिया।

सूत मिल के मजदूरों की हालत बहुत ही खराब थी। हमारी यूनियन (इंटक) दीपावली पर बोनस लेने के लिए ही थी। उसका ऑफिस कहाँ है, नेता कौन है, कुछ भी मालूम नहीं था। वेतन के साथ वर्ष-भर में हमें केवत तीन ही दिन की छुट्टियाँ दी जाती थीं—15 अगस्त, 1 मई, 26 जनवरी। इस 15 अगस्त को मजदूरों पर होनेवाले अन्यायों के खिलाफ भाषण देने का निर्णय मैंने मन-ही-मन ले लिया।

"जो कुछ होना है, होने दो," कुछ मजदूरों ने मुझसे कहा, "लक्ष्मण, इस बार तुझे मजदूरों के अन्याय के खिलाफ बोलना ही चाहिए। पिछली बार तू साहब की ओर से बोला था। हमारी पिटाई होती है—ऐसा तू बोल, फिर हम तुझे मानेंगे।"

अन्ततः 14 अगस्त का दिन आया। "कल सबेरे सभी मजदूर झंडावंदन पर आएँ। कल छुट्टी है।" यह सूचना लग गई। मुझे क्या बोलना है—इस पर मैं रात-भर सोचता रहा। दूसरे दिन मैं सबेरे इस्त्री किए कपड़े पहनकर पहुँचा। दो हजार मजदूर आए थे। सभी झंडे के सामने खड़े हो गए। मैनेजर ने झंडा फहरा दिया। राष्ट्रगीत के बाद सभी मजदूर मेरी ओर देखने लगे। मजदूरों में से बोलनेवाला कोई भी नहीं था। 'आज गायकवाड़ क्या बोलेगा' इस पर सबका ध्यान था। मैनेजर ने पूछा, "गायकवाड़ आया है क्या ?" मैंने कहा, "हाँ साहब।" उन्होंने कहा, "बोल, चार शब्द, बोल।" मेरा पिछला भाषण उन्हें अच्छा लगा था। बच्चा होशियार है, मजदूरों को समझाएगा—ऐसी उनकी धारणा बन चुकी थी। पर उन्हें इस बात की कल्पना नहीं था कि आज मैं क्या बोलने वाला हूँ।

मैं मैनेजर के निकट गया। मैंने अपना भाषण शुरू किया, "हमारा देश स्वतंत्र हो गया है। इस देश की स्वतंत्रता के लिए महात्मा गाँधी, जवाहरलाल नेहरू आदि लोगों ने अपना जीवन समर्पित किया था। गाँधीजी कहते थे कि इस देश का गरीब आदमी सुखी हो जाना चाहिए। परन्तु इस स्वतंत्र देश में आज भी मजदूरों को वैसे ही पीटा जाता है, जैसे अंग्रेज पीटा करते थे। यह ठीक नहीं है। मैनेजर साहब को शायद इस बात की जानकारी नहीं होगी। अगर दो मिनट की भी देरी होती है तो यहाँ इस मिल में, मजदूरों का कार्ड फाड़ दिया जाता है। उन्हें घर भेज दिया जाता है। आठ घंटे अगर ओवरटाइम करें तो चार घंटे ही लिखा जाता है। चौदह वर्ष के छोटे-छोटे बच्चों से दो-दो महीने तक बिना वेतन काम लिया जाता है। जाँच के लिए कोई आए तो इन छोटे बच्चों

को शौचालयों में छिपा दिया जाता है। सुपरवाइजर और जॉबर मजदूरों के साथ गुलामों की तरह पेश आते हैं। यह ठीक नहीं है। हम मजदूरों से आप चाहे जितना काम लीजिए, पर मैनेजर साहब, यह अत्याचार बन्द कीजिए।'' मैनेजर साहब ने कहा कि आज ऐसी बातें नहीं करनी चाहिए। इसे सुन सारे मजदूर चिल्लाने लगे कि उसे बोलने दीजिए, बोलने दीजिए और लगातार तालियाँ बजाने लगे। अन्याय-अत्याचारों का वर्णन करते समय मेरी आँखों में आँसू आने लगे। किसी छोटे बच्चे को जब कोई पड़ोसी मारता है, तब वह बच्चा जैसे अपनी माँ के पास रो-रोकर उस सारी घटना का वर्णन करता है, ठीक उसी तरह मैं रोते-रोते अपने और मजदूर भाइयों पर होनेवाले अत्याचारों की बातें कहने लगा।

सभी चुप थे। मैं भाषण समाप्त कर, मजदूरों में आकर बैठ गया। मैनेजर बोलने के लिए उठा। वह गुस्से में दिखाई दे रहा था। पिछली बार उसने मुझे इनाम दिया था, पर उसके चेहरे से स्पष्ट था कि इस बार वह मुझे इनाम नहीं देगा। साहब कहने लगा, ''मजदूर दोस्तो, आज मैं आपसे अधिक कुछ नहीं कहना चाहता। लक्ष्मण गायकवाड़ ने जो कहा है, वह अगर सच है तो यह सब बहुत गलत है, बुरा है। अगर कोई जॉबर, सुपरवाइजर मजदूरों से मारपीट कर रहा है, तो भविष्य में वह ऐसा न करे। प्यार और मीठेपन से भी काम लिया जा सकता है। परन्तु इसके साथ ही आप लोग यह भी ध्यान रखें कि अगर कोई मजदूर ठीक से काम नहीं कर रहा है, तो उसे रियायत नहीं दी जाएगी। अभी लक्ष्मण गायकवाड़ ने कहा कि अगर कोई मजदूर दो मिनट देरी से आता है, तो जॉबर उसका कार्ड फाड़ देता है। जब उसका कार्ड फाड़ दिया जाता है, तब मानो उसका हृदय ही फाड़ दिया जाता है—ऐसा गायकवाड़ का कहना है। एक हृदय फाड़ देने से अगर सौ मजदूरों की भलाई होती हो, तो मुझे उस हृदय को फाड़ने का कुछ भी दुःख नहीं होगा। इसलिए मजदूर जैसा काम कर रहे थे वैसे ही आगे भी करते रहें। किसी की कोई सुने नहीं और इसके आगे मजदूरों की पिटाई बन्द हो।'' ऐसा कहकर साहब ने अपना भाषण पूरा किया।

सभी मजदूरों को मिठाई का पैकेट दिया गया। उसमें एक बालूशाही और थोड़ा-सा चिड़वा था। कुछ मजदूर दो-दो पैकेट उठाने लगे। कार्यक्रम समाप्त हुआ। सभी मजदूर मेरी प्रशंसा कर रहे थे। ''वाह रे, बहादुर,'' ऐसा कहकर मुझे बधाई दे रहे थे। सभी विभागों के जॉबर और सुपरवाइजर मेरी ओर अलग निगाहों से देख रहे थे।

दूसरे दिन मिल शुरू हुई। अब जॉबर लोग मुझे सताने लगे। मेरी मशीन थोड़ी-सी भी गन्दी होती, तो मुझे नोटिस दी जाने लगी, जुर्माना किया जाने लगा। उस कारण मजदूरों में खलबली मचने लगी। मैं तो अब करीब-करीब मजदूर नेता बन गया था। आयु मैं बहुत छोटा था, पर मुझसे काफी बड़ी उम्र के मजदूर काम पर आने के बाद मुझे झुककर नमस्कार करने लगे। जहाँ कहीं मैं दीखता, सभी मुझे आदर दिखाने लगते। यह सब मुझे अच्छा लगता। मजदूरों की शिकायतों के लिए कुछ करना चाहिए, ऐसा मैं सोचने लगा।

एक बार यह सूचना लगाई गई कि मजदूरों के दो प्रतिनिधि डायरेक्टर के रूप में लेने हैं। सभी मजदूर मिलकर दो लोगों के नाम चुनकर दें। एक जॉबर मैनेजर से मिला हुआ था। मजदूरों को वह बहुत पीटता था और मिल के अधिकारियों की ओर से वह गुंडागर्दी किया करता था। ऐसे गुंडे को और मुझे प्रतिनिधि के रूप में चुना गया। मिल के बोर्ड पर मेरा चुनाव हो जाने के कारण सभी मजदूरों को बेहद खुशी हुई। अब डायरेक्टर-चेयरमैन की मीटिंग हो तो मुझे लिखित रूप से उसका निमंत्रण मिलने लगा। उस निमंत्रण पत्र को लेकर मैं बड़ी शान से मीटिंग में जाने लगा। मीटिंग में क्या बोलना चाहिए, मुझे मालूम न होता। इतने बड़े लोगों के साथ, उनकी कुर्सी से कुर्सी सटाकर बैठने में एक अलग खुशी होती।

मीटिंग में विविध प्रकार के धागों की कीमत तथा मिल की आय पर चर्चा होती। कुछ विशेष महत्त्व की बात हो तो वे लोग उसकी चर्चा अंग्रेजी में करते। इसके कारण कुछ अंदरूनी बातें मेरी समझ में आती ही नहीं थीं। मैं चुप रहता। मीटिंग हुई कि खाने के लिए फल दिए जाते। इसके बाद कीमती कप-प्लेट में चाय दी जाती। मैं मजदूरों को यह सब बतला देता। सभी मुझसे पूछते, "लक्ष्मणराव, साहब क्या बोले ?" सभी मजदूरों को मैं मीटिंग की कार्यवाही की रपट दिया करता था। कई बैठकों में मैं उपस्थित रहा पर किसी भी बात का मैंने विरोध नहीं किया। प्रस्तावों पर चुपचाप हस्ताक्षर करता रहा।

कुछ ही दिनों बाद मुझे कई बातें समझ में आने लगीं। मिल को बहुत फायदा होता है। परन्तु मजदूरों को ठीक से वेतन नहीं दिया जाता। बोनस भी बहुत कम दिया जाता है। जो धागा बनता है, इससे रोज कितनी आय होती है, सभी मजदूरों का रोज का वेतन कितना होता है, इसका मैं अध्ययन करने लगा। साइडर को रोज के सात रुपए, डॉपर को रोज के तीन रुपए, और नए प्रशिक्षणार्थी को रोज के दो रुपए वेतन था। लातूर में यह एक ही मिल थी, इस कारण ऐसे काम का और जगहों पर कितना वेतन दिया जाता है, इसकी जानकारी मुझे नहीं थी। इसलिए मैं चुपचाप काम करता रहा।

धीरे-धीरे सभी मजदूर इन बातों को लेकर सोचने लगे। कुछ मजदूर बाहर से आए हुए थे, मजदूरों के लिए कौन-कौन सी सुविधाएँ होती हैं, इसके सम्बन्ध में वे अब बोलने लगे।

मजदूरों की असुविधाएँ बढ़ने लगीं। वेतन कम और जो वेतन होता उसमें से होटल की चाय का काफी बिल देना पड़ता था। रातपाली में नींद न आए, इसलिए मजदूर दो-तीन बार चाय पीते। इधर मैनेजमेंट शोषण करती, उधर होटल का मालिक मजबूरी का फायदा उठाता। मजदूर चाय बहुत पीते। उस चाय में चीनी के बजाय होटल मालिक सेकरिन डालता। इस कारण बीमारियाँ होतीं। बीमार हो तो मिल का अपना दवाखाना नहीं, अन्य सुविधाएँ नहीं। वेतन से सारे खर्च चलाना मुश्किल हो जाता था।

इस कारण कई मजदूर ब्याज से कर्जा निकालते। दस रुपए के लिए दस दिन का 15 रुपए ब्याज देते। इतना भारी ब्याज देकर मजदूर कर्ज लेते। मिल में जिस दिन वेतन मिलता, उस दिन बाहर ब्याज वाले, दुकान वाले, दारू वाले आकर खड़े हो जाते।

मजदूर अगर इन्हें पैसे न देते तो वे जबरदस्ती खींच लेते। वेतन का ऐसा एक भी दिन नहीं गया, जिस दिन लेन-देन के कारण किसी मजदूर की पिटाई न हुई हो। कई बार मजदूर पीछे की दीवार के बीच से भागने की कोशिश करते। कई मजदूर कर्ज और ब्याज के बोझ के कारण नौकरी छोड़कर भाग जाते। उधारी डुबा देते। साहूकार और होटल वाले इन मजदूरों की कमाई पर बहुत मालदार हो गए।

कई मजदूर तपेदिक की बीमारी से ग्रस्त थे। मेरे साथ काम करनेवाले जवान मजदूरों को तपेदिक की बीमारी के कारण और इलाज के लिए पैसे न होने के कारण मरते हुए मैंने इन आँखों से देखा है। इन अन्यायों के कारण मेरा सिर चकराने लगता था।

मैं खुद ब्याज पर रुपए ले चुका था। ब्याज देने में ही मेरा आधा वेतन खत्म होता था। इस अन्याय को सहना दिन-ब-दिन मुश्किल हो रहा था। हम मजदूर दीपावली के बोनस की प्रतीक्षा करते। बोनस के सपने देखते। पत्नी के लिए साड़ियाँ खरीदेंगे, साल-भर के लिए अनाज खरीदेंगे, कपड़े लेंगे। इस बोनस की आशा से कर्ज लेते। दीपावली आई कि मजदूर खुश रहते। इस वर्ष मिल को बहुत फायदा हुआ है। पूरे महाराष्ट्र में अपनी मिल पहले नम्बर पर है, ऐसी बातें सभी ओर फैलतीं। परन्तु उस वर्ष मैनेजर ने हमारे आनन्द पर पानी फेर दिया। आठ प्रतिशत बोनस की घोषणा हुई। इस बोनस से प्राप्त आधी राशि सोसाइटी में जमा होनेवाली थी। केवल स्थायी मजदूरों को बोनस और प्रशिक्षणार्थी को अनामत--ऐसा निर्णय घोषित हुआ। सभी मजदूर नाराज हो गए। हम सबने तय किया कि इस बार हड़ताल करेंगे, पर बोनस अधिक लेंगे। वेतन बढ़वाकर मानेंगे।

मैं अब थोड़ा-सा निडर हो गया था। मैं, रामलिंग जगताप, शिवाजी पाटील, जगन्नाथ घुले और लोखंडे वकील भगवानराव देशपांडे से जाकर मिले। ये दोनों लाल निशान यूनियन चलाते थे। भगवानराव देशपांडे वकील बहुत बुद्धिमान व्यक्ति थे। किस मिल में कितना वेतन है और हमें कितना मिलना चाहिए, उन्होंने इसकी जानकारी दी।

हम सबने यूनियन बनाने की सोच ली। चेयरमैन और मैनेजर को इसका पता चल गया। उन्होंने मुझे बुलाकर धमकी दी कि तुम्हें काम से निकाल दिया जाएगा। बावजूद इसके मैंने निश्चय कर लिया कि यूनियन बनेगी।

अन्ततः मैं और मेरे साथियों ने हड़ताल का निर्णय ले लिया। अपनी सभी माँगें हमने वकील देशपांडे से लिखवा लीं। एक अभिवेदन भी तैयार किया। एक दिन मैंने सभी मजदूरों की बैठक बुला ली। भगवानराव देशपांडेजी ने हम सभी मजदूरों को यूनियन की आवश्यकता क्यों है, इसे समझाया और हमारी माँगें क्या हैं, इसे और उस अभिवेदन को पढ़कर सुनाया। उस दिन मजदूरों पर होनेवाले अत्याचारों के सम्बन्ध में मिल के गेट के सामने मैंने जो भाषण किया था, उसकी याद मुझे आज भी हो आती है।

मेरी कीर्ति की यह पहली सीढ़ी है, ऐसा मुझे लग रहा था। मजदूरों के अत्याचारों

पर बोलते समय मैं रो रहा था। आँखों से आँसुओं की धारा बह रही थी और जुबान से अन्याय के विरोध की आग। सामने बैठे मजदूरों की आँखों से भी आँसू निकलने लगे। उनके भीतर से विरोध की चिंगारियाँ निकलने लगीं। मजदूरों को अब मैं जो भी आदेश दूँ, उसका पालन करने के लिए वे तैयार हो गए थे। हम पाँच प्रतिनिधि और भगवानराव देशपांडे, लोखंडे, देरकर सबने मिलकर यह निर्णय लिया कि महाराष्ट्र के अन्य हिस्सों में इस प्रकार के काम के लिए कहाँ कितना वेतन मिलता है, इसकी जानकारी ली जाए। इस हेतु कुछ को इचलकरंजी भिजवाया गया। इचलकरंजी के मिल यूनियन नेता से मिलकर वहाँ की पूरी जानकारी हममें से कुछ लोग लेकर आए। लातूर के प्रशिक्षणार्थी, ऍम्प्रेटिस, टेम्परेरी, स्थायी, मैकनिक आदि लोगों के वेतन में तथा इसी प्रकार के अन्य मिलों के वेतन में कितना फर्क है—इसे हमने स्पष्ट किया। जिस काम के लिए यहाँ रोज सात रुपए दिए जाते थे उसी काम के लिए इचलकरंजी में तेरह रुपए दिए जाते थे। अन्य सुविधाओं में भी काफी अन्तर था। इसलिए हमने हड़ताल की घोषणा कर दी। हमने मैनेजर से कहा कि जो वेतन और सुविधाएँ इचलकरंजी में हैं, वे यहाँ लागू की जाएँ, बोनस 12 प्रतिशत दिया जाए, जिनके तीन वर्ष पूरे हो गए हैं, उन्हें स्थायी किया जाए, ओवरटाइम दुगुना किया जाए, आदि माँगें हमने रखीं। इन माँगों के लिए हमारी हड़ताल कई दिनों तक चलती रही। हमारे चेयरमैन और मैनेजर बहुत होशियार थे। मजदूरों की हड़ताल को किस प्रकार रौंदा जाए, इस दिशा में उनके प्रयत्न जारी थे। मजदूरों में जबरदस्त एकता थी। शत-प्रतिशत मजदूर हड़ताल पर थे। हड़ताल 15 दिनों तक चलती रही। चेयरमैन और मैनेजर कह रहे थे कि बाद में माँगें स्वीकार करेंगे। परन्तु हमने कहा, पहले माँगें और बाद में काम। हमने कहा, "अब हम किसी भी स्थिति में पीछे नहीं हटेंगे, चाहे मर जाएँ तो भी।" माँगों की पूर्ति पहले हो, इसी जिद से हड़ताल जारी रही।

अन्ततः मैंने आमरण अनशन का निर्णय ले लिया। हम मजदूरों का वेतन प्रति 15 दिन पर दिया जाता था, उसी वेतन से घर चलता था। अब 15 दिन से अधिक समय निकल गया था। जो मजदूर विवाहित थे, जिनके बाल-बच्चे थे और जिन्हें किसी भी प्रकार की अन्य आय नहीं थी, ऐसों की सहायता के लिए कुछ दिनों तक रोज मजदूर "लातूर सूत मिल के मजदूरों की सहायता कीजिए" का नारा लगाते हुए सहायता हेतु घूमने लगे। जो मजदूर बीमार थे, जो अधिक मजबूर थे, उन्हें इसमें से सहायता दी जा रही थी। परन्तु लातूर के व्यापारियों को फोन करके चेयरमैन कह देते कि इन्हें किसी प्रकार की सहायता न की जाए। इस कारण व्यापारियों ने सहायता देना बंद कर दी। हड़ताल शुरू हुए एक महीना हो चुका था। दीपावली में भी हड़ताल चल रही थी। जो दुकानदार अब तक उधार दे रहे थे, उन्होंने उधार देना बन्द कर दिया। मेरी हालत भी खराब होने लगी। पत्नी भूखी रहने लगी। मैं रात-दिन मजदूरों के बीच रहता था। मजदूरों का मैं प्रतिनिधि था। इस कारण जो मजदूर भूखे रहा करते थे, उन्हें सहायता मिलनी चाहिए, ऐसा आग्रह करता था और यह कहते समय "मैं खुद भूखा हूँ, मुझे भी

सहायता चाहिए" ऐसा कैसे कह सकता था। मजदूरों की हिम्मत टूट जाएगी, इसलिए मैं सभी प्रतिकूल स्थितियों को चुपचाप सह रहा था। परन्तु कब तक ? इसलिए मैंने निर्णय ले लिया कि अब मैं खुद आमरण अनशन के लिए बैठूँगा। भगवानराव देशपांडेजी ने इस अनशन की सूचना यूनियन की ओर से दे दी।

अनशन का निर्णय लेने के बाद मैं घर आया। परचून की एक दुकान में मेरी उधारी थी। मैंने उससे निवेदन किया कि वह मुझे दस रुपए की सहायता कर दे। हड़ताल खत्म हो जाने के बाद बोनस मिलने वाला है, तब रुपए लौटाऊँगा। तब उस दुकानदार ने कहा, "आप पर पहले से काफी उधारी है। हड़ताल जल्दी निपटा दो। मजदूर तो कह रहे हैं कि आपके ही हाथों में यह है।" उसने दस रुपए दे दिए। मैं घर आया। पत्नी से कहा कि मैके जाने की तैयारी करो। मैं आमरण अनशन के लिए बैठ रहा हूँ। तब पत्नी ने मुझसे पूछा, "आमरण अनशन का क्या अर्थ है ?" मैंने कहा, "एक बार अनशन पर बैठने के बाद माँगें स्वीकार होने तक भूखा ही रहना। मरने की संभावना हो तो भी कुछ न खाना।" अर्थ पत्नी की समझ में आ गया तो वह रोने लगी। मैंने उसे काफी समझाया। बस में बैठा दिया। वह मैके चली गई। दूसरे दिन उपजिलाधीश के कार्यालय के सामने एक पंडाल डाल मैं और घुले बैठ गए। और भी मजदूर साथी थे। कुल ग्यारह मजदूर पहले दिन अनशन में सम्मिलित हुए।

तीन दिन निकल गए। हड़ताल शुरू हुए एक माह से अधिक समय हो गया था। इस कारण कई मजदूर पहले से ही परेशान थे। भूखे भी थे। इस कारण उनमें से कुछ तो एक-दो दिन में ही बेहोश हो गए। स्वामी नामक जो मजदूर अनशन में सम्मिलित हुआ था, वह अनशन के तीन दिन पहले से ही केवल चाय पर जी रहा था। इस कारण चौथे ही दिन उसे अस्पताल में भरती करना पड़ा।

भूखा रहने की मुझे बचपन से ही आदत थी। पाँच दिन गुजर गए। केवल पानी पर पाँच दिन कट गए। पर अभी भी चेयरमैन समझौते के लिए नहीं आ रहा था। मेरे साथ अनशन पर बैठे सभी मजदूरों को अस्पताल में सलाइन पर रखा गया था। मैं मुख्य प्रतिनिधि था। इस कारण अस्पताल जाने को तैयार नहीं था। "यहाँ रोड पर ही सलाइन लगाओ या मुझे यहीं मरने दो," पुलिसवालों से मैं कह रहा था। हमें ले जाने के लिए पुलिस बार-बार आती और मैं चलने को तैयार न होता। तबीयत बहुत बिगड़ गई थी।

एक सिख इन्स्पेक्टर जीप लेकर मेरे निकट आया। मुझे देखने के लिए मजदूरों की भीड़ बढ़ती जा रही थी। मैंने उस पुलिस अधिकारी से कहा, "जो भी इलाज करना है वह यहीं पर करो। मैं अस्पताल नहीं जाऊँगा।" तब इन्स्पेक्टर ने मेरा हाथ पकड़कर कहा, "नहीं भाई, जिद मत करो, हमारी ड्यूटी है तुम्हें बचाने की ?" वह मुझे उठाना चाह रहा था। परन्तु मैं लोटने लगा। "मुझे यहीं बैठने दो। लोगों को मेरी हालत तो देखने दो।" तो इन्स्पेक्टर ने कहा, "गायकवाड़जी, सिर सलामत तो पगड़ी हजार। काहे को जान गँवाते हो।" इस तरह उसने मुझे जबरदस्ती उठाकर जीप में डाल दिया और सरकारी दवाखाने में भरती कर दिया।

मैंने मजदूरों से कहा कि अब अन्य मजदूर अनशन के लिए बैठें। मेरे आदेशानुसार अन्य मजदूर भी अनशन के लिए बैठ गए। अनशन जारी था। रोज दो-तीन मजदूरों की हालत गम्भीर हो रही थी, उन्हें अस्पताल में भरती कर दिया जाता था, सलाइन पर रखा जा रहा था। स्वामी और अपसिंगेकर की तबीयत अधिक गम्भीर हो गई, ऐसा डॉक्टरों का कहना था। मैं आठ दिन से अनशन पर था, इसलिये मुझे सलाइन पर रखा गया। उठ नहीं पा रहा था, चलने की कोशिश करता कि चक्कर आ जाता। बावजूद इसके चेयरमैन-मैनेजर हमारी माँगों को नहीं मान रहे थे। हमारे प्रतिनिधियों में एक शिवाजी पाटील बहुत निडर था। उसने मैनेजर और चेयरमैन से कहा, "देखिए, हम लोगों ने अब तक बहुत सहा है। अगर एक भी मजदूर भाई का कुछ बुरा हुआ, तो हम आपको जिन्दा नहीं छोड़ेंगे।" हजारों मजदूर मैनेजर और चेयरमैन के घर पर मोर्चा लेकर जा रहे थे।

मजदूर और उनकी औरतें हम अनशनकारियों को देखने के लिए बहुत बड़ी संख्या में अस्पताल में आती थीं। अस्पताल में हमें देखने के लिए पंक्ति में खड़ा होना पड़ता था। 'अब मैं मर भी जाऊँ, तो परवाह नहीं, जब तक माँगें पूरी नहीं होंगी, तब तक अनशन वापस नहीं लूँगा।' मैं मन-ही-मन निर्णय ले चुका था। कई लोग मुझे कहते कि गायकवाड़जी अनशन छोड़ दीजिए। अन्ततः अनशन के दसवें दिन मैनेजर ने हमारी माँगें स्वीकार कर लीं।

मैनेजर ओड़ार जाति के थे। यह जाति पिछड़ी है और जनजातियों में आती है। मेरे अनेक रिश्तेदारों की ओर से उन्होंने सन्देश भेजा था कि "लक्ष्मण गायकवाड़ को जिद नहीं करनी चाहिए। मैंने उसे डायरेक्टर बोर्ड पर लिया है।" मेरे रिश्ते के एक भाई श्री बी.एस. गायकवाड़ को वे मेरी ओर भेज देते। वे मुझे अनशन वापस लेने के लिए कहते। मैं उनसे कहता, "दादा, मैं सच्चाई के रास्ते पर चल रहा हूँ। अन्याय और शोषण के विरुद्ध खड़ा हूँ। इसलिए वे मेरे और मजदूरों के दुश्मन हैं।" वे कहते, "देखिए, लक्ष्मणजी, आपकी मरजी। आप अनशन छोड़ दीजिए। अगर आपने हड़ताल वापस ली तो भविष्य में आपका काफी फायदा होगा।" मैं उन्हें उल्टे यह समझाता कि हड़ताल वापस न लेने से ही मुझे और मजदूरों को अधिक लाभ होनेवाले हैं। वे हार गए। उन्होंने कहा, "ठीक है, मजदूरों को आप सच्चा न्याय दिला दीजिए। आप बहुत बड़े हो जाएँगे।" यह सच है कि उन दिनों मैं किसी भी दबाव में नहीं आया।

मेरी यह सबसे बड़ी जिद थी। मैं जीत गया था। मजदूर रिक्शा से मुझे मिल में ले गए। चेयरमैन, मैनेजर, मजदूरों के हम पाँच प्रतिनिधि और कामरेड भगवानराव देशपांडे--सब बैठ गए। माँगों पर चर्चा हुई। हड़ताल के दिनों का वेतन नहीं दिया जाएगा--यह निश्चित हुआ। अन्य सभी माँगें मान ली गईं। हमारे एक डायरेक्टर श्री शिवाजीराव पाटील निलंगेकर थे। उनसे बोनस के प्रश्न पर सवाल करने का निर्णय हुआ। मैं सीधे अस्पताल से मीटिंग में आया था, इसलिए चेयरमैन ने खाना मँगवाया। हम मजदूरों को लगा कि खाने में जहर मिलाकर हमें मार तो नहीं देगा। पर मैनेजर

ने कहा, "लक्ष्मण, तूने अपनी जिद पूरी कर दिखाई है। इतने दिन तू अनशन करेगा, ऐसा विश्वास नहीं था। तू महात्मा गाँधी के विचारों का लगता है। एक बात ध्यान में रख कि तू भी इस मिल का एक मालिक है। मिल का जो नुकसान हुआ है, उसकी पूर्ति की जिम्मेदारी तेरी भी है।"

मजदूर जीत गए। दूसरे दिन कामरेड भगवानराव देशपांडे के हाथों नारियल फोड़कर 'लाल बावटा की विजय हो' के नारे हमने लगाए। मिल शुरू हुई। मजदूरों ने हम प्रतिनिधियों का जुलूस शहर की प्रमुख सड़कों पर निकाला। मजदूर पूरे जोश से फूलों के हार पहना रहे थे। मजदूरों को अब भरपूर वेतन मिलने लगा। सभी ओर खुशी और आनन्द का वातावरण था। मैनेजर और हमने समझौतों के कागज-पत्रों पर हस्ताक्षर किए। मिल में ही यूनियन का कार्यालय खोला गया। चूँकि यूनियन को मान्यता नहीं मिली थी, इसलिए हम प्रतिनिधियों में ही करार हुआ। हम अब भगवानराव देशपांडे से ही सलाह लेने लगे।

अब मिल व्यवस्थित रूप से शुरू हुई। मजदूरों को भरपूर संरक्षण प्राप्त हुआ। बोनस के प्रश्न पर डायरेक्टर बोर्ड की एक बैठक तत्कालीन मन्त्री श्री शिवाजीराव पाटील निलंगेकरजी की उपस्थिति में रखी गई थी। मुझे मीटिंग का पत्र मिला। निलंगेकरजी मुझे समझाकर कहने लगे, "देख, गायकवाड़, तू मेरी सुन, तू भी मिल का एक मालिक है। मजदूरों का नेता भी है। मिल को अगर जीवित रखना है तो बोनस कम लेना होगा। हम साढ़े आठ प्रतिशत बोनस देंगे।" पर मैंने कहा, "नहीं, यह मान्य नहीं होगा।" अब मैं काफी निडर बन गया था। हिम्मत से बोल रहा था, मजदूर संगठित थे। उनका मुझे पूर्ण समर्थन प्राप्त था। अन्ततः दस प्रतिशत पर बात तय हुई। हमारी माँग बारह प्रतिशत की थी। मैंने मजदूरों की बैठक ली। कुछ अन्य साथियों को मैंने साथ में लिया और बोनस के कागज-पत्रों पर हस्ताक्षर हुए।

मीटिंग खत्म हुई। प्रत्येक डायरेक्टर को मीटिंग-भत्ते के रूप में पचास रुपए दिए गए, पर मुझे नहीं। मैंने मैनेजर से पूछा, "साहब, आपने सबको भत्ता दिया, मैं भी डायरेक्टर हूँ, मुझे क्यों नहीं ?" फिर मैनेजर ने कहा, "ठीक है, तुम्हें भी दे देंगे।" संगठन की शक्ति के कारण मुझे भत्ता भी मिल गया। पिछली मीटिंगों का भत्ता देने के लिए मैंने कहा। पिछली मीटिंग के भत्तों के रूप में मुझे इकट्ठे पाँच सौ रुपए मिले। मेरी पूरी जिन्दगी में इतनी बड़ी रकम मुझे पहली बार मिल रही थी। बोनस के रूप में सभी मजदूरों को भरपूर पैसे मिले। प्रत्येक मजदूर को न्यूनतम हजार और अधिक-से-अधिक दो हजार रुपए मिले। हम मजदूर दीपावली का त्यौहार नहीं मना पाए थे। उस दीपावली के बाद हमारी यह दीपावली आ गई। हम प्रतिनिधियों को भोजन के लिए बुलाने लगे। संगठन के लिए कुछ चन्दा इकट्ठा करने का निर्णय लिया। इस कारण धीरे-धीरे हम प्रतिनिधियों में गलतफहमियाँ शुरू हुईं। झगड़े होने लगे। रामलिंग जगताप ने चन्दे का बहुत-सा रुपया खर्च किया था, इस कारण विवाद शुरू हुआ। दूसरी ओर मिल में हमारा प्रभाव बढ़ गया। अब किसी मजदूर को पीटने की किसी की हिम्मत नहीं हो रही थी।

मजदूर खुश थे। सुपरवाइजर अगर मजदूरों को गालियाँ देते, तो सभी विभाग तुरन्त बन्द कर दिए जाते। जो लोग पहले मेरी पिटाई करते थे, वे अब मुझसे डरने लगे। भगवानराव देशपांड़े मुझसे बहुत स्नेह करते थे। वे भारतीय कम्युनिस्ट पार्टी के थे। एक बार मैं उनके शिविर में गया। कम्युनिस्टों के विचार मुझे भाने लगे। देशपांडे मुझे पुस्तकें पढ़ने के लिए देने लगे। 'मजदूर नेता कैसा हो' इसकी वे मुझे जानकारी देते।

पढ़ाई के कारण मुझमें अच्छी दृष्टि विकसित होने लगी। मजदूरों से सम्बन्धित सभी कायदे-कानून मैं मराठी में पढ़ने लगा। हमारी मिल में पहली बार आनन्द का वातावरण छा गया। मीटिंग में मैं मजदूरों की सुविधाओं के लिए अनेक माँगें रखने लगा। बीमारों के इलाज के लिए डॉक्टर, कैंटीन सब मान्य हुआ। परन्तु चेयरमैन और मैनेजर भीतर-ही-भीतर मुझसे खार खा रहे थे। वे मेरे खिलाफ कुछ करना चाह रहे थे। मजदूरों की एकता को तोड़ने के प्रयत्नों में वे थे। ऐसे में गणेशोत्सव का त्यौहार आ गया और हम प्रतिनिधियों में दूरी बढ़ती चली गई। मैनेजर ने अपनी चाल शुरू की। उसने रामलिंग जगताप को बुलाकर कहा कि आप लोग गणेशोत्सव मनाओ। अब तक केवल बाबू लोग ही गणेश की स्थापना करते थे। इस बार मजदूरों से भी कहा गया। मजदूर और स्टाफ का एक दिन का वेतन इसके लिए देना तय हुआ। मैंने इस उत्सव का विरोध किया। हम मजदूरों को इस चक्कर में फँसना नहीं चाहिए, ऐसा मेरा मत था। परन्तु सबने तय किया कि उत्सव होगा। मैं ख़ामोश रहा। गणेश-मंडल के लिए चौदह से पन्द्रह हजार रुपए एक दिन के वेतन के कारण इकट्ठे हो गए। मैनेजर और मजदूरों ने रामलिंग जगताप को यह सारा कारोबार सौंप दिया। उनमें से मैं भी एक था।

गणेश-उत्सव के लिए मुंबई-पुणे से मनोरंजन की पार्टियाँ आईं। उत्सव जोरों से हुआ। अब हिसाब देने की बारी आई। हिसाब तो लिखा ही नहीं गया था, इस कारण हिसाब मिल नहीं रहा था। इन्हीं दिनों रामलिंग जगताप ने एक मोटर-साइकिल खरीद ली। बस, इस घटना का फायदा साहब लोगों ने लिया और मजदूरों की एकता टूटने लगी। सभी मजदूर मैनेजर और साहब लोगों की ओर हो गए। हिसाब के लिए झगड़े शुरू हुए। मजदूरों में गलतफहमियाँ फैलाई गईं। छह हजार का घोटाला था, इसलिए हम प्रतिनिधि रामलिंग जगताप से झगड़ने लगे। "तू हमें भी बदनाम कर रहा है," हम कहते। जगताप मैनेजर से मिल गया। वह उनसे कहता, "साहब, हिसाब दीजिए।" मैनेजर कहते, ठीक है। कुछ मजदूर स्थायी रूप से मैनेजर की ओर हो गए।

मैनेजर घाघ आदमी था। वह कहता, "देखो, तुम्हारे चार प्रतिनिधि हैं। वे ही जानें।" मजदूरों में वे हमारे प्रति असन्तोष फैलाने लगे। बहुत-से मजदूर यह जान रहे थे कि व्यवस्थापकों ने यह जान-बूझकर किया है। प्रतिनिधि बदनाम हों और मजदूरों की एकता टूटे—यही उनका प्रयत्न है, इसे वे समझ रहे थे। परन्तु अब बात काफी दूर चली गई थी। अवसर का फायदा उठाकर मैनेजमेंट ने एक-एक प्रतिनिधि को नोटिस देना शुरू कर दिया। मुझ पर उनकी आँख थी ही। "तुम ठीक ढंग से काम नहीं करते, गुंडागर्दी करते हो, साहब लोगों का अपमान करते हो, काम में बाधाएँ खड़ी करते हो,

चाकू रखते हो," आदि अनेक बेमतलब के आरोप लगाकर मुझे और जगताप को अस्थायी रूप से काम से हटाया गया। दो दिन गए, तीन दिन गए, पर हम दोनों को वे काम पर ले नहीं रहे थे। फिर मैंने और रामलिंग जगताप ने मजदूरों से कहा कि हमारे लिए वे हड़ताल करें। "इन लोगों ने हमें निकाल बाहर किया है, कल तुम्हारे साथ भी यही करेंगे। आज अगर खामोश रहे, तो फिर पुरानी स्थिति हो जाएगी। अगर ऐसा नहीं चाहते हो तो हड़ताल करो।" तब मजदूर तैयार हुए। हमारी ओर से 80 प्रतिशत मजदूर हड़ताल में उतरे। घोषणाएँ शुरू हुईं—"लक्ष्मण गायकवाड़ और रामलिंग जगताप को काम पर लो।"

हड़ताल जारी रही। स्थिति विस्फोटक होने लगी। एक दिन मिल के गेट के सामने मैं भाषण देने खड़ा हुआ। निंबालकर इन्स्पेक्टर मैनेजमेंट से मिला हुआ था। उसने बिना किसी कारण लाठीचार्ज का आदेश दिया। पुलिस मजदूरों को जानवरों की तरह पीटने लगी। सैकड़ों मजदूर घायल हो गए। कई मजदूर भाग निकले। कुछ कीचड़ में गिर गए। मेरे मित्र अंकुश, मेकले, चेवले घायल हुए। मेरे साथ मेरे एक मित्र प्रदीप पाटील थे। मैं, जगताप और पाटील केस करने के लिए देशपांडे के यहाँ गए। लाठीचार्ज गैर-कानूनी सिद्ध न हो, इसलिए पुलिसवालों ने मिल के काँच, ट्यूब, बल्ब फोड़ दिए थे। मिल के लोगों ने गवाही दी, हमारे कुछ करने से पहले ही निंबालकर इन्स्पेक्टर ने मुझ सहित चालीस मजदूरों पर फौजदारी का केस ठोक दिया। आरोप था कि "मेरे कहने पर मजदूरों ने इन्स्पेक्टर निंबालकर का सिर फोड़ दिया और मिल का नुकसान किया।" हमने भी केस किया।

मजदूरों की दृष्टि से हड़ताल का कोई फायदा नहीं था। पहली हड़ताल से वेतन, बोनस आदि बढ़कर मिलने वाला था। पर इस बार ऐसा कोई फायदा नहीं था। अब व्यवस्थापन ने सोलापुर के गुंडों को बुला लिया। सोलापुर के ये गुंडे मजदूरों के घर जाकर उन्हें जबरदस्ती जीप में डाल मिल ले जाते थे और "ये मजदूर मिल जलाने आए थे," का आरोप लगाकर उन्हें पुलिसवालों के हाथों सौंपते। कुछ ही दिनों में मजदूर परेशान हो गए। "दो प्रतिनिधियों को काम पर लो" इस प्रश्न पर कितने दिनों तक हड़ताल चल सकती थी ? अन्ततः हड़ताल टूटने लगी।

मजदूर काम पर जाने लगे। हड़ताल वापस लेनी पड़ी। मैनेजर ने अन्य सौ मजदूरों को काम पर से हटा दिया। पिछली हड़ताल में मजदूरों को फायदा-ही-फायदा हुआ था। परन्तु यह हड़ताल 'दो को काम पर लो' इसके लिए थी। यह माँग तो पूरी ही हुई नहीं, उलटे और सौ मजदूर बाहर किए गए। पुणे के इंडस्ट्रीज कोर्ट में हम लोगों ने मिल के विरुद्ध केस कर दिया। काम पर से निकाले गए मजदूर लातूर की सड़कों पर साइकिल-रिक्शा चलाने लगे। मैं अब सड़क पर आ गया। कोर्ट की तारीख के लिए मैं वकील देशपांडे के यहाँ चक्कर काटने लगा।

रामलिंग जगताप और सुरेश जगताप को एक दिन मैनेजमेंट ने बुला लिया और कहा कि हम तुम दोनों को और अन्य कुछ मजदूरों को काम पर ले लेते हैं। केस वापस

ले लो। नम्बर एक का वादी जगताप था और मैं नम्बर दो पर था। चेयरमैन की बातें सुनकर जगताप पुणे गया और उसने केस वापस ले लिया। मुझे कई दिनों तक इसका पता ही नहीं चला। जगताप ने मुझे धोखा दिया था। परन्तु आश्चर्य इस बात का कि मैनेजमेंट ने जगताप को भी काम पर नहीं लिया। किसी को भी नहीं लिया। देशपांडे वकील ने मुझसे कहा कि केस वापस लेकर जगताप ने सभी मजदूरों के साथ गद्दारी की है। मैंने वकील साहब से कहा कि जगताप ने जो भी किया हो, मैं तो अन्त तक लड़ूँगा। मेरा केस फिर से शुरू हो गया। परन्तु पुणे जाने के लिए मेरे पास पैसे नहीं होते थे। मैं हर बार अनुपस्थित रहा। इस कारण अन्ततः मैनेजमेंट की ओर से निर्णय हो गया।

पर मैं निराश नहीं हुआ। मैं लेबर कोर्ट गया। इस कोर्ट में मेरा केस पिछले दस वर्षों से आज तक चल रहा है। मैं अन्त तक केस वापस लेने वाला नहीं हूँ। इस केस के निर्णय की प्रतीक्षा मैं आज भी कर रहा हूँ। मुझे काम से निकाला जाएगा, इसका मुझे अहसास था। इस कारण बोनस मिलने पर मैंने जमीन का एक टुकड़ा खरीद रखा था। नीलामी से पुराने टीन खरीदकर, चारों ओर लकड़ियों की बल्लियाँ ठोंककर, उस पर टिन बिछाकर मैंने अपने लिए एक छप्पर बना ली थी। इसका एक हिस्सा सड़क पर खुलता था, वह मेरी दुकान थी। मेरी पत्नी अब परचून की दुकान चला सकती थी। इस बीच मेरे घर एक लड़की हुई। दुकान के कारण मकान का खर्च चल रहा था। मैं दुकान के लिए आवश्यक सामान लाकर देता था। पत्नी दुकान चलाती थी। नौकरी चली जाने के कारण घर की सारी जिम्मेदारी पत्नी पर ही आ गई थी। अब मैंने नटराज टाकीज के सामने एक टपरी में चाय बनाकर बेचना शुरू किया। यूँ होटल चलाने का मुझे कोई अनुभव नहीं था। मैं ही चाय बनाता था और बाहर से ऑर्डर आने के बाद मैं ही कप-प्लेट लेकर दे आता।

एक बार मजदूरों के प्रश्नों पर चर्चा चल रही थी। अकसर मेरे होटल पर मजदूर ही आते थे। वे बड़ी आत्मीयता से पूछताछ करते थे। कुछ मजदूर ईमानदारी से स्वीकार करते, "हमारे ही कारण गायकवाड़जी को आज जूठे कप धोने पड़ रहे हैं।" एक दिन मिल के साहब लोग किसी पिक्चर गए थे। मेरे होटल पर चाय का ऑर्डर आया। मैं चाय की केतली लेकर निकला था कि रास्ते में मिल के एक सुपरवाइजर मिले। मेरे बदन पर गन्दे कपड़े थे। मुझे देखकर उन्होंने जान-बूझकर कहा, "क्या चल रहा है, लक्ष्मण जी।" मैंने कहा, "कुछ नहीं, साहब। होटल लगा ली है। मेहनत कर रहा हूँ, जी रहा हूँ।" भीतर से मैं बहुत दुःखी था। कुछ महीने पहले मैं इनके साथ शान से बोलता था। परन्तु अब, नौकरी जाने के कारण मेरी यह हालत हो गई थी। मेरी इस हालत पर लोग हँस रहे थे। सोचता, ऐसी गुमटी में कितने दिन होटल चलाऊँगा ? संगठन बनना चाहिए, जिन्होंने अपमान किया, उनके साथ कम-से-कम एक दिन तो पूरे सम्मान के साथ बैठना चाहिए, ऐसे विचार मन में आते। पर उस दिन का अपमान काफी गहरा था। सबेरे सात से रात के आठ बजे तक मैं चाय की यह होटल चलाया करता था और बदले में बड़ी मुश्किल से दस-पन्द्रह रुपए पाता था। बाद में मैंने होटल का यह व्यवसाय छोड़ दिया।

फिर सब्जी की दुकान लगाकर बैठ गया। परचून और सब्जी की दुकान चला रहा था। भगवानराव देशपांडे मुझे प्रत्येक मीटिंग का निमंत्रण देते थे। दुकान के लिए मैं उनके सम्पर्क में था। भगवानराव देशपांडेजी ने मुझे दुकान चलाने के लिए दो हजार रुपए का कर्जा बैंक से दिला दिया। मैंने और पूँजी बढ़ाई। इसी धन्धे में घर का खर्च चलने लगा। अब घर में बाबा, मैं और पत्नी थे। घर का खर्च बढ़ रहा था। ससुराल के लोग कभी-कभी उठाईगीरी करने लातूर आते। मेरे ही यहाँ मुकाम करते। अगर किसी दिन उन्हें अच्छी आमदनी हो जाए तो कई चीजें भी वे ले आते थे। लौटते समय मेरा साला किसन कुछ रुपए भी दे जाता। मैं चाहता कि ये लोग इसी तरह आते रहें। खर्चे का बोझ कम होता रहे। सोच रहा था कि क्या बम्बई जाऊँ ? नौकरी के लिए मेरे रिश्तेदारों में से कुछ लोग सूरत गए थे। मैं भी सोचता था कि उधर जाऊँ।

इन्हीं दिनों मेरा भाई संबा औरंगाबाद की सूत मिल में नौकरी पर था। मैं भी वहाँ जाने की सोचने लगा। पत्नी और बाबा को लातूर छोड़ मैं औरंगाबाद चला गया। वहाँ के साहब को पता चल गया कि इस वीर व्यक्ति ने लातूर में हड़ताल करवाई थी। इस कारण उसने साफ कह दिया कि कोई जगह नहीं है। मेरी भाभी ने औरंगाबाद में पिछड़ी जातियों के लिए दूध की डेयरी खोल रखी थी। पंजीकरण हो चुका था। भाभी लिखना-पढ़ना नहीं जानती थी। इस कारण उसने मुझे उस सोसाइटी का चेयरमैन बना दिया। बाद में उसने कहा, "तुम्हें लिखना-पढ़ना आता है, इसलिए तुम सेक्रेटरी का काम करो। जो फायदा होगा, दोनों बाँट लेंगे।" मैं तैयार हो गया। गाएँ खरीदने के लिए इक्कीस सदस्यों को कर्ज मंजूर हुआ। एक व्यापारी को साथ लेकर मैं, भाभी और कुछ सदस्य गायों की खरीदारी के लिए धुलिया गए। वहाँ कम दाम में गायें खरीदकर उनके अधिक दाम लगाकर हम लोगों ने बैंक से अधिक पैसे ले लिए।

वहाँ दस गायें मिलीं। इसलिए हमने 15 भैसें खरीद लीं। उनकी कीमत बारह से पन्द्रह सौ रुपए थी। परन्तु हमने कीमतें लगाते समय दो हजार से एक हजार नौ सौ लगा दिए। मुझे लगा, इस तरह प्राप्त सभी रकम चेयरमैन के हाथ लगेगी। परन्तु बैंक का आदमी साथ में था। उसने मुझे अलग ले जाकर कहा, "देखो, जो कुछ प्रसाद मिलेगा, सब लोग बाँटकर खाएँगे।" मैंने कहा, "यह सम्भव नहीं।" तब भाभी उससे बात करने लगी। बैंक का वह आदमी एक गाय या भैंस के पीछे तीन सौ से सात सौ माँग रहा था। जब भाभी ने कहा, "सम्भव नहीं है।" तब उस व्यक्ति ने वहाँ के व्यापारी से कहा, "जो कीमत निश्चित हुई है, उतनी ही लो। ऊपर के पैसे बैंक के साहब को अथवा मुझे दो।" तब मैंने कहा, "ठीक है।" मुझे यह मान्य है। अन्य सदस्य अशिक्षित थे। उन बेचारों का क्या ? कर्जे में गाय या भैंस मिल रही है, इसी में वे खुश थे। हमारे इस लफड़े का पता सदस्यों को नहीं लगा।

निश्चित की गई रकम व्यापारी ने बैंक के साहब को दे दी। अब हम सदस्यों को लेकर व्यापारी के पास गए। पर व्यापारी उलट गया। वह कहने लगा कि "एक गाय के पीछे दो सौ रुपए और दो। मैं अधिक नहीं माँग रहा हूँ।" अब हम परेशान हो गए।

हमारी बेईमानी पकड़ी जा रही थी। बड़ी मुश्किल से हमने कुल दो हजार रुपए उस व्यापारी को दिए। भाभी ने मुझसे कहा, "तुम्हें अब मैं कोई हिस्सा नहीं दे सकूँगी।" मैंने कहा, "क्यों ?" तब भाभी ने कहा, "देखो रोज आठ सौ लीटर दूध जमा हो ही जाएगा। उसके पैसे तो बनेंगे न !" मैं समझ गया। इसलिए रुक गया। अब मैं सदस्यों से रोज दूध इकट्ठा करता, मशीन से उसकी क्रीम निकालता। दूध का भाव निश्चित कर उसे बेचता। प्रत्येक सदस्य को प्रति सप्ताह दो सौ रुपए मिलने लगे। उसमें से आधा भाभी लेने लगी। मैं कुछ कहता तो वह मुझे समझाती कि सदस्यों के हिसाब-किताब में कुछ गड़बड़ी करो और वहाँ से कुछ पैसे निकालो।

सदस्य तो रोज ही शिकायत करते। कहते, "सेक्रेटरी साहब, इतने पैसे तो गाय-भैंस के चारे तक को काफी नहीं होते। बैंक का कर्जा कैसे वापस करेंगे ?" उनकी ये बातें सुनकर मैं बहुत परेशान हो जाता। भाभी पर गुस्सा आता। दो हजार की गाय या भैंस चौदह सौ में खरीदकर इनके नाम पर दो हजार का कर्जा भाभी ने लगा दिया था। इसके बाद फिर रोज दूध में गड़बड़ी और दाम भी कम। गरीबों को इस तरह फाँसने की उसकी वृत्ति से मेरा सिर चकराने लगा। एक दिन सदस्यों की ओर से मैं भाभी से झगड़ने लगा। तब भाभी ने मुझे वहाँ से भगा दिया। तीन महीने औरंगाबाद में रहकर मैं खाली हाथ लातूर लौट आया।

पत्नी, बाबा और लड़की को छोड़कर मैं काफी दिन घर से बाहर रहा था। इसलिए उन्हें देखने को मेरी आँखें तरस रही थीं। घर आया। पत्नी और बाबा को लगा कि यह इतने दिनों बाद आया है तो कुछ कमाई करके लाया होगा, पर वैसा कुछ भी नहीं था। उलटे अब एक और खानेवाला बढ़ गया था। मेरी अनुपस्थिति में दुकान कैसे चल रही थी, मुझे पता ही नहीं था। दुकान का दिवाला निकल चुका था।

अब मैं किसी अन्य व्यवसाय की खोज में था। उस छोटी सी दुकान पर घर का खर्च निकलना मुश्किल हो गया था। इस कारण रोड पर मैं मिर्च-पाउडर या अन्य चीजें बेचने लगा। बाजार से 15-20 किलो मिर्च खरीदकर ले आता, उसे पीसकर बेचता। कुछ दिन यह करता रहा। बाद में कुछ दिन साइकिल पर सूखी मछलियाँ लिए गली-गली जाकर बेचता। कुछ दिन नमकीन-मूँगफलियाँ भी बेचता रहा। इस प्रकार रोज 10-15 रुपए मिल जाते। दिन गुजर रहे थे। मन में अनेक कल्पनाएँ थीं। गरीबों के लिए कुछ करने की इच्छा थी, उनका संगठन बनाना चाहिए, ऐसे विचार रह-रहकर आते थे।

मेरे मकान के सामने श्री एन.बी. शेख गुरुजी रहते थे। एक दिन उन्हें स्कूल से निकाल दिया गया। पर उनकी जिद थी कि किसी-न-किसी दिन मैं अपनी स्वतंत्र संस्था खोलूँगा, स्कूल चलाऊँगा। इन्हीं दिनों उन्होंने औसा नामक तहसील में अजीम उर्दू स्कूल खोला। उनकी जिन्दगी भी मेरी ही तरह थी। वे एक ही ड्रेस धोकर पहना करते थे। एक दिन मैं उनसे मिला। उन्होंने मुझसे कहा, "गायकवाड़, तुम्हारे लोगों को बहुत सहूलियतें मिल रही हैं, तुम मेरे जैसी एक संस्था खोलो।" तब उनके सहयोग से मैं।

'पाथरूट समाज संस्था' की स्थापना की। एक साहब के पास जाकर मैंने लेटर पैड तैयार करवाया और दो-तीन साहब लोगों से मिला। दुकान तो चल ही रही थी। कई बार दुकान बन्द कर मैं अपनी जाति के लोगों को सुधारने के लिए कुछ करने की इच्छा से इधर-उधर दौड़-धूप किया करता था। इसमें कई दिन बेकार हो जाते। ऐसे कामों के लिए घूमते समय दुकान से ही पैसे लेता था। इस कारण नुकसान होता गया। इस दौड़-धूप और खस्ता हालत के कारण बाबा बीमार हो गए। भगवान अण्णा के पास बाबा महीना-पन्द्रह दिन रह लेता था। मेरे पास भी रहता था। परन्तु उसे दो बार भरपेट भोजन दोनों में से कोई भी नहीं दे पा रहा था। जब घर की हालत बहुत बिगड़ जाती तो मैं उसे अण्णा के यहाँ भिजवा देता था।

बाबा समझ जाते थे कि मैं अण्णा के यहाँ जाने के लिए क्यों कह रहा हूँ। यूँ मैं बाबा की देखभाल पूरी जिम्मेदारी के साथ करता था। इस कारण वह मेरे यहाँ ही टिकना चाहता था। अण्णा के यहाँ भाभी बाबा को तकलीफ दिया करती थी। "कितने दिनों तक इन्हें सँभालें," ऐसा वह अप्रत्यक्ष रूप में सुनाती। समय पर भोजन नहीं देती थी। इस कारण बाबा की तबीयत काफी बिगड़ गई थी। यूँ बाबा की सेहत कभी बहुत अच्छी थी। पर अब हड्डियों का ढाँचा ही शेष रह गया था।

बाबा बीमार हो गया। भाभी देखभाल करना नहीं चाहती थी। इस कारण एक दिन वह मेरे पास आ गया।

मैंने पत्नी को सख्त हिदायत दे दी कि तू भाभी की तरह बाबा से किचकिच मत किया कर। मेरी पत्नी उनकी देखभाल पूरी आत्मीयता से करती थी। बाबा के इलाज के लिए मेरे पास कुछ था नहीं। डॉक्टर को देने के लिए पैसे नहीं, दवा लाने के लिए भी नहीं। रिक्शा के लिए भी नहीं। बावजूद इसके मैं उसे डॉक्टर के यहाँ ले जाता, दवा-दारू कराता। लेकिन उसकी तबीयत और अधिक बिगड़ती चली गई। अब वह चल भी नहीं पाता था। शौच-पेशाब सब एक ही स्थान पर करता। पत्नी रोज बाबा का शौच उठाती। मिट्टी के बर्तन में जमा पेशाब फेंक आती। घर बहुत गन्दा हो जाता। पर पत्नी किसी भी प्रकार की किचकिच न करते हुए यह सब चुपचाप कर रही थी। बाबा मुझसे कहते, "लक्ष्मण, मुझे बड़े दवाखाने ले चल।" पर मैं तो पाँच-पाँच रुपयों के लिए परेशान था। बहुत बुरा लगता।

सोचता, दवाखाने की इतनी बड़ी फीस मैं कहाँ से दूँगा ? दिन-भर दुकान पर बैठता, 10-15 रुपए जो भी इकट्ठे होते, दवा ले आता। सरकारी दवाखाने में 'डॉक्टर नहीं है' का जवाब मिलता था। ऐसे में बरसात शुरू हो गई। बारिश शुरू होते ही घर में चारों ओर पानी इकट्ठा होता। चारों ओर लकड़ियों का पार्टीशन था, इस कारण भीतर पानी आ जाता था। नीचे फर्श नहीं था। इससे जमीन गीली हो जाती। ताड़ के पत्ते जमीन पर फैलाकर मैंने बाबा का बिस्तर तैयार किया था। ठंड से पूरी रात हम सब परेशान रहते। मेरी बिटिया संगीता दो वर्ष की थी, उसके और बाबा दोनों के ही ओढ़ने के लिए चादरें थीं। हम पति-पत्नी एक साड़ी ओढ़कर सो जाते।

बाबा की बीमारी बढ़ने लगी। कमाई तो थी नहीं, नौकरी चली जाने के कारण कोई उधार भी नहीं देता था। रात-भर बाबा पीड़ा से चिल्लाता था, "हे भगवान्, मुझे जल्दी उठा ले।"

बीमारी के बावजूद बाबा खाना खाता था। मेरे यहाँ तो हायब्रीड की रोटी और दाल बनती थी। बाबा दो-चार कौर खा ही लेता। कभी-कभार दुकान से दो-चार बिस्कुट खा लेता। पर अब वह कुछ भी नहीं पचा पा रहा था।

ऐसी प्रतिकूल स्थिति में जब उठाईगीर रिश्तेदार हमारे घर आते तो मैं सोचता कि मैं भी उनके साथ जेब काटने चला जाऊँ और रुपए लाकर बाबा को अच्छे से दवाखाने में ले जाऊँ; परन्तु अगर पुलिसवालों ने पकड़ लिया तो क्या होगा--इस डर से हिम्मत नहीं होती। ऐसी ही एक रात में बारिश हो रही थी। हम दोनों की आँख लग चुकी थी। जिस दिन से बाबा ने अन्न छोड़ दिया था, दिन में पत्नी बाबा को तीन-चार बार पानी पिलाया करती थी। रात में दो-तीन बार वह केवल इसी काम के लिए उठा करती थी। उस रात भी वह उठी। पेशाब के लिए आई और आदत के अनुसार उसने आवाज दी, "मामा !" बाबा और हमारे बीच दुकान की एक लकड़ी की अलमारी थी। पत्नी जब भी मामा कहती तो बाबा "आऊ" कहकर प्रत्युत्तर दिया करते थे। परन्तु उनकी ओर से आज कोई आवाज नहीं आई। कुछ ही क्षणों बाद पत्नी जोर से चिल्लाने लगी, "मामा गए, मामा गए। उठिए, उठिए।" और वह रोने लगी। मैं हड़बड़ाकर उठ बैठा। बाबा के निकट जाकर देखने लगा। उस भयावह ठंड में एक फटी चादर पर आँख खोले बाबा हम सबको छोड़ हमेशा के लिए चला गया था।

अड़ोस-पड़ोस के लोग सोए हुए थे। पत्नी की रोने की आवाज भयावह लग रही थी। हम दोनों अब डर गए थे। अतृप्त इच्छा रखकर अगर कोई मर जाए, तो थोड़ी देर बाद वह उठ खड़ा होता है, ऐसा हमने सुना था। रोने की आवाज सुनकर हमारे पड़ोसी वेद पाठक, जड़ेबाई और मुसलमान की अम्मा आ गई। कैरोसिन की चिमनी धुआँ उगल रही थी। बाबा का शरीर ठंडा पड़ चुका था। मैंने उसके मुँह में दूध की कुछ बूँदें डाल दीं। मुसलमान अम्मा ने कहा, "लक्ष्मण, इनके पैर अब मोड़ दो।" तब मैंने उसके पैर मोड़ने की कोशिश की। पर पैर मुड़ ही नहीं रहे थे। मृत शरीर को छूने की किसी और की हिमम्त नहीं हो रही थी। बाबा के प्राण कब चले गए थे, पता ही नहीं चला था। सुनार का उद्धव, पोतदार और हम दोनों पति-पत्नी--सबने कोशिश कर अन्ततः बाबा के पैर मोड़ दिए। चिमनी नजदीक लेकर मैंने बाबा का चेहरा देखा तो वहाँ लाल चींटियाँ घूम रही थीं। मैंने उनका चेहरा साफ किया और आँखें मूँद दीं। पहली बार मैं अपने किसी निकटस्थ व्यक्ति की मौत को देख रहा था। डर रहा था।

अब मैं भी रोने लगा। गली के अधिकांश लोग इकट्ठे हो गए। "अब रो मत, लक्ष्मण, अब बाप आनेवाला थोड़े ही है।" मुझ गरीब की माँ को सुख नहीं मिला था। वह भी गरीबी में ही चली गई। भाई हरचंदा गायब हो गया। बाप का सहारा था, अब वह भी टूट गया। वह कई साल और जी सकता था। मरने की उसकी उम्र नहीं थी।

केवल गरीबी के कारण, दवा के अभाव के कारण, अच्छे दवाखाने में दिखाने की स्थिति में न होने के कारण और दो समय ठीक से भोजन न मिल पाने के कारण बाबा मर गया, इसका मुझे अधिक दुःख हो रहा था। बाबा की मृत्यु का समाचार देने के लिए मैंने एक लड़के को अण्णा के यहाँ, मिल में भेज दिया। अण्णा, दादा और दोनों भाभियाँ रोती हुई पहुँचीं। हम तीनों भाई एक-दूसरे की बाहों में बाहें डालकर रोने लगे। "अब हम सब अनाथ हो गए हैं," ऐसा कहकर तीनों रोते रहे। एक मारवाड़ी की स्त्री को मैं बहन मानता था। उस हालत में मैं उसके यहाँ गया। "मेरा बाबा मर गया है, लकड़ियाँ लाने के लिए मेरे पास पैसे नहीं हैं," ऐसा मैं रोते हुए कहने लगा। उसने डेढ़ सौ रुपए दे दिए।

एक भाई काफी दूर था। अण्णा दादा के पास भी पैसे नहीं थे। वे डेढ़ सौ रुपए मैंने दादा को दे दिए और अन्य तैयारियाँ करने के लिए कहा। दादा लकड़ियाँ ले आया। बाबा का शरीर ऐंठ गया था। उसे चींटियाँ लग चुकी थीं। मेरा मकान गीली जमीन वाला था। इस कारण चींटियों की कोई कमी नहीं थी। बाबा की मृत्यु का समाचार हमारे नजदीकी रिश्तेदारों को देने हेतु भाड़गाँव, सलगरा, कवठा, धनेगाँव, सोनवती, जावली आदि स्थानों पर आदमी भेजना पड़ा। दोपहर तीन बजे तक सभी रिश्तेदार पहुँच गए। औरंगाबाद वाला भाई इतनी जल्दी नहीं आ सकता था। उसे तार दे दी गई। सभी रिश्तेदारों के इकट्ठे होने के बाद बाबा को नहलाया गया और एक वाद्य बजाते हुए श्मशान भूमि पर हम लोग पहुँचे। बाबा को चिता पर रखकर आग लगा दी गई। अण्णा और दादा के ससुराल के लोग शोक कम करने के लिए चावल और शराब की बोतलें ला-लाकर देने लगे। अण्णा और दादा को उनके ससुरालवालों ने शराब पिलाई गई। मेरे लाख मना करने पर, इस अवसर पर पीना ही पड़ता है, कहकर मुझे भी जबरदस्ती थोड़ी-सी पिलाई। अण्णा, दादा और मैं शराब पीने के बावजूद रोने लगे। बाप की मृत्यु के तुरन्त बाद शराब पीते हुए देखकर लोग कहने लगे, "कितने विचित्र लोग हैं ये ! बाप के मरने पर शराब पीते हैं !" प्रथा के अनुसार उस दिन पड़ोसियों ने हमें खाना भिजवा दिया। पाँच दिनों बाद एक कर्मकांड करना पड़ा। उस दिन अण्णा, दादा और मैं बड़ी मुश्किल से इधर-उधर से पैसे जुटाकर एक छोटा-सा बकरा खरीदकर लाए। बाबा को जो-जो चीजें पसन्द थीं, उन्हें लेकर हम लोग श्मशान भूमि पहुँचे। बाबा बीड़ी पीता था, होटल की जलेबी, सेव, पकौड़े बड़े प्यार से खाता था। ये सारी चीजें लेकर हम वहाँ गए, जहाँ उन्हें जलाया गया था। वहाँ हमने ये चीजें रख दीं। सबके पैर छुए। कौए ने उन चीजों को छुआ। सब लौटे। उस दिन भी सबने शराब पी। इस समय तक औरंगाबाद वाला भाई भी आ पहुँचा था। सभी नाते-रिश्तेदार भी इकट्ठे हुए।

बाबा की याद से मैं दुःखी हो जाता। अब घर में मैं, संगीता बेटी और पत्नी, हम तीन प्राणी थे। बावजूद इसके कई बार मुझे भूखे सोना पड़ता था। सोचता कि अब आगे की जिन्दगी कैसे कटेगी ? बिस्कुट और गोलियाँ बेचकर रोज तीन-चार रुपए मिलते, उसी पर घर चल रहा था। लड़की एक ही थी, परन्तु उसे भी दूध पिलाने के लिए दूध

की व्यवस्था नहीं थी। इन्हीं दिनों आम चुनाव आए। श्री मांणिकराव सोनवणे चुनाव में खड़े थे। संसद का चुनाव था।

मैं नारे लगाने लगा, "मस्जिद तोड़ो, मन्दिर तोड़ो, पर माणिकराव सोनवणे का दिल मत तोड़ो।" प्रचार का नारियल फोड़ा गया। उस दिन कइयों को बोलने के लिए कहा गया। मैंने अपने भाषण में कहा, "गरीबों के हित के लिए सोनवणेजी को चुनना चाहिए।" एस. कांग्रेसी की ओर से सोनवणे, तो कांग्रेस की ओर से शिवराज पाटील चाकूरकर खड़े थे। इस चुनाव में मैं किसी की भी मोटरसाइकिल पर बैठकर घूमता रहता। कभी जीप में बैठकर स्पीकर से गाँव-गाँव में प्रचार के लिए घूमने लगा। एस. कांग्रेस को चुनो, ऐसा कहता। कार्यकर्ताओं को रोज भोजन के कूपन दिए जाते थे। अच्छा खाना मिलता था। मैं सोचता, रोज चुनाव होने चाहिए, हम जैसे गरीबों को पेट-भर भोजन और रुपए मिलें। माणिकराव सोनवणे का बड़ा लड़का मेरे काम से बहुत खुश था। 'यह लड़का अच्छा प्रचार करता है।' ऐसा वह कहता और कभी-कभार 100-150 रुपए भी देता। उन्हीं रुपयों से मैं दुकान में माल भरता था। इस चुनाव के कारण गरीबी थोड़ी कम हो गई। चूल्हा जलने लगा। साइकिल-रिक्शा में बैठकर लातूर के गली-कूचों में मैं स्पीकर से चुनाव-प्रचार करने लगा। इस कारण अनेक छोटे-बड़े नेताओं से परिचय हो गया। इस परिचय के कारण ही सोनवणेजी के दामाद जी.एस. पाटील ने बाद में नगर परिषद में मुझे चपरासी की नौकरी दिलवा दी। समाजकार्य की बहुत इच्छा होने के बावजूद, केवल गरीबी के कारण ही मैं चपरासी की नौकरी करने लगा। नगर परिषद के बारह नम्बर स्कूल पर मेरी ड्यूटी थी। मैं रोज स्कूल जाता, साफ-सफाई करता। स्कूल के कम्पाउंड में कहीं पर भी कोई भी शौच कर देता, उसे मैं निकालता। एक ब्रांह्मण स्त्री वहाँ शिक्षिका थी। हर सप्ताह फर्श धोया करो, ऐसा आदेश देती।

"नगरपालिका में कौन-सी नौकरी करते हो?" ऐसा अगर कोई मुझसे पूछता तो मैं कहता कि मैं बाल वर्ग को पढ़ाने की नौकरी करता हूँ। झाड़ू लगाने के काम से मैं अब ऊबने लगा। शिक्षिका ने शिकायत की कि मैं ठीक से काम नहीं करता। तब मैंने भी एक प्रार्थना-पत्र देकर बदली माँगी। जकात-नाके पर मेरी ड्यूटी लगी। मेरी यह नौकरी स्थायी नहीं थी, इस कारण रोज बारह रुपए का हिसाब था। जकात-नाके पर चपरासी बनकर जाने के बाद मेरी ऊपर की कमाई शुरू हुई। जकात-नाके का नाकेदार रोज 40-50 रुपए आसानी से कमा लेता था। अधिक माल हो तो कम माल बतलाकर रसीद फाड़ी जाती। दिन-भर रेत और पत्थर के अनेक ट्रक आते थे। पर 10-12 ट्रक की ही रसीद बनती। बाकी से रुपए लिए जाते। मुझे रोज वेतन के अलावा 10-15 रुपए बतौर इनाम के मिलने लगे।

बड़े-बड़े अधिकारी भी नगरपालिका में घपले कर रहे थे। मैं सोचता, हमारे लोग तो भूख के मारे चोरी करते हैं और उन्हें चोर कहकर सजा दी जाती है, लेकिन ये लोग तो दिन- दहाड़े चोरी करते हैं, और इन्हें कोई सजा नहीं होती। कभी मेरी ड्यूटी

बार्शी-नाका या औसा-नाका पर होती। रातपाली में नाकेदार सो जाता। बहुत सबेरे-सबेरे टैंपो आ जाते। मैं टॉर्च दिखाकर उन्हें रोकता। वैसे इस क्षेत्र में मैं नया था परन्तु टैम्पो या ट्रक वाले के करीब जाते ही वे मेरे हाथ में 25-30 रुपए बिन माँगे ही रख देते। साब को मत जगाओ, कहते और तेजी से निकल जाते। वे रुपए मैं चुपचाप जेब में डालता। अब अच्छी कमाई हो रही थी।

वहाँ चपरासी था तो भी प्रतिष्ठा थी। बाहर के लोग मुझे इज्जत देते। नाकेदार और चपरासी रात में अकसर सो जाते। झाड़ू लगाने का, पानी भरने का कोई काम नहीं था। कुछ महीने आराम से बीते। अब मेरी बदली हो गई। जकात-नाके का जो बड़ा अधिकारी था, उसके कार्यालय में मुझे भेजा गया। घंटी बजी नहीं कि भागते जाओ। चाय-सिगरेट ले आओ। जो भी आए, उसके लिए चाय-पानी करो। अब लोग मेरी ओर भी उपेक्षा से देखने लगे। मैं लाचारी का अनुभव करने लगा। अफसर मुझे दबाता था। ''भाग जा'', ''पानी ला'', ''नौकरी करनी है कि घर जाना है'' कहता। मुझे ऐसी जिन्दगी से घृणा होने लगी। सोचता, अगर यही नौकरी मैं करता रहा तो जीवन में कुछ नहीं कर पाऊँगा। मेरी तो जिद है कि गरीबों के लिए कुछ करूँ। संगठन खड़ा करने की इच्छा थी। बड़े-बड़े मोर्चे निकालने थे। ये सारे स्वप्न अब जल गए, ऐसा लग रहा था।

एक मन कहता कि अगर मेरे भाग्य में बड़ा होना लिखा है तो किसी दिन हो भी जाऊँगा। ''यह नौकरी मुझे लाचार बना रही है। मुझ जैसा कोई उभरे नहीं, इसलिए शायद ये नेता लोग ऐसी नौकरियाँ हम जैसों को देते हैं,'' ऐसा भी लगता। मैं कामरेड भगवानराव देशपांडेजी से मिला। उन्होंने कहा कि साइकिल की दुकान लगाओ, मैं बैंक से कर्जा लेकर देता हूँ, इस कारण एक दिन मैंने नौकरी छोड़ दी। घर बैठ गया। पत्नी को मेरा यह निर्णय अच्छा नहीं लगा। नौकरी अच्छी थी, रोज चूल्हा तो जलता था, चलकर आई रोटी पर लात क्यों मारते हो—ऐसा वह कहती। पर पत्नी को मेरी छटपटाहट का कहाँ पता था ! अमीर-गरीब के बीच विषमता के कीड़े सिर में बिलबिला रहे थे।

एक दिन मैं कवठा गया। वहाँ प्राध्यापक बी.एल. गायकवाड़ और मेरे साढू डी. एस. गायकवाड़ से चर्चा हुई। अपने समाज को संगठित करना चाहिए, बच्चों को चोरियों के बदले स्कूलों में भरती करना चाहिए, इस पर हमारी सहमति हुई। फिर हमने अपने समाज का एक सम्मेलन आयोजित करने का निर्णय लिया और 1978 में विमुक्त जनजातियों का पहला सम्मेलन आयोजित किया। उस समय डॉ. पद्मसिंह पाटील मन्त्री थे। हमने उन्हें आमन्त्रित किया।

स्कूल और बोर्डिंग चलाने के लिए अनुमति किस प्रकार मिलती है, इसकी मुझे जानकारी थी। मैं समझता था कि मन्त्री ही मान्यता देते हैं। इसलिए मैंने कवठा में ही छात्रावास खोल दिया। उसी दिन उद्घाटन भी हो गया। अपने भाषण में मैंने अपने समाज की व्यथाओं को स्पष्ट किया। गाँव में मन्त्री महोदय के कुछ प्रतिष्ठित रिश्तेदार

थे। उन लोगों ने उनसे कुछ कहा। मन्त्रीजी अपने भाषण में कहने लगे, "अभी मेरे मित्र ने बोर्डिंग का उद्घाटन करने के लिए कहा। पर उन्हें यह मालूम नहीं है कि पहले संस्था का रजिस्ट्रेशन करना पड़ता है। बाद में बोर्डिंग को मान्यता मिल पाती है।" तब मुझे अपने पिछड़ेपन और अज्ञान का अहसास हुआ। मैं ही इतना अज्ञानी हूँ तो मेरा समाज कैसा होगा ? फिर मैं शेखर गुरुजी के यहाँ गया। उनसे पूछताछ की कि रजिस्ट्रेशन क्या बला है ? उन्होंने एक संविधान दिया। प्राध्यापक बी.एल. गायकवाड़ से अन्य कागजात मैंने तैयार करा लिए और रजिस्ट्रेशन के लिए पूरी फाइल औरंगाबाद भिजवा दी।

ऐसे कामों के लिए मैं अब घूमने लगा, परिणामतः घर की आर्थिक स्थिति फिर से बिगड़ने लगी। अब तो जिद थी कि छात्रावास और स्कूल खोलना ही है। कवठा के मेरे सभी साले चोरी करने में माहिर थे। यूँ स्वभाव से अच्छे थे। इनमें से एक को मैंने अध्यक्ष बना दिया। उसने कुछ रुपए इकट्ठे करके दे दिए। परन्तु घूमने-फिरने में ही वे खर्च हो गए। अब मैंने अपना मकान बेचने की सोची। बैंक का एक चपरासी मकान खरीदने को तैयार हुआ। उसे मैंने छह हजार में बेच दिया।

जिस मारवाड़ी औरत को मैं अपनी बहन मानता था, उसके घर में दुकान डालकर वहीं किराए पर रहने लगा। पैसे भरपूर थे। दुकान काफी बड़ी बना ली थी। एक-दो हजार देकर एक प्लॉट भी खरीद लिया। बचे पैसे दुकान की पूँजी के रूप में खर्च किए। पत्नी दुकान देखती थी, इसलिए मैं स्वतन्त्र था। अब मैं दुकान में सामान भरने का ही काम करता था और संस्था के रजिस्ट्रेशन के लिए घूमता था। अब कवठा के लोगों से अधिक सम्बन्ध बढ़ने लगे। कवठा में हमारी जाति के जितने भी लोग थे—छोटे से बड़े तक--सबके सब उठाईगीरी करते। कवठा उस्मानाबाद जिले में है। इस गाँव के लोगों को सुधारने की मेरी जिद थी। इनके लड़के भी अगर स्कूल गए तो कम-से-कम आनेवाली पीढ़ी तो अच्छी निकलेगी, ऐसा मैं सोचता। उनकी गरीबी इस सीमा तक गई थी कि लड़का चौथी में गया या 10-11 वर्ष का हुआ कि वे उसे उठाईगीरी का प्रशिक्षण देने लगते थे। गाँव की इस स्थिति को देखते हुए और इनकी संख्या की अधिकता को ध्यान में रखते हुए इसी गाँव में बालवाड़ी, प्राथमिक स्कूल तथा छात्रावास बनाने का मेरा विचार पक्का हो चुका था।

इस गाँव के मराठा जाति के लोग उठाईगीरों पर बहुत अत्याचार करते थे। हमारे लोगों को वे ब्याज पर पैसे दिया करते थे। सौ रुपयों पर एक सप्ताह के लिए दस रुपए ब्याज लेते थे। चोरियाँ करके आने के बाद वे ब्याज में ही सोना और कपड़े ले लेते थे। गाँव का पुलिस-पटेल हमारी जाति के प्रत्येक घर और प्रत्येक जेबकतरे से हर महीने टैक्स लेता था। इसके अलावा हर चोरी के बाद पाँच-पचास रुपए का हफ्ता ले लेता था। अगर किसी ने बड़ी रकम की जेब काटी हो और पुलिस उसे ढूँढ़ने कवठा आ गई हो और कवठा के ही लोगों ने जेब काटी हो, इसका निश्चित पता लग जाने पर पुलिस-पटेल हमारी बिरादरी के सभी लोगों को अपनी हवेली में बुला लेता और धमकी देता कि सच-सच कहो, यह किसका काम है, नहीं तो सबको अन्दर करा दूँगा। इन्स्पेक्टर

से झूठ-मूठ कह वह किसी को भी अन्दर करा देता।

कवठा के हमारे लोगों में कभी एकता नहीं थी। कई गुट थे, उनमें हमेशा झगड़े होते। इस कारण उनमें से कोई एक असली जेबकतरे का नाम बता देता। फिर क्या ? पुलिस-पटेल उस अकेले को भीतर ले जाता और पुलिसवालों से खूब पिटाई करवाता। परिणामतः वह गुनाह कबूल कर लेता। फिर पुलिस-पटेल, बाहर से आई पुलिस और वह व्यक्ति तीनों समझौता करने बैठते। तीन-चौथाई रकम उन दोनों को देनी पड़ती। पुलिस-पटेल केस दबा देता। इसी कारण जेब काटकर आने के बाद हमारे लोग खुद जाकर पुलिस-पटेल को उसका हिस्सा दे आते।

हमारी बिरादरी के लोग पूरे महाराष्ट्र में जहाँ कहीं मेले लगते हैं, वहाँ उठाईगीरी के लिए जाते हैं। ऐसे समय में अगर पूरा दल पकड़ा गया तो घरवालों की हालत बहुत बुरी हो जाती है। इस कारण दल को छुड़ाने के लिए गाँव का पुलिस-पटेल अमीर लोगों से सम्पर्क स्थापित करता है। उठाईगीर के घरवाले घर के टीन गाँव के लोगों के पास गिरवी रखकर पैसे इकट्ठे करते हैं और अपने लोगों को छुड़ाकर लाते हैं। हमारे लोगों को छुड़वाने के लिए वकील लोग भी काफी पैसे लेते हैं। उन वकीलों ने इन पैसों से बड़ी-बड़ी हवेलियाँ खड़ी की हैं। औरंगाबाद का एक वकील तो हमारे लोग जहाँ कहीं पकड़े जाते हैं, वहाँ खुद चला जाता है, काफी पैसे लेता है और उन्हें छुड़ा लाता है। जहाँ कहीं हमारे लोगों की बस्तियाँ हैं, वहाँ के पुलिसवाले और इन्स्पेक्टर काफी मालदार बन गए हैं। उल्टे ऐसे इलाके में नौकरी हो—इसके लिए बड़े-बड़े नेताओं के यहाँ चक्कर काटते हैं। हमारे लोग कवठा, सलगरा, भाड़गाँव में रहते हैं और उठाईगीरी का धन्धा करते हैं। बाहर का पैसा गाँववालों के पास ही जाता है। गाँव के अमीर हमारे लोगों से अच्छे सम्बन्ध बनाए रखते हैं। ब्याज पर पैसे देनेवाले, जुए के अड्डे चलानेवाले, दारू वाले हम लोगों के कारण काफी सम्पन्न हुए हैं।

इस समय कवठा में अन्य जाति के जो लोग हैं, 30-40 वर्ष पूर्व उनकी हालत बहुत बुरी थी। परन्तु हमारे लोगों के कारण आज वे काफी सम्पन्न हो चुके हैं। किसी-न-किसी बहाने उन्होंने हमारे लोगों का बहुत शोषण किया है। खुद सम्पन्न बन बैठे हैं। हमारे लोगों के कारण ही आज इस गाँव के कुछ लोग अमीर किसान बन बैठे हैं। आज कवठा में कुछ के पास दो-दो, तीन-तीन ट्रक हैं। बड़ी-बड़ी हवेलियाँ हैं। अन्धाधुन्ध खेती है। इसी गाँव में हमारी बिरादरी के बड़े मशहूर जेबकतरे हैं। हमारी बिरादरी का 15-16 वर्ष का लड़का जब उठाईगीरी के लिए निकलता है तब बहुत आसानी से पाँच-पाँच हजार की कमाई करके लाता है। एक दल में चार या पाँच जेबकतरे होते हैं। अन्य साथियों में कुछ रसोई बनानेवाले, कुछ कपड़े धोनेवाले होते हैं। एक दल जब महाराष्ट्र के दौरे पर निकलता है, तब एक माह में 25-30 हजार की कमाई करके ही लौटता है। बाहर घूमने-फिरने का, खाना-नाश्ता, शराब, कपड़े, रिक्शा आदि का खर्च ही 10-15 हजार का होता है।

धन्धे से लौटने के बाद दल के सभी सदस्य साहूकार के यहाँ पहुँचते हैं। जाने से

पहले जो कर्जा ये लेते हैं, उसका ब्याज 400-500 (प्रत्येक का) हो जाता है। पूँजी और ब्याज लौटाने के बाद इनके पास कुछ बचता ही नहीं। इसलिए ये फिर उसी से कर्जा लेते हैं। इतनी बड़ी कमाई के बाद 10-15 दिन भी सुख और आराम से नहीं गुजार पाते। निरन्तर कर्ज और भूख से बेहाल--यह स्थिति स्थायी होती है। परन्तु इनके पैसों पर और लोग मौज करते हैं। सम्पन्न हो जाते हैं। इन्हीं से पैसा लेकर इन्हीं को ब्याज पर देते हैं। इनकी मेहनत और कुशलता का शोषण कर सम्पन्न हुए अनेक लोग मैंने अपनी आँखों से कवठा, सलगरा, जावली, भाड़गाँव आदि गाँवों में देखे हैं।

कवठा, सलगरा और भाड़गाँव के गाँवों में अगर घर का प्रमुख चोरी करते हुए पकड़ा गया और यदि उसे दो-एक माह की सजा हो गई, तो उस घर के अन्य सदस्यों की हालत बहुत बुरी हो जाती है। भूखों मरने की नौबत आ जाती है। घर में अगर 9-10 वर्ष का लड़का या लड़की है तो मजबूरन उसे ये दूसरे दल में चोरी करने के लिए भिजवा देते हैं। उसे उठाईगीरी में कुशल बना देते हैं। इस अपेक्षा से कि अगर किसी दिन घर का प्रमुख पकड़ा जाए तो कम-से-कम वह लड़का या लड़की घर चला सके। कवठा और सलगरा के कुछ जेबकतरे अब काफी सुधर गए हैं। खेती या मजदूरी कर रहे हैं। उठाईगीरी का धन्धा वे अब छोड़ चुके हैं।

चामेगाँव में हिम्मतलाल नामक मेरा एक दूर का भाई था। इस धन्धे में बहुत तेज था। विष्णु, खांडू, रामपोर जब कभी अतीत की यादों में खो जाते, तो बताते कि कैसे वे एक ही समय दो-दो बटुए मारा करते थे। एक बार तो शर्त लगाकर उन्होंने एक इन्स्पेक्टर का बटुआ उड़ाया था। कैसर नामक उठाईगीर गर्व से बताता कि उसका बेटा बटुआ मारने में कितना उस्ताद है, आज तक पुलिसवाले उसे पकड़ नहीं पाए। एक बार उसका लड़का कुछ मित्रों के साथ घूमने गया था। रात के समय किसी का बटुआ उसने उड़ा दिया। सौ रुपयों के नोटों का एक बंडल उसमें था। परन्तु अँधेरी रात में नए नोटों के उस बंडल को उसने नई डायरी समझा। नई डायरी लगती है, इसका क्या फायदा, ऐसा समझकर उसने उस डायरी के पन्ने अलग-अलग कर उसे एक कुएँ में फेंक दिया। कुएँ में फेंकते समय हवा के कारण सभी नोट बिखर गए। सबेरे लौटते समय उस कुएँ में सौ-सौ के दर्जनों नोट फैले हुए थे। अब वे कुछ भी नहीं कर पा रहे थे। "रात को शराब के नशे में सौ के नोटों के बंडल को डायरी समझकर हमने क्या बेवकूफी की," यह सोच पछताने लगे।

मेरी पत्नी की मौसेरी बहन कवठा की ही है। परन्तु वह सोलापुर में बस गई थी। कवठा कभी-कभार आया करती थी। उसका नाम चाँगुना था। आठ-आठ सदस्यों के घर की वह देखभाल किया करती थी। उसके तीन पति थे। वह जब उठाईगीरी के लिए निकलती तो एक समय में सौ-सौ ग्राम सोने के आभूषण उड़ा लाती थी। उसे पकड़ने की हिम्मत कोई नहीं कर पाता था क्योंकि वह रहती बहुत ठाठ से थी। बहुत कीमती साड़ियाँ पहनती, गले में चार-पाँच तोले सोने के हार होते। सोने के कंगन, सोने की बालियाँ। इस कारण उस पर सन्देह करना किसी के लिए भी सम्भव नहीं था। अगर

कभी किसी ने सन्देह किया तो वह उस स्त्री या पुरुष को ही पीटने लगती, अपमानित करती, "तू मुझे चोर समझती (समझता) है, तेरे जैसे चार-पाँच तो मेरे पास नौकर हैं।" इस कारण वह कभी पकड़ी नहीं गई। रोज चार-पाँच लीटर ताड़ी वह पीती थी। आधा किलो मटन अकेले खा लेती थी। कभी सबेरे अगर वह हमारे घर आती तो उसे आठ-नौ कप चाय और 20-25 पाव रोटियाँ देनी पड़ती थीं।

अलबत्ता उसका एक नियम बहुत अच्छा था। वह जहाँ भी जाती, खुद खर्च करती। शरीर से दुबली-पतली थी। उसकी बहन कवठा की देवी के यहाँ चक्कर लगाती थी। उसकी वह बहन तो पुरुषों की जेबों को भी साफ कर दिया करती थी, औरतों के गले से सोने के हार उड़ा लेती थी। एक सिख के साथ जबसे वह रहने लगी है, तबसे उसने धन्धा छोड़ दिया है। फिर यह चाँगुना इस धन्धे में आ गई। कुछ ही दिनों में काफी मोटी हो गई। अपनी सेवा के लिए वह अपने साथ चार-पाँच औरतों को रखा करती थी। वह खुद किसी भी प्रकार का काम नहीं करती थी। उसके बच्चों को सँभालने के लिए, कपड़े धोने के लिए, स्नान के लिए, रसोई बनाने के लिए औरतों और पुरुषों की फौज साथ में रहा करती थी। उसके दल में जाने के लिए हमारे कई रिश्तेदार कोशिश करते थे। बहुत चतुराई से कुछ क्षणों में ही वह अपने हाथों से लॉकेट, मंगलसूत्र काट डालती थी। मेरी शादी के समय मेरे ससुर को उसने ही रुपए उधार दिए थे।

एक बार उसकी बहुत कमाई हुई। तुलजापुर की देवी की वह पूजा किया करती थी। कवठा में देवी का गोंधल* लगवाती। बकरा काटकर बिरादरी को आमंत्रित करती। उस दिन की कमाई से प्रसन्न होकर उसने यह सब करवाया। उस दिन वह ताड़ी ज्यादा पी गई। नशे में झूमकर नाचने लगी। फिर उसका शरीर हिलने लगा। लोगों ने कहा, इसके शरीर में देवी का संचार हुआ है। नाचते-नाचते वह अचानक गश खाकर गिर पड़ी। उसकी आँखें सफेद हो गईं। वह मर गई। उस समय उसकी आयु केवल तीस वर्ष की थी। उसके अन्तिम क्रिया-कर्म के लिए मैं गया था। सोलापुर से काफी लोग आए थे। सोने के जिस व्यापारी को उसने किलो से अधिक सोना बेचा था, वह सुवर्णकार भी आया था। चिंगू की कमाई पर उस सुवर्णकार ने सोलापुर में तिमंजिला इमारत खड़ी की है। चिंगू की मृत्यु का समाचार सुनकर वह सोलापुर से पाँच सौ रुपयों की साड़ी कफन के लिए लाया था। वह जोर-जोर से रोने लगा, "चिंगू, इतनी कम उम्र में तुझे मरना नहीं चाहिए था, यह क्या हो गया भगवान्।" कहकर वह रोने लगा। वह सुवर्णकार आरम्भ में बहुत गरीब था। केवल चिंगू के कारण वह कुछ वर्षों में अमीर हो गया। चिंगू अगर दस तोला सोना ले जाती तो वह आठ तोले कहता और दाम भी बहुत कम देता। बाद में वह सोना बाजार की कीमत से बेचा करता था। उस सोने को बेचकर वह गरीब सुवर्णकार तीन मंजिल की इमारत का मालिक बन बैठा और चिंगू

* गोंधल : मातृसत्ताक पद्धति का विशेष कर्मकाण्ड, इसमें कुछ गायक लोकवाद्यों के सहारे रात-भर देवी की कथा का गान करते हैं। इस समय बकरा काटकर सबको भोज दिया जाता है। कार्यक्रम रात-भर चलता है।

अपने चार बच्चों को अनाथ और बिना किसी जायदाद के छोड़कर चली गई। इन बच्चों का कोई सहारा नहीं था। चिंगू की ईमानदारी के कारण सुवर्णकार उसके कफन हेतु इतनी कीमती साड़ी लाया था, परन्तु चिंगू के बच्चों के लिए उसने कुछ नहीं किया। वे आज भी भूखों मर रहे हैं। कुछ दिनों बाद वे बड़े हो जाएँगे और माँ की ही तरह चोरियाँ करके जिएँगे। हमारे ही लोग उन्हें चोरी करना सिखाएँगे और चोरी करने में माहिर होने के बाद पुलिस, सुवर्णकार, साहूकार उनकी पिटाई किया करेंगे। चोरियाँ कर सबको सँभालने वाली, अपने बच्चों के भविष्य के लिए कुछ न करने वाली चिंगू मर गई। एक चिंगू मर गई, पर हमारे समाज में आज भी ऐसी अनेक चिंगू हैं।

मुझे बचपन से ही अच्छी आदतें लग गई थीं, शायद इसी कारण अपनी बिरादरी के इन लोगों की जीवन-पद्धति को देखकर मैं बेचैन हो जाता हूँ। चिंगू की ही तरह मेरी ही आयु की मेरी एक रिश्तेदार ईटी नामक युवती है। उसने भी दो-तीन पति किए। एक पति हमारी ही बिरादरी का है। अब वह एक मुसलमान के साथ है, दोनों ही चोरियाँ करते हैं। हमारी ही बिरादरी में रहते हैं। एक बार की बात है, वे दोनों चोरियाँ करने गए। चोरी में कुछ मिला नहीं। आलंदी से पुणे तक किसी प्रकार बिना टिकट के वे आ गए। पर आगे की यात्रा के लिए पैसे नहीं थे। खाने को भी कुछ नहीं था। काफी परेशान हो गए। अन्ततः ईटी ने अपनी डेढ़ वर्ष की सुन्दर लड़की को, जिसे उसने नौ महीने अपने गर्भ में सँभाला था, दो सौ रुपए में पुणे में बेच दिया। तीन-चार वर्ष के लड़के को अपने पास रखा। लड़का बड़ा होकर उठाईगीरी करते हुए माँ-बाप को सँभालेगा, इस आशा से पति-पत्नी ने उस लड़की को बेच दिया। यह बहुत पुरानी बात है। चिंगी की मृत्यु के थोड़े ही दिनों बाद की यह घटना है। यह ईटी आज भी जीवित है।

इसी कारण कई बार मैं सोचता हूँ कि स्वतन्त्रता के 40 वर्षों के बाद भी हमारे लोगों को पेट-भर खाना नहीं मिलता, हाथों को काम नहीं दिया जाता, तन के लिए कपड़ा नहीं मिलता, इस कारण ये लोग अपने बच्चों को बेचकर अपनी जरूरतें पूरी कर लेते हैं। अगर स्वाभिमान से जीना असम्भव हो रहा हो तो इस स्वतन्त्रता का उपयोग ही क्या है ? आगे ऐसा न हो, इसलिए कुछ करने-धरने के विचार मन में आते हैं। अपनी बिरादरी में मैं जब जाता हूँ और ऐसी घटनाओं का मुझे पता चल जाता है, तब मैं परेशान हो जाता हूँ। अपने समाज का यह चित्र देखकर ही मैं 'पाथरूट समाज संगठन' की ओर से शिक्षण संस्था खोलने की कोशिश करने लगा। अनेक दिशाओं से प्रयत्न करने के बाद 1979 में कवठा में विमुक्त जनजातियों की शिक्षा संस्था को रजिस्ट्रेशन मिल गया। सोचा कि अपने समाज के कुछ बच्चों को तो उठाईगीरी से बचा सकूँगा। उस्मानाबाद शहर में छात्रावास की मान्यता मिले, इसके लिए समाज-कल्याण विभाग में मैंने अर्जी भिजवा दी।

शिक्षा-क्षेत्र की मुझे कोई जानकारी नहीं थी। सोचता कि रजिस्ट्रेशन के बाद तुरन्त ही छात्रावास को मान्यता मिल जाएगी। श्री पद्मसिंह पाटील ने (जो कि मन्त्री थे)

मान्यता देने का आश्वासन दिया था। परन्तु उस्मानाबाद के अधिकारी के यहाँ चक्कर काटते-काटते मैं थक गया। मार्च में छात्रावास का कोटा मंजूर होकर आता है, तब सोचेंगे—ऐसा वे कहने लगे। परन्तु मार्च आकर चला गया और कुछ नहीं हुआ। दुकान के जो पैसे पास में थे, वे भी खत्म हो गए। काफी घूमता रहा, इस कारण दुकान की पूँजी भी खत्म हो गई। प्रार्थना-पत्रों पर कवठा का पता था, इस कारण सभी पत्र कवठा के पते पर आते थे। हमारी बिरादरी के लोग अशिक्षित और गँवार थे। पत्र आने पर उन्हें लगता कि सरकार लक्ष्मण गायकवाड़ को पैसे देने के लिए बुला रही है। हमारे नाम पर सरकार से गायकवाड़ बहुत पैसे ऐंठ रहा है, ऐसी वहाँ चर्चा शुरू हुई। ससुराल के लोगों से मैं कहता कि यह सच नहीं है। अभी हमें मान्यता नहीं मिली है, फिर पैसा कैसे और कहाँ से आएगा। परन्तु लोगों की गलतफहमी बढ़ती गई। कुछ लोग मुझे गालियाँ देने लगे। मुझे बहुत बुरा लगता, परन्तु मैं कर भी क्या सकता था !

छात्रावास खुल गया। मेरे एक दोस्त ने मुझसे कहा था कि यार, यह कुछ ठीक नहीं है। तुम्हारे जैसों को ये लोग छात्रावास थोड़े ही मंजूर करेंगे ? वहाँ सब चोरों का बाजार है। जो लोग अधिकारियों को हजार-दो हजार दे देते हैं, उन्हें ही छात्रावास-स्कूल मिलते हैं। मेरे दिमाग में तब यह बात स्पष्ट हुई। मुझ जैसे फटीचर का शिक्षा-क्षेत्र से क्या सम्बन्ध ? अब तक मेरी जेब से सैकड़ों खर्च हुए तो बिरादरी के लोग चिल्ला रहे हैं कि इसे सरकार से पैसा मिल रहा है और उधर पैसे दिए बगैर मंजूरी नहीं मिल सकती है। संस्था के पदाधिकारी—अध्यक्ष, उपाध्यक्ष, सदस्य—सभी अशिक्षित, जेबकतरे हैं। अब अच्छे लोग कहाँ से लाऊँ ? कवठा में एक-दो पढ़े-लिखे थे। पर वे थे सरकारी नौकर। इन सारी स्थितियों को और घर की बिगड़ती हालत को देख मैंने शिक्षा संस्था की कोशिश ही बन्द कर दी।

अब घर की ओर लौटा। भगवानराव देशपांडेजी के सिवा नजदीक का कोई आदमी नहीं था। मैंने उनसे कहा, "साहब, साइकिल दुकान के लिए मुझे कर्ज दिलवा दीजिए।" फिर वकील साहब ने एक बैंक से मुझे एक दर्जन साइकिलें दिलवा दीं। दुकान अच्छी चल निकली। रोज अस्सी रुपयों तक का धन्धा होने लगा। मैं खुद पंक्चर लगाता, हवा भरता। अन्य साइकिलें भी दुरुस्त करता। उसके पैसे भी मिलते। सहायता के लिए एक नौकर भी रखा। आरम्भ में बैंक की किश्तें नियमित रूप से देता रहा। अब समय भी मिलने लगा। किसी भी पार्टी या संगठन का कार्यक्रम या सभा हो तो वहाँ पहुँचता, मुझे भाषण करने का मौका दो—ऐसी विनती संयोजकों से करता था। किसी भी सभा में भाषण करता। इससे अनेक कार्यकर्ताओं के सम्पर्क में आने लगा। प्रदीप पाटील मुझे मोर्चे में आने के लिए कहता। उस दिन दुकान नौकर के भरोसे छोड़कर मैं निकल जाता। अब दुकान में प्रकाश रेड्डी नामक कम्युनिस्ट युवक आने लगा। उससे अच्छी दोस्ती हो गई।

उन दिनों लातूर आई.टी.आई. का अध्यक्ष एक ईमानदार मुसलमान था। हम रोज आन्दोलनों की चर्चा करते। अब मेरे दिमाग में कम्युनिस्ट पार्टी के विचार अधिक घर

करने लगे। देशपांडे वकील जो भारतीय कम्युनिस्ट पार्टी के हैं, पार्टी के परिपत्र और पुस्तिकाएँ पढ़ने को देते। कुछ ही दिनों बाद भगवानराव देशपांडे ने मुझे अपनी पार्टी का सदस्य बना दिया। अब तो मैं दुकान को नौकर के भरोसे छोड़कर घूमने लगा। झुग्गियों में रहनेवालों का संगठन बनाने का प्रयत्न मैंने शुरू किया। सोचने लगा कि अब साइकिल-दुकान चलाते-चलाते झुग्गी और सूत मिल का संगठन मजबूत करूँ। भगवानराव देशपांडेजी और मेरी यही इच्छा थी।

कई बार मैं दुकान पर किसी दोस्त को बिठाता और संगठन के काम से झोंपड़पट्टी में निकल जाता। रात में अनेकों के घर जाकर संगठन के लिए उन्हें प्रेरित करता। भाषण देता। मेरे भाषण पर लोग संगठित होने लगे। भाषण उन्हें अच्छे लगते। एक बार दीपावली का त्यौहार था। देशपांडे वकील और मेरे पास सूत मिल के अनेक मजदूर आने-जाने लगे। ''हमारा संगठन मजबूत कर, हमें नेतृत्व दो, हमें बोनस कम दिया जा रहा है, मजदूरों को फिर से तकलीफ दी जा रही है,'' ऐसी शिकायतें करने लगे। मुझे काम पर से निकाल दिए जाने के कारण मेरे मन में चेयरमैन और मैनेजर के प्रति गुस्सा था ही। मैं मौके की तलाश में था। तो मैंने किसी मजदूर पर हुए अत्याचार के विरोध में एक पत्रक निकाला और मिल के गेट पर जाकर वह पत्रक मजदूरों में बाँटने लगा। इस पत्रक के कारण मजदूरों में खलबली मच गई। मजदूर अब फिर से संगठित हो जाएँगे—ऐसा डर मैनेजमेंट को होने लगा। उस पत्रक पर प्रकाशक के स्थान पर केवल मेरा अकेले का ही नाम था। जिन मजदूरों को फुसलाकर पिछली बार मैनेजर ने हड़ताल तोड़ दी थी, वे मजदूर उन दिनों मिल में काफी गुंडागर्दी कर रहे थे। एक दिन मजदूर गुंडे मुझे मिले। कहने लगे, ''गायकवाड़ साहब, हम आपकी ओर ही हैं। चलो, जरा अकेले में बातचीत करेंगे।'' मुझे विश्वास में लेकर रेल की पटरियों पर ले गए। कुछ ही क्षणों बाद पिक्चर के हीरो की तरह वे मेरी पिटाई करने लगे। चेन और जातों से मुझे मारने लगे, मैं चिल्लाने लगा।

इसी समय रामलिंग जगताप मोटर-साइकिल पर उधर से निकला। मुझे देखकर वह दौड़ता हुआ आया। तब गुंडे भाग गए। मेरे मुँह से खून बह रहा था। काफी धुनाई हुई थी। मुझे मोटर-साइकिल पर लिए रामलिंग पुलिस-स्टेशन पहुँचा। वहाँ मेरी शिकायत दर्ज की गई। परन्तु उन गुंडों को पुलिसवालों ने नहीं पकड़ा। वकीलों ने भी पुलिसवालों से कहा। बावजूद इसके गुंडों को नहीं पकड़ा गया। अन्ततः पुलिस भी पैसेवालों की, अमीरों की ही पहरेदार साबित हुई। मैंने सोचा, इस व्यवस्था में हमें न्याय नहीं मिल सकता। पुलिस गरीबों की सहायता नहीं करती, इसका अनुभव मुझे इसके पूर्व भी कई बार हो चुका था।

अब मैं काफी लगन से काम करने लगा। किसी भी स्थिति और हालत को झेलते हुए, राजनीति में सक्रिय होकर, विविध प्रकार के संगठन बनाने का मैंने निर्णय ले लिया। साइकिल दुकान में मैं अब बहुत कम बैठने लगा। नौकर और दोस्त जितना पैसा लाकर देते, उसे मैं चुपचाप ले लेता। इन्हीं दिनों मैंने, प्रदीप पाटील और इनामदार ने यह निर्णय

लिया कि लातूर के व्यापारी देहातियों और किसानों का बहुत शोषण करते हैं, उन्हें धोखा देकर माल बेचते हैं। हायब्रीड बीज की एक थैली की कीमत बाईस रुपए होती है। पर बुवाई के दिनों में इसी थैली के वे पैंतालीस रुपए तक लेते हैं। हम लोगों ने सोचा, किसानों के लिए कुछ करना चाहिए। एक दिन मैं और प्रदीप पाटील बाजार गए। एक व्यापारी के यहाँ हमने अपने एक मित्र को भेजा। उसने हायब्रीड की एक थैली माँगी। हायब्रीड की थैलियाँ वह व्यापारी कहाँ रखता है, इसे देख आने के लिए हमने उसे कहा था। पैंतालीस रुपए में एक थैली जब उस मित्र ने खरीदी, तब उसने हमें इशारा किया। हम दौड़ते पहुँचे। बीज के उस व्यापारी को हमने रँगे हाथों पकड़ लिया। जिस दुकान पर बीज खरीदने हेतु किसानों की लम्बी कतार लगी थी, वहाँ जाकर हमने कहा कि इस दुकान में बीज की बहुत थैलियाँ हैं--आओ। हजार-डेढ़ हजार किसान वहाँ इकट्ठे हो गए। हमने उस दुकानदार से कहा, "चलो, थैलियाँ निकालो, ग्राहक खड़े हैं।" हमने उसे दुकान के बाहर खींचा। थैलियाँ इस गोदाम में हैं, उस गोदाम में हैं कहते हुए वह हमें घुमाने लगा। देखते-देखते गोलाई में चार हजार किसान इकट्ठा हो गए। अन्ततः एक स्थान पर ले गया, वहाँ थैलियाँ थीं। अब हमने सोचा कि काला-बाजारी करनेवाले इस व्यापारी को सबक सिखाना चाहिए। गधे पर बैठाकर उसे घुमाने का हमने निर्णय लिया। एक किसान गधा ले आया। मैंने और प्रदीप ने उस व्यापारी को जबरदस्ती गधे पर बैठा दिया। पान की एक दुकान में जाकर हमने वहाँ से गीला कत्था लिया और उस व्यापारी के मुँह पर पोत दिया। साइकिल का पुराना टायर उसके गले में डाल दिया। उसके सिर पर हायब्रीड की एक थैली भी बाँध दी और नारे लगाते हुए हनुमान चौक तक हमने उसे घुमाया।

चार-पाँच हजार की भीड़ इकट्ठी हो गई। पुलिस-विभाग तक खबर पहुँची। दो पुलिसवाले आए। पर वे चुपचाप देखते रहे। इतनी बड़ी भीड़ में कुछ करने की उनकी हिम्मत शायद नहीं थी। पर कुछ व्यापारियों ने सर्कल-इन्स्पेक्टर को सूचना दी। बावठाणकर नामक सब-इन्स्पेक्टर जीप लेकर वहाँ आया और भीड़ में घुसकर वह मुझे, प्रदीप, इनामदार और उस व्यापारी को पुलिस स्टेशन ले आया। बावठाणकर हमें जोर-जोर से गालियाँ देने लगा। "कानून हाथ में लेते हो ? अरे, मैं यहाँ हूँ, पूरा पुलिस विभाग लातूर में अभी जिन्दा है, बावजूद इसके तुम लोग एक आदमी की गधे पर बारात निकालते हो ? वास्तव में तुम लोगों ने पुलिसवालों के मुँह पर, मेरे मुँह पर कालिख पोत दी है। गधे पर हमारी ही बारात तुम लोग निकाल चुके हो।" वह चिल्लाने लगा।

मुझे और प्रदीप को उसने थोड़ा-बहुत मारा भी। कई धाराएँ लगाकर हम पर उसने केस बनाया। पूरे महाराष्ट्र के अखबारों में यह खबर हमारे नामों सहित छप गई। यह केस बहुत दिनों तक चला। आखिर में तंग आकर उस व्यापारी ने ही केस वापस ले लिया।

इस प्रकरण के बाद लातूर के व्यापारी मुझ से और प्रदीप से घबराने लगे। अब वे उचित दाम पर बीज बेचने लगे। अब मैं झोंपड़पट्टियों में घूमने लगा। उनका संगठन

बनाने का विचार था। लातूर की सभी झोंपड़पट्टियों में सभाएँ लेकर एक दिन बहुत बड़ा मोर्चा निकालने का मेरा इरादा था। मोर्चे की माँगें मैंने ही तय कीं। "झोंपड़पट्टी हटाओ मत, नल और लाइट की सुविधा दो" ये दो हमारी प्रमुख माँगें थीं। इस आशय का एक निवेदन मैंने उप-जिलाधीश और पुलिस विभाग को दे दिया। मोर्चे की तारीख तय हुई। पुलिस तैयारी में थी। यह मोर्चा मैं अपने अकेले की हिम्मत पर पहली बार निकाल रहा था। कुछ कार्यकर्ताओं को यह ठीक नहीं लगा। मोर्चे के एक दिन पहले, रात में कांग्रेस (आई) के नेताओं ने यह फतवा निकाला कि गायकवाड़ के कल के मोर्चे में कोई भी न जाए। अगर मोर्चे में कोई शामिल हुआ तो संजय गाँधी निराधार योजना के अन्तर्गत मिलनेवाली उनकी सहायता हम बन्द कर देंगे। झोंपड़पट्टियाँ उठवा देंगे। इस कारण लोग मोर्चे में नहीं आए। साइकिल की दुकान से पैसे लेकर, रिक्शा में लाउडस्पीकर फिट कर दिन-भर मोर्चे में हिस्सा लेने के लिए मैं खुद प्रचार करने लगा। परन्तु रात में उन्होंने इसे उल्टा कर दिया। मुश्किल से दस-बारह लोग आए। पुलिसवालों से मैंने कहा था कि एक हजार से अधिक लोग मोर्चे में आएँगे और अब यह हालत ! मोर्चा नहीं निकला, उल्टे मेरी फजीहत हुई।

मैंने पुलिस कार्यालय को फोन करके कहा कि आज का मोर्चा निरस्त कर दिया है। तब डी.एस.पी. गुर्राया। उसने कहा, "मोर्चे के बन्दोबस्त के लिए मेरे विभाग ने जो खर्च किया है, उसके लिए कौन जिम्मेदार है ? मोर्चा तुम निकालनेवाले थे। तुम्हारा लिखित निवेदन मेरे पास है। पहले तुम पुलिस-स्टेशन आ जाओ।" मुझे मोर्चे सम्बन्धी नियमों का पता नहीं था। मोर्चा अगर न निकाला तो सम्बन्धित व्यक्ति को बन्दोबस्त का खर्च देना पड़ता है, ऐसा शायद नियम होगा, यह सोच मैं घबरा गया। अब मुझे पुलिस पकड़ेगी, सोचकर मैं काफी परेशान हो गया। सीधे साइकिल-दुकान पर पहुँचा। गाड़ी खर्च के लिए पैसे लिए। मित्र जटाल से मैंने कहा कि दुकान का ध्यान रखना। मैं गाँव जा रहा हूँ। पुलिसवालों के डर से भाग रहा हूँ, ऐसा मैंने नहीं कहा। ससुराल में विशेष काम निकला है, इसलिए तीन-चार दिन के लिए कवठा जा रहा हूँ, ऐसा मैंने उससे कहा। कवठा में तीन-चार दिन रहा। फिर लातूर लौटा। इस बीच पुलिसवालों ने कोई पूछताछ नहीं की। मैंने अपने मित्र श्री जटाल से, जो मुझसे काफी ज्यादा पढ़ा-लिखा था, इस सम्बन्ध में पूछताछ की। उसने कहा, "नहीं, ऐसा कोई नियम नहीं है। पुलिस बन्दोबस्त का पैसा माँग ही नहीं सकती।" अब मैं चिढ़ गया। मैंने यह तय किया कि अब मैं मराठवाड़ा की विमुक्त जनजातियों पर होनेवाले अन्यायों के विरुद्ध आवाज उठाऊँगा। मराठवाड़ा में जहाँ कहीं विमुक्त जनजातियों पर अत्याचार के समाचार आते, मैं वहाँ पहुँचने लगा। कभी कानून से, तो कभी मोर्चा निकालकर मैं अधिकारियों पर दबाव डालने लगा।

हमारे समाज में अनेक उप-जातियाँ हैं। लातूर के पास लामजना नामक छोटा-सा गाँव है। वहाँ के वर्मा-बंडगर तिरुपति के बालाजी हो आए थे। वहाँ से लौटने पर उन्होंने वड़ार समाज का एक कार्यक्रम रखा था। इस कार्यक्रम के लिए आन्ध्र और कर्नाटक

से इस जाति के लोग आए थे। मुझे भी बुलाया गया था। इस कार्यक्रम को देखते समय मैंने यह महूसस किया कि अन्य हिन्दू लोग बालाजी की जिस प्रकार पूजा करते हैं, यहाँ ठीक उससे उलटा होता है। वर्मा-बंडगर तिरुपति हो आए और इसलिए उनके साथ बालाजी भी आया है, ऐसी इस जाति की श्रद्धा है। इस कारण कार्यक्रम होने तक जो तिरुपति हो आए थे, उन्हें एक कमरे में बन्द कर दिया गया था। कार्यक्रम शुरू हुआ। वड़ार समाज के ये लोग एक तेलुगु गीत गाने लगे, नाचने लगे, लोकवाद्य बजाने लगे। प्रसाद बनवाया गया था। वर्मा-बंडगर जिस कमरे में बन्द थे वहाँ सब लोग प्रसाद लेकर गए। वर्मा-बंडगर को बाहर निकालकर नहलाया गया। गीले कपड़ों से उनकी शोभायात्रा निकाली गई। वाद्य बज रहे थे। मैं यह सब ध्यानपूर्वक देख रहा था। जुलूस गाँव के बाहर आया। वहाँ सब सड़क के एक किनारे बैठ गए। वर्मा को खाने के लिए प्रसाद दिया गया। प्रसाद का हिस्सा जमीन पर रखा गया और सभी लोग तेलुगु में सामूहिक रूप से कहने लगे, "बालाजी भगवान ! अब तू अपने गाँव वापस जा, अब तू हमारी चिंता न कर।" ठीक इसी समय वर्मा का शरीर घूमने लगा। थोड़ी देर बाद वह बेहोश हो गया। तब सभी लोग घर की ओर लौटे। मैंने एक से पूछा, "यह सब क्या है ?" तब उसने कहा, "साहब, वर्मा जब तिरुपति से लौटा, तो बालाजी उसके साथ आया। अब बालाजी को वापस भेजना जरूरी था। अगर हम बालाजी को वापस नहीं भेजेंगे तो वह अपने घर कभी नहीं लौट सकेगा। ऐसे कार्यक्रम के बाद ही बालाजी की कृपा भक्तों पर बढ़ जाती है और वह अपने घर लौटता है।" यह अजीब पद्धति थी। वड़ार समाज है तो हिन्दू धर्म में, परन्तु उनकी पूजा-पद्धति हिन्दुओं से भिन्न है।

विमुक्त जनजातियों का आन्दोलन जोर पकड़ने लगा। प्रत्येक तहसील में कार्यकर्ता तैयार होने लगे। जहाँ कहीं अन्याय होता या अन्याय की खबर आती, वहाँ वे पहुँचते। इन्हीं दिनों कवठा में हमारी बिरादरी के कुछ लोगों पर गाँव के सम्पन्न व्यक्तियों ने षड्यन्त्र कर हमला किया। कारण क्या था, पता है ? उस गाँव में प्रतिवर्ष महादेव की यात्रा हुआ करती है। उस यात्रा के लिए हमारे लोगों से जबरदस्ती चन्दा इकट्ठा किया जाता है। हमारे लोग गाँव के प्रतिष्ठितों से घबराते हैं। उनसे आँखें मिलाना तो दूर, उन्हें देखकर वे रास्ता बदल लेते हैं। इतना आतंक इन लोगों का था। जो उठाईगीरी करते हैं, उनसे तो 251 रुपए वसूल किए जाते थे।

इस कारण यात्रा से कुछ दिन पहले हमारी बिरादरी के लोग उठाईगीरी के लिए और स्थानों पर निकल पड़ते थे। चोरियाँ करते, जेब काटते और घरवालों की आवश्यकताओं की पूर्ति करने के बजाय महादेव की यात्रा के लिए चन्दा जमा करते। गाँव के प्रतिष्ठित लोग हम लोगों से प्राप्त चन्दे पर यात्रा के दिनों में मौज करते, कुश्तियों की स्पर्धा आयोजित करते। कुश्ती की इस स्पर्धा में भाग लेने के लिए दूर-दूर से पहलवान पहुँचे थे। पर उस वर्ष कवठा में हमारा संगठन बन गया था। बिरादरी के लोगों को सुधारने के लिए मैं कई बार कवठा गया था। कई बैठकें ली थीं। कई पद्धतियों से उन्हें समझा चुका था। इस कारण लोग संगठित हुए। गाँव के अमीर लोग हमारी बिरादरी का बहुत

शोषण किया करते थे। अगर किसी ने चन्दा नहीं दिया, हफ्ता नहीं दिया तो उस व्यक्ति की पिटाई होती थी। एक बार तो मेरे साले को कवठा के एक दुकानदार ने बहुत पीटा और अपनी दुकान में रस्सियों से बाँधकर रखा। पैसे दिए बगैर उसे नहीं छोड़ा गया। हमारे लोग कवठा में गुलामी का जीवन जी रहे थे। अन्याय के बावजूद वे जाएँगे-कहाँ ? गाँव के लोगों के खिलाफ शिकायत लेकर अगर वे पुलिस के पास पहुँचते तो पुलिस उन्हें अन्दर कर देती। इस कारण वे अन्याय सहते हुए चुपचाप जी रहे थे। अब मैंने उन्हें संगठित किया था। इस कारण उस वर्ष महादेव की यात्रा के लिए प्रतिवर्ष की तरह चन्दा माँगने गाँव के प्रतिष्ठित पाटील, सरपंच आदि लोग जब हमारी बस्ती में पहुँचे, तब कुछ तो डर के मारे चन्दा दे बैठे पर शिवा, जाधव, विष्णु गायकवाड़, खांडु कमल, आदि कुछ 10-12 लोगों ने कहा कि, "भले ही हम चोरियाँ करते हों, तो भी हम चन्दा नहीं देंगे। यह गाँव न हमें काम देता है, न और कुछ। तो फिर हम गाँव के किसी कार्यक्रम में चन्दा दें ही क्यों ? गाँव में कहीं पर भी कोई कार्यक्रम हो, तो आप लोग हमसे चन्दा वसूल करते ही हैं, इस वर्ष हम इतना चन्दा नहीं देंगे। ग्यारह-ग्यारह रुपए देंगे।" तब सभी प्रतिष्ठित चिढ़ गए। ये हिम्मत ! उठाईगीर अब हमें जवाब दे रहे हैं ? सरपंच और पाटील को लगा कि यह हमारा अपमान कर रहे हैं। गुस्से से वे लाल हो गए। थोड़ी ही देर बाद गाँव के गुंडे लाठियाँ और कुल्हाड़ी लिए बस्ती की ओर निकले। "उठाईगीर जोश में आ गए हैं" "गाँव के प्रतिष्ठितों के मुँह लग रहे हैं", "इन्हें सीधा करना होगा" कहकर वे लाठियाँ चलाने लगे। इसमें शिवा जाधव, विष्णु गायकवाड़ आदि घायल हो गए। पुलिस-विभाग के पास पहुँचने पर भी पुलिसवालों ने कुछ नहीं किया। घायल लोग लातूर मेरे पास आए। उन्होंने मुझसे सारी घटना सुनाई। मैं तुरन्त लातूर के 'गोदातीर-समाचार' नामक स्थानीय समाचार-पत्र के सम्पादक श्री रवीन्द्र रसाल के यहाँ गया। उन्होंने कवठा के इस प्रकरण को अपने पत्र में प्रकाशित किया। 'गाँव के गुंडों का पाथरूटों पर हमला' इस शीर्षक से वह समाचार छपा। इससे गाँववाले और चिढ़ गए। उन्होंने फिर पिटाई की। इस कारण इन गाँववालों के विरोध में जाने की हिम्मत अब कोई भी नहीं करना चाहता था। पर इस बार मैं काफी तैयारी कर चुका था। हमारी बिरादरी के शिवा और जाधव को गाँव के पाटील, सरपंच और अन्य प्रतिष्ठितों ने कहा, "महादेव की यात्रा के लिए 251 रुपए का चन्दा दो, तुम चोरी करते हो, इतना क्यों नहीं दे सकते ?" उन्होंने लाठियों से इतनी पिटाई की कि उनकी जगह कोई अन्य दुबला-पतला व्यक्ति होता तो वह मर ही जाता। शिवा और जाधव के सिर में बारह टाँके लगे। जाँघों व पीठ पर लाठी के निशान दिखाई दे रहे थे। इन दोनों के अलावा इनकी बहनों, माँओं और पत्नियों को भी खूब पीटा गया था। बावजूद इसके पुलिस कुछ नहीं कर रही थी। मैं इन्हें साथ लेकर गाँव की तहसील उमरगा गया। वहाँ पर भी पुलिस शिकायत दर्ज नहीं कर रही थी। जिनकी पिटाई हुई थी, पुलिस उन्हें दवाखाने में भी नहीं भिजवा रही थी। कवठा के एक नेता मुझे वहाँ मिले। मैंने उन्हें यह सारी व्यथा-कथा कही। तब वे कहने लगे, "यह मामला हमारे गाँव से जुड़ा हुआ है। तुम इस मामले में

दखलन्दाजी न करो तो ही अच्छा है। हम लोग एक-दूसरे को पीटेंगे भी और किसी दिन एक भी हो जाएँगे। इस मामले को हम गाँव में ही निपटाएँगे। कौन इसे पुलिस में ले जाता है, देखता हूँ। इतना ही नहीं, पुलिस इस घटना को कैसे दर्ज कर लेती है, इसे भी देखता हूँ।" वे उल्टे मुझे ही डाँटने लगे। मैंने हिम्मत नहीं हारी। रात में करीब दो बजे उमरगा पोस्ट आफिस से मैंने उस्मानाबाद के तत्कालीन एस.पी. श्री चौधरीजी को फोन किया और कहा, "देखिए साहब, सबेरे चार बजे तक अगर कवठा में पुलिस नहीं पहुँची तो मेरी बिरादरी के कम-से-कम दो आदमियों का खून गाँव के गुंडे करनेवाले हैं। हमारे लोगों को पूर्ण सुरक्षा की जरूरत है। अगर आप सुरक्षा नहीं दे सके और कुछ उल्टा-सीधा हो गया, तो पुलिस विभाग ही इसके लिए जिम्मेदार रहेगा, कहे देता हूँ।"

जिन्दगी में पहली बार किसी एस.पी. से मैं इतने कड़े और स्पष्ट शब्दों में बोल रहा था और कवठा के जिस नेता ने मुझे धमकी दी थी कि कवठा में पुलिस पैर नहीं रखेगी, उसी गाँव में उस नेता की उपस्थिति में, प्रातः पाँच बजे पुलिसवालों को लेकर मैं पहुँचा।

गाँव के मराठों ने हमारी बिरादरी के हनुमन्त वड़ार नामक एक युवक का खून किया था। कारण ? सार्वजनिक कुएँ से पानी भरने की उसने हिम्मत जो की थी। इस खून के बाद हनुमन्त वड़ार का क्रिया-कर्म गाँव में ही हो—ऐसा दबाव प्रतिष्ठित मराठा लोग डालने लगे। किसी भी स्थिति में यह मामला पुलिस-स्टेशन में न जाए, ऐसा उनका प्रयत्न था। किसी को खबर भी न पहुँचे, इसलिए उन्होंने वड़ार जाति के लोगों के गाँव से बाहर निकलने पर रोक लगा दी। पवार नामक एक युवक बड़ी हिम्मत के साथ छिपते हुए वहाँ से भाग निकला और मेरे पास आ पहुँचा। सारी बातें उसने मुझसे कहीं। "बाहर से किसी संगठन का आदमी अगर पहुँचा तो तुझे भी नहीं छोड़ेंगे," ऐसी धमकी उन्होंने पवार को दी थी। पवार को साथ लिए मैं मोटर-साइकिल पर कवठा पहुँचा। गाँव के सभी लोग डरे हुए थे। लाठियाँ-कुल्हाड़ी लिए घरों में बैठे थे। मोटर-साइकिल की आवाज सुनकर पूरे गाँव में खामोशी छा गई। उन्हें लगा कि कोई सी.आई.डी. का आदमी पहुँचा है। वहाँ से जानकारी लेकर मैं उस्मानाबाद गया। वहाँ के पुलिस-स्टेशन में मैंने शिकायत दर्ज की। पुलिस तुरन्त निकली। उस मराठा व्यक्ति को पकड़ा गया। पर थोड़े ही दिनों बाद उसे जमानत पर छोड़ दिया गया। मैंने पूछताछ की। पता चला कि इसी केस में उसे इसके पहले भी पकड़ा गया था। एक ही केस में एक व्यक्ति को दो बार नहीं पकड़ा जाता, इसलिए उसे मुक्त कर दिया गया, ऐसा किसी ने कहा। किसी मुर्गे को जितनी सहजता से काटकर फेंक दिया जाता है, ठीक उसी तरह सिंधवाड़ी के प्रतिष्ठित गुंडों ने हनुमन्त वड़ार को काट फेंका था।

ठीक इसी प्रकार कलंब तहसील के मोहा गाँव के एक बहेलिया परिवार पर पुलिसवालों ने अत्याचार शुरू किए। उस्मानाबाद जिले के कई गाँवों में बहेलियों की बस्तियाँ हैं। पुलिस और जमींदार लोग इन बहेलियों-पारधियों* को चोरी करने के लिए

---

* पारधी : एक जनजाति का नाम

मजबूर करते रहते हैं, ऐसा मैंने अनुभव किया था। पारधियों के तम्बुओं में जाकर मैं जानकारी इकट्ठी करने लगा। उनके तम्बू में मैं मुकाम करता। मोहा के पारधियों की अपनी जमीन है, वे अच्छी जिन्दगी जीने की कोशिश में हैं। परन्तु गाँव के कुछ प्रतिष्ठितों ने उन पर हमला किया था। मैंने पुलिस केस किया। परिणामतः गाँव में पुलिस पहुँची और उस जिले के इतिहास में पहली बार विमुक्त जन-जातियों की बस्तियों पर हमला करने के आरोप में गाँव के पाटील, सरपंच और अनेक प्रतिष्ठितों को पकड़ ले गई। पाथरूटों की बस्ती को पुलिसवालों ने पूरे एक माह तक सुरक्षा दी। गाँव के सभी सवर्ण चन्दा इकट्ठा कर सरपंच और पाटील को छुड़ा भी लाए। महाराष्ट्र के अनेक दैनिक पत्रों में यह खबर छपी। 'गाँव के प्रतिष्ठितों का आचरण गुंडों की तरह है'—ऐसी खबर छपने से उनकी भी इज्जत गई।

तब से उस गाँव में पाथरूटों पर होनेवाले अत्याचार बन्द हो गए। पुलिस-पटेल के हफ्ते बन्द हो गए। इस प्रकरण में काम करते समय अशोक आलकुटे, चन्द्रकान्त गायकवाड़, जगू गायकवाड़, जेवलीकर, कुशाबाई पवार आदि कार्यकर्ताओं से बहुत सहायता मिली। उमरगा तालुका में विमुक्त जनजातियों का अच्छा संगठन अब बना है।

अब मैं पूरे मराठवाड़ा में विमुक्त जनजातियों के लिए काम करने लगा। भूम, अंबाजोगाई, बीड़, माजलगाँव, वसमत, कन्धार, अहमदपुर, कलंब, उदगीर, निलंगा, औसा आदि तहसीलों और जिला स्तर पर मैंने हजारों लोगों के दर्जनों मोर्चे निकाले, बैठकें लीं।

इन्हीं दिनों मराठवाड़ा विश्वविद्यालय को डॉ. बाबा साहेब आम्बेडकरजी का नाम देने हेतु जो बहुत बड़ा सत्याग्रह हुआ, उसमें मैं विमुक्त जनजातियों के सैकड़ों कार्यकर्ताओं के साथ सम्मिलित हुआ। इतने बड़े सत्याग्रह में मैं पहली बार उतर रहा था। मुझे पकड़ा गया और एरवड़ा (पुणे) की जेल में डाला गया। राजनीतिक कैदी के रूप में जेल में जाने का जिन्दगी का यह मेरा पहला अवसर था। जेल में 14 दिन रहा। अनेक राजनीतिक नेताओं से मैं वहाँ मिला।

अब जहाँ कहीं विमुक्त जनजातियों पर हमले होते, अन्याय होता वहाँ मैं पहुँचने लगा। उस्मानाबाद तहसील के शिंदेवाड़ी नामक गाँव की यह कथा है। इस गाँव में काले नाम का पारधी खेती करता था। उसकी अपनी जमीन थी। परन्तु पुलिसवालों ने उस पर झूठा केस किया क्योंकि गाँव के एक प्रतिष्ठित के साथ काले का कोई झगड़ा हुआ था। पुलिस उस प्रतिष्ठित से मिल गई, उसने अपने यहाँ हुई झूठ-मूठ की चोरी की शिकायत की और साथ में किस पर सन्देह है, उसका नाम भी लिखा दिया। पुलिस काले के यहाँ तलाशी के लिए आई। तलाशी के समय उन्होंने बहुत कुशलता के साथ उन चीजों को काले के घर में छिपा दिया, जिनके गुम हो जाने की शिकायत उस प्रतिष्ठित ने की थी। वस्तुएँ काले के यहाँ मिलीं। केस बनाया गया। प्रमाण तो थे ही। इसी पद्धति से पुलिस आसपास के गाँवों में स्थित पारधियों को परेशान करती थी।

परिणामतः पारधी जमानत के लिए चोरियाँ करते अथवा घर से कुछ बेचकर पुलिस

वालों को देते और पुलिस उन्हें छोड़ देती। एक-दो दिन में पैसे देने ही पड़ते थे। पारधी डर जाएँ, इसलिए पुलिस वाले नियमानुसार शिकायत दर्ज करते थे, कस्टडी में डालकर पीटते भी थे। इस पूरी प्रक्रिया को हमारी बिरादरी की भाषा में 'टाकमुद्या' कहते हैं। इस क्रूर और अन्यायी पद्धति के विरुद्ध मैं कई बार पुलिस विभाग के उच्च अधिकारियों तक शिकायत कर चुका था परन्तु कोई फायदा नहीं हुआ। आज भी उस्मानाबाद जिले और मराठवाड़ा में 'टाकमुद्या' की पद्धति से पुलिस पारधियों को परेशान करती है।

परिस्थिति से विवश हो चोर चोरियाँ करता है और उसके माल पर पुलिसवाले कोठियाँ बनाते हैं। पारधियों की पूरी सम्पत्ति ये लोग जब्त करते हैं। जब्त किया हुआ अच्छा माल जब्त न कर केवल बेकार माल पुलिस-स्टेशन में रखते हैं और अच्छा माल आपस में बाँट लेते हैं। कई बार पारधियों के पास अपने माल की रसीद होती है। परन्तु पुलिस देखने हेतु रसीद लेती है, उसे वहीं फाड़ डालती है और माल हड़प कर लेती है। "गूँगी की शिकायत, न चीख न चिल्लाहट" जैसी पारधियों की स्थिति है। चोर का लेबल लगाकर समाज ने इनकी उपेक्षा की और पुलिस इन्हें संरक्षण देने के बजाय इनका भक्षण ही कर रही है। उन्हें चोरियाँ करने के लिए विवश करती है। पारधियों के घर में तीन-चार जर्मन के बर्तनों के सिवा और कुछ नहीं होता तो भी उसे बहुत बड़ा बदमाश या चोर समझा जाता है। शासकीय अधिकारी भ्रष्टाचार कर करोड़ों रुपयों का गबन करते हैं और चार-चार, पाँच-पाँच शहरों में बँगले बनाते हैं, तो भी उन्हें प्रतिष्ठित कहा जाता है।

लातूर के निकट पारधियों का एक तम्बू था। हीराबाई काले नामक एक पारधी स्त्री की प्रसूति हुई थी। प्रसूति के बाद घर पर खाने के लिए कुछ नहीं था। चोरी के आरोप में पति जेल में था। हीराबाई काफी परेशान हो गई। दो दिन उसने पानी पर निकाले। अन्ततः मजबूर होकर उसने परिवार-नियोजन का ऑपरेशन करा लिया। ऑपरेशन से दो सौ रुपए मिले। उससे उसने आधा थैला जवार खरीद लिया। उसी समय पड़ोस के एक किसान की जवार की फसल चोरों ने काट ली। पुलिसवालों के पास उसने शिकायत दर्ज की। पुलिसवालों को चोर का पता नहीं लग रहा था। जब पुलिस को गुनहगारों का पता नहीं चलता, तो वे सीधे पारधियों की बस्ती में जाते हैं। वहाँ 'टाकमुद्या' कर किसी को भी पकड़ लेते हैं। अपनी इस आदत के अनुसार उन्होंने पारधियों की तलाशी लेनी शुरू की। तब उस औरत की पाल में उन्हें जवार का आधा थैला मिला। पुलिस पूछने लगी कि तेरे घर में जवार का यह आधा थैला कहाँ से आया। तब हीराबाई गिड़गिड़ाते हुए कहने लगी, "साहब, जब प्रसूति हुई तब खाने के लिए कुछ नहीं था, आपकी कृपा से पति जेल में है। इस कारण मजबूरी में मैंने बच्चा न होने वाला ऑपरेशन करा लिया। वहाँ से दो सौ रुपए मिले। उसी से मैंने ज्वारी का आधा थैला खरीद लिया। साहब, मेरी छाती में दूध नहीं आ रहा था, इसलिए मैंने यह जवार खरीद ली।"

हीराबाई ने ऑपरेशन का प्रमाणपत्र तक पुलिसवालों को दिखाया परन्तु पुलिस इसे

मानने को तैयार नहीं हुई। अन्ततः हीराबाई को नए जन्मजात शिशु और आधा थैला जवार के साथ हिरासत में ले लिया गया। तब एक औरत मेरे पास आई। रो-रोकर सब सुनाने लगी। कहने लगी कि हीराबाई को पुलिसवालों की झपटन से छुड़ा दीजिए। मैं सीधे पुलिस-स्टेशन गया। एक इन्स्पेक्टर से मिला। उस औरत को छुड़ाने के लिए कहा। इस पर इन्स्पेक्टर कहने लगा, "देखो, ये लोग चोर हैं। अगर तुम इनकी ओर से बोल रहे हो, तो एक चोर को सहयोग देने के जुर्म में तुम्हें भी अन्दर कर दूँगा।" मुझे गुस्सा आया। मैंने कहा, "विमुक्त जनजातियों की औरतों को आप लोग पकड़कर लाते हैं, यह काम महिला-पुलिस का है। रात में हमारी औरतों को पुलिस-स्टेशन में बन्द कर रखते हो ? तुम उनके साथ बुरा व्यवहार नहीं करते, इसका क्या भरोसा है?" मेरी इन बातों का उस पर असर हुआ। उसने हीराबाई और उसके बच्चे को छोड़ दिया। दूसरे दिन कोर्ट में हाजिर होने के लिए कहा।

ब्रिटिश सरकार ने यह अमानवीय नियम बनाया था कि पारधी और अन्य कई जनजातियाँ गुनहगार हैं और जन्मतः गुनहगार हैं। इन जातियों की सूची बनाई गई। स्वतन्त्रता प्राप्ति के बाद जवाहरलाल नेहरूजी ने कहा, "कोई भी जनजाति जन्मतः गुनहगार हो ही नहीं सकती। आज भारत अंग्रेजों की गुलामी से मुक्त हुआ है, इसलिए मैं इन जन-जातियों को मुक्त करता हूँ। इन्हें विशेष मुक्त-विमुक्त ऐसा नाम देता हूँ।" उसी दिन से इन जन-जातियों को विमुक्त जनजातियाँ कहा जाने लगा। परन्तु आज स्वतन्त्रता के इतने वर्षों के बाद भी पुलिस और शासन इन जातियों को सुधारने की अपेक्षा बिना किसी प्रमाण के, झूठ-मूठ आरोप लगाकर उन्हें जेल में ठूँसती है। निष्पाप हीराबाई और उसके नवजात शिशु को हिरासत में डाल देती है। इन जनजातियों के अनेक स्त्री-पुरुषों को आज भी बिना किसी मतलब के जेलों में डाल दिया जाता है। ऐसा करके वास्तव में पुलिस उन छोटे बच्चों को गुनहगार बनाने के लिए प्रवृत्त करती है। जैसे किसी पक्षी को घर में पालने हेतु कोई शौक से उसके पंख छाँट दे, इससे वह पक्षी जन्म-भर उस घर में ही रहता है, उड़कर जाने की उसकी इच्छा हो तो भी वह उड़कर जा नहीं सकता। ठीक उसी प्रकार इन जनजातियों के बच्चों को जन्म लेने के तुरन्त बाद पुलिस हिरासत में डाल देती है। इस कारण उस बच्चे का सम्बन्ध जेल की कोठरी के साथ हो जाता है। कोई उसे बाहर निकालना चाहे अथवा वह स्वयं बाहर निकलना चाहे तो भी उस नरक से वह बाहर नहीं निकल सकता, क्योंकि उसके पंख काट दिए गए होते हैं। उसके माथे पर गुनहगारी का ठप्पा लगा रहता है। गुनहगार सुधरना चाहे तो भी उसे सुधरने नहीं दिया जाता, इसका अनुभव मुझे हो चुका है।

ढोकी नामक गाँव में पारधियों को गुनहगार समझकर उनके खून किए गए। आसपास के गुंडों ने मिलकर वहाँ सात पारधियों को जिन्दा जला दिया। इतनी भयावह घटना होने के बावजूद सभी अपराधी निर्दोष छूट गए। इस हत्याकांड में जो जलाए जा चुके थे, उनके जवान लड़कों को, जिन पर चोरी के किसी भी प्रकार के आरोप नहीं थे, ऐसे पाँच को मैं लातूर ले आया और उन्हें सूत मिल में नौकरी पर लगा दिया। रहने

के लिए उन्हें कोई भी जगह देने को तैयार नहीं था। मैं उनके लिए किराए के मकान की तलाश में लातूर में घूमने लगा। पर उन्हें एक कमरा तक कोई किराए पर देने को तैयार नहीं हुआ। अन्त में मैं उन्हें अपने एक मित्र राजेन्द्र के यहाँ ले गया। राजेन्द्र कार्यकर्ता भी है। उसके प्रयत्न से उन्हें एक कमरा मिल गया।

वे नियमित रूप से काम पर जाने लगे। पाँचों की ड्यूटी एक ही पाली में थी। वे अच्छा काम करने लगे। किसी कार्यक्रम के कारण मैं एक बार बाहर गाँव गया था। तब लातूर के इन्स्पेक्टर को किसी ने खबर दी कि उन पारधियों के लड़के लातूर के सूत मिल में काम कर रहे हैं। इन्स्पेक्टर मिल में गया। लड़के ड्यूटी पर थे। तीन बजे उनकी ड्यूटी खत्म हो गई। वे जैसे ही गेट के बाहर निकले, इन्स्पेक्टर ने उन्हें पकड़ लिया। पुलिस-स्टेशन ले जाकर उनकी पिटाई की। उन्हें धमकी दी कि वे फिर उस्मानाबाद-लातूर जिले में दिखलाई न दें और पुलिस की गाड़ी में डाल उन्हें कमरे पर लाया गया। इन्स्पेक्टर ने घर-मालिक को गालियाँ दीं कि तुम लोगों ने पारधियों के इन लड़कों को किराए पर कमरा क्यों दिया ? उसके बाद उन लड़कों को लातूर से पन्द्रह कि.मी. दूर ले जाकर छोड़ दिया गया।

उन लड़कों ने गिड़गिड़ाते हुए कहा, "साहब, हमें नौकरी करने दीजिए। चोर के रूप में हमारा नाम पुलिस-स्टेशन में दर्ज नहीं है।" परन्तु उस निर्दयी इन्स्पेक्टर ने उनके जीवन को सुधारने के बजाय, उनकी जिन्दगी की नींव ही उखाड़ दी और उन्हें अपराध की खाई में फेंक दिया। उन्हें अपराधी बनाने में इस इन्स्पेक्टर का बहुत हाथ रहा है। मैं जब लातूर लौटा तब मुझे सारी बातें मालूम हुईं। मैं मिल के मैनेजर से मिला। उन्होंने कहा कि पाँचों लड़के ईमानदार और परिश्रमी थे, उन्होंने कुछ भी गलत नहीं किया। वह ठीक से काम कर रहे थे। पुलिसवालों ने उन्हें क्यों पकड़ा, पता नहीं।

तब मैं पुलिस स्टेशन गया। वहाँ पूछताछ की। इन्स्पेक्टर वहाँ नहीं था। एक जमादार ने कहा कि वे दौरे पर गए हैं। कल आओ। दूसरे दिन इन्स्पेक्टर से मिला। उससे पूछताछ की—"चोर के रूप में उन पाँचों के नाम किसी भी पुलिस-स्टेशन में दर्ज नहीं हैं। आज तक उन्होंने कोई अपराध नहीं किया है, इसलिए मैंने उन्हें सूत मिल में काम पर लगवाया था। आपने उन्हें क्यों पकड़ा ?" तब उस इन्स्पेक्टर ने कहा, "वे पारधी जाति के हैं और उस्मानाबाद तहसील के हैं। वे अपनी ही तहसील के अन्तर्गत नौकरी करें। इस तहसील में आने की उन्हें जरूरत नहीं है। कल वे यहाँ चोरी कर सकते हैं, तब मैं क्या करूँगा ? क्या आप उनकी जिम्मेदारी लेंगे ?"

तब मैंने उससे कहा, "ठीक है, मैं जिम्मेदारी लेता हूँ।" इन्स्पेक्टर कहने लगा, "देखो, उन्होंने कभी कुछ किया तो तुम्हें ही पकड़ूँगा।" वह मुझे धमकी देने लगा। मैंने कहा, "ठीक है, मैं जिम्मेदारी लेता हूँ। मैं फिर से उन लड़कों के पास गया। पर पुलिसवालों की पिटाई से वे बहुत डर गए थे, "अब हम नौकरी नहीं करेंगे, पुलिस हमें बहुत पीटेगी। 'यहाँ फिर कभी नौकरी के लिए आए, तो याद रखो' ऐसा कहते हुए उन्होंने हमारी पिटाई की है। हमें बड़ी दूर ले जाकर उन्होंने छोड़ दिया। बीस कि.मी.

पैदल चलते हुए हम यहाँ पहुँचे हैं। देखो, हमारे पैरों में सूजन आ गई है," कहकर वे रोने लगे। वे लड़के फिर कभी नौकरी के लिए नहीं आए। इतने अन्याय के बावजूद मैं उनके लिए कुछ नहीं कर पाया।

मराठवाड़ा स्तर पर अब मैं विमुक्त जनजातियों के लिए काम करने लगा। इस कारण सभी राजनीतिक दलों के नेताओं से मेरा परिचय हो गया। जहाँ कहीं इन जनजातियों पर अत्याचार होते, मुझे बुलावा आता। उमरगा तहसील के अन्तर्गत मुरुम नामक गाँव में एक लमाण* तांडा** है। वहाँ का एक जमींदार बड़ी मस्ती से तांडे की जवान लड़कियों को फाँसता था और उन्हें भोगता भी था। एक दिन गाँव के कुछ प्रतिष्ठित (गुंडे) व्यक्ति उस जमींदार के साथ शराब पीकर तांडे पर गए और हो-हल्ला मचाने लगे। तब बाबू राठौड़ नामक लमाण युवक ने हिम्मत करके कहा, "मालिक, आप हमारे तांडे पर न आइएगा।" उसके इस वाक्य से जमींदार के स्वाभिमान को ठेस लगी। वह वापिस लौटा। गाँव के कुछ अन्य गुंडों को शराब पिलाकर तांडे पर हमला करने के लिए कहा। हमला हुआ। हमले में बाबू राठौड़, उसकी पत्नी और माँ गम्भीर रूप से घायल हो गए। बाबू राठौड़ को तो इतना पीटा गया कि उन्हें बचाने के लिए उनकी पत्नी अपनी तीन वर्ष की लड़की को लेकर बीच में आ गई। उस जमींदार और उसके गुंडों ने इतनी निर्दयता से उसकी पिटाई की कि तीन वर्ष की वह बिटिया गम्भीर रूप से घायल हो गई। कुछ ही क्षणों में वह वहीं पर मर गई। बेहोशी की हालत में बाबू राठौड़ को सोलापुर के अस्पताल में भरती करा दिया गया। बाबू की माँ के हाथ की हड्डियाँ टूट गईं। इतना सब कुछ होने के बाद भी पुलिसवालों ने केस दर्ज करने में बहुत देर की क्योंकि पुलिस-स्टेशन जमींदार और उसके गुंडों के इशारे पर काम करता था। यह अन्याय यहीं तक सीमित नहीं था। इन्स्पेक्टर ने लड़की की मृत्यु को 'स्वाभाविक मृत्यु' के रूप में दर्ज किया था। लड़की को जल्द-से-जल्द गाड़ दो—ऐसी धमकी भी उसने दी थी। परन्तु तांडे के कुछ युवकों ने कहा कि पोस्टमार्टम के बगैर लड़की को हम नहीं दफनाएँगे। तब इन्स्पेक्टर उन युवकों को पुलिस-स्टेशन ले गया। लाश चौबीस घंटे कस्टडी में रखी गई। माँ को बाहर बिठा कर रखा गया। पुलिस उसे समझाने लगी, "लड़की तो मर गई है, बड़े लोगों से बेकार में विरोध मोल नहीं लेना चाहिए। तुझे इसी गाँव के आसपास रहना है न ! तब तू चुपचाप इस कागज पर अँगूठा लगा और बच्ची को ले जाकर गाड़ दे।" पर उस औरत ने साफ इनकार कर दिया। जिस बच्ची को उसने नौ महीने अपने पेट में रखा था, उसकी लाश से उसे चौबीस घंटे तक दूर रखा गया। चौबीस घंटे बाद पोस्टमार्टम किया गया। तब तक वह औरत पुलिस-स्टेशन के बाहर भूखी बैठी रही। मेरे पास जब यह खबर पहुँची तब मैं मोटर-साइकिल से शिवाजी नामक अपने एक दोस्त के साथ तुरन्त वहाँ पहुँचा और पूछताछ करने लगा।

---

* लमाण : एक विमुक्त जनजाति, ये हिन्दी बोलते हैं। एक स्थान पर नहीं टिकते, निरन्तर भटकते रहते हैं। अब धीरे-धीरे ये जगह-जगह बसते जा रहे हैं।

** तांडा : लमाणों की अस्थायी बस्ती।

ऐसी ही एक घटना अहमदपुर तहसील के सालुकवाड़ी गाँव में हुई। इस गाँव में मसानजोगियों* के घर हैं। ये मसानजोगी आसपास के गाँवों में भीख माँगने जाते हैं और गाँव की श्मशान भूमि के पास रहते हैं। सालुकवाड़ी के मसानजोगी भी भीख माँगकर पीढ़ियों से जी रहे थे। इन्हीं दिनों किनगाँव के जमींदार के यहाँ चोरी हुई। जमींदार गाँव का प्रतिष्ठित व्यक्ति था। उसने पुलिसवालों को तंग करना शुरू किया कि चोरी की खोज करो, अगर खोजबीन नहीं हुई तो मैं ऊपर के अधिकारी से कहूँगा। इस कारण चोरी का सुराग लगाते-लगाते किनगाँव की पुलिस परेशान हो गई। चोर मिल नहीं पा रहा था। पुलिसवालों ने पाँच दिन की मोहलत माँग ली।

जिस दिन चोरी हुई थी, उसी दिन उस गाँव के लोगों ने चोर को पकड़ने की कोशिश की थी, पर सफलता नहीं मिली। चोर तीन थे—ऐसा गाँववालों ने कहा। उनके आकार-प्रकार का वर्णन भी गाँववालों ने किया। पर चोर मिल नहीं रहे थे। तब खोजी कुत्तों को बुलवाया गया। कुत्ते आसपास भटकते रहे। वे रोड पर ही रुक जा रहे थे। थोड़ी देर बाद वे सालुकवाड़ी की दिशा में मुँह कर भौंकने लगे। पुलिस उसी दिशा में निकली। कुत्ते और पुलिस सालुकवाड़ी में आए। पर वहाँ जाने पर कुत्तों ने भौंकना बन्द कर दिया। अब कुत्ते पुलिसवालों के पीछे जाने लगे।

परन्तु पुलिसवाले बिना किसी मतलब के सीधे मसानजोगियों की बस्ती में गए और प्रत्येक घर की तलाशी लेने लगे। मसानजोगी घर पर ही थे। जो भी घर पर मिला, पुलिस उसे पीटने लगी। औरतें, बच्चे, पुरुष सब मसानजोगी घबरा गए। पुलिस पिटाई क्यों कर रही है, इसे वे समझ नहीं पा रहे थे। उनके घर की तलाशी लेने पर पुलिसवालों ने जर्मन के एक-दो पतीले, थालियाँ, कटोरियाँ, तवा, मोरपंख से बनी टोपियाँ, पुरानी चप्पलें, फटे पुराने अनेक रंग के कपड़े और भीख माँगते समय बजाया जानेवाला एक वाद्य, आदि सामान घर से बाहर निकाला। प्रत्येक से पूछा जाने लगा कि इन वस्तुओं की रसीदें कहाँ हैं ? शरीर पर जो कपड़े हैं, उनकी रसीदें दिखाओ। बेचारे मसानजोगी एक-दूसरे की बाहों में बाहें डालकर रोने लगे। ऊपर से पुलिसवाले पीट ही रहे थे। इस तलाशी में उन्हें एक फूटी हुई पीतल की परात मिली। उस पर किसी कुलकर्णी का नाम खुदा था। अब तो पुलिसवालों को विश्वास हो गया कि चोर इसी बस्ती का है। फिर क्या ? लाठियाँ और जोरों से बरसने लगीं। गाँव के सारे लोग इकट्ठे हुए। "हमारे गाँव के मसानजोगियों ने आज तक कभी चोरियाँ नहीं की थीं, अब शायद शुरू किया है," गाँव के लोग कहने लगे।

जिसके घर से फूटी परात निकली, वह 30-35 वर्ष का एक अन्धा व्यक्ति था। पर पुलिसवालों ने उसे नम्बर एक का अपराधी ठहराया। वह अन्धा व्यक्ति अपने एक छोटे-से बच्चे को साथ लेकर अड़ोस-पड़ोस के गाँवों में भीख माँगने जाता था। मसानजोगी का रूप बनाकर, हाथों में लोहे की घंटी बजाते हुए यह अन्धा भीख माँगता।

---

* मसानजोगी : एक जनजाति। ये श्मशान भूमि के आसपास रहते हैं। भीख माँगते हैं। घोर दरिद्रता इनकी विशेषता है।

सिर पर पहनने के लिए उसके पास मोरपंखों की टोपी नहीं थी, केवल हाथ में घंटी लिए 'हर हर महादेव' कहते हुए वह भीख माँगता था। इस कारण जहाँ कहीं भी भीख माँगने जाता, वहाँ टूटी-फूटी परात और पुराने कपड़े माँगा करता था। कपड़े उसे मिल जाते, पर टूटी-फूटी परात कोई नहीं देता था क्योंकि मोरपंखी टोपी बनाने के लिए मोर पंखों के आसपास पीतल के लम्बे-लम्बे टुकड़े पट्टी की तरह काटकर उसमें मोरपंख खूबसूरती से बिठाए जाते हैं। परन्तु ऐसी परात उसे कहीं भी नहीं मिल रही थी। मोरपंख मिल चुके थे।

एक बार वह किसी गाँव में भीख माँगने गया। तब उस गाँव में ब्राह्मण जाति का कोई कुलकर्णी था। उसे लगा, यह अन्धा मसानजोगी गाँव में जब कभी माँगने आता है, तब पीतल की फूटी परात माँगता है, इसलिए उसने अपने घर की एक फूटी परात उसे दे दी। मसानजोगी खुश हो गया। अब मैं भी अन्य मसानजोगियों की तरह मोरपंखी टोपी बाँध सकता हूँ। इस खुशी में पीतल की वह फूटी परात वह ले आया। घर की तलाशी लेते समय यह फूटी परात पुलिसवालों के हाथ लगी। पुलिस कहने लगी कि तूने यह परात चुराई है। किस कुलकर्णी के यहाँ चोरी की है, बता और उसे पीटने लगी। पुलिसवालों से वह कहने लगा, "साहब, रामेगाँव के एक बामन ने मुझे यह परात दी है।" पुलिस मान नहीं रही थी। वह परात इतनी फूटी हुई थी कि पुलिस जब नाम पढ़ने के लिए उसे मुँह के सामने पकड़ती तो उनकी आँखें, ओंठ उसमें से आर-पार दिखलाई पड़ते। फिर भी परात किसकी है--ऐसा सवाल पूछकर अन्धे मोरे और उसकी पत्नी-बच्चों को तथा अन्य 10-15 को पुलिसवालों ने पकड़ लिया। उन्हें किनगाँव पुलिस स्टेशन पर ले गए। जिस साहूकार (जमींदार) के यहाँ चोरी हुई थी, उसने अपनी शिकायत में लिखा था कि चोर तीन थे। उन चोरों को भागते हुए लोगों ने देखा था। पर पुलिस मूल चोर को पकड़ नहीं पा रही थी, इसलिए इन गरीब मसानजोगियों के 15 लोगों को चोर कहकर पकड़ ले गई थी। मसानजोगी कभी चोरी नहीं करते। गाँव के अनेक लोगों ने पुलिसवालों से कहा, "साहब, ये लोग कभी चोरी नहीं करते।" इन मसानजोगियों में एक गंगाराम मुकुटमोरे चाकूर में था। उसे यह सब मालूम हुआ। वह किनगाँव गया। इन्स्पेक्टर से मिला और कहने लगा, "गरीबों को तकलीफ मत दीजिए, साहब। हम चोर नहीं हैं। आपने हमारी औरतों तक को पकड़ा है।" औरतों को छोड़ने के लिए इन्स्पेक्टर ने पाँच सौ रुपए माँगे। तब गंगाराम चाकूर लौटा। गंगाराम का एक लड़का ड्राइवर था। दो-तीन एकड़ का मालिक था। इस कारण किसी तरह वह 300-350 रुपए लेकर किनगाँव गया। इन्स्पेक्टर को रुपए दिए। तब औरतों को छोड़ा गया।

चार-पाँच दिनों बाद गंगाराम मुकुटमोरे को किसी ने कहा कि लातूर में विमुक्त जनजातियों का कोई लक्ष्मण गायकवाड़ नामक कार्यकर्ता है। उससे मिलो। वह तुम्हारी सहायता करेगा। तब मेरे पास एक दूसरा मसानजोगी आया। मैं दो अन्य कार्यकर्ताओं, उत्तम माने और विलास माने, को साथ ले उस गाँव पहुँचा। उस बस्ती में जब मैं पहुँचा तो वहाँ एक साठ साल की बुढ़िया एक झोंपड़ी के सामने बेहोश-सी पड़ी थी। उस

बुढ़िया के दो जवान लड़कों को जब पुलिस पकड़कर ले जा रही थी, तब वह बुढ़िया पुलिसवालों के बीच में आ गई और कहने लगी, "साहब, मेरे बच्चों ने कोई चोरी नहीं की है। उन्हें मत पकड़िए।" तब उन घमंडी और मस्ती से भरे पुलिसवालों ने उस बुढ़िया की इतनी पिटाई की कि उसकी कमर ही टूट गई। जब मैं गया तो वह रोते हुए कहने लगी, "हे भगवान्, अब मुझे तू उठा ले।" उस अवस्था में मैं उसके पास गया। उसे समझाने लगा, "दादी माँ, मैं तुम्हारे बेटे जैसा हूँ। अब कोई फिक्र न करो। मैं तुम्हारे लड़के को छुड़ाकर लाता हूँ।" बुढ़िया तीन दिन से भूखी थी, लगातार रोती रही थी। मुझे देखकर उस बस्ती के लोग पहले तो घबरा गए। उन्हें लगा कि शायद यह आदमी भी पुलिस विभाग से आया है। परन्तु जब मुकुटमोरे ने कहा कि यह साहब अपने लिए आए हैं, अपनी ही बिरादरी के हैं, तब धीरे-धीरे सभी खुलने लगे। पिछले अत्याचारों की कहानियाँ सब सुनाने लगे। मैं औरतों-बच्चों को साथ लिए किनगाँव गया। वहाँ के इन्स्पेक्टर से पूछताछ करने लगा। उन्होंने कहा, "हमने इन लोगों को सन्हेद के कारण पकड़ा है। परन्तु ये गुनहगार नहीं हैं, इसका विश्वास अब हमें हो गया है। खोजबीन करते समय हमें कई बार सन्देह की स्थिति में कुछ को पकड़ना पड़ता है।" उनके उत्तर गोलमोल थे। उन्हें लगा कि इन मसानजोगियों के लिए पूछताछ करने कौन आएगा ? मैंने उनसे पूछा, "साहब, इनसे आपने पैसे क्यों लिए ? उनके पैसे, उनकी घर की जब्त वस्तुएँ सभी लौटा दीजिए।" इन्स्पेक्टर ने जब्त की कई सभी वस्तुएँ लौटा दीं। पर रुपयों के सम्बन्ध में उसने मुझसे जो कहा, वह मैं कभी नहीं भूल सकता। उसकी बातचीत में ईमानदारी थी। वह एकमात्र इन्स्पेक्टर ऐसा था, जो खरी-खरी स्थिति समझा रहा था। उसने कहा, "देखिए साहब, अन्ततः मैं एक इन्स्पेक्टर हूँ। मुझे वेतन ही कितना मिलता है ? उस वेतन में बड़ी मुश्किल से मैं अपने परिवार की जरूरतें पूरी करता हूँ, घर का किराया देता हूँ। पर जब मेरे ऊपर के अधिकारी आ जाते हैं, तब उन्हें कीमती-से-कीमती शराब, मुर्गे आदि की पार्टी देनी पड़ती है। कम-से-कम चार-पाँच सौ खर्च करने पड़ते हैं। मैं यह खर्च कहाँ से करूँ ? अगर वेतन से करूँ तो बीवी-बच्चे भूखे मर जाएँगे।" इस पर मैंने इतना ही कहा, "साहब, आप ऐसे मजबूर भीख माँगनेवाले या मजदूरी करनेवालों से पैसा लेकर अपने बड़े अधिकारियों को पार्टियाँ देते हैं, यह आपको शोभा नहीं देता। इससे लोगों का विश्वास टूट जाएगा।" इस पर वह रुपए लौटाने के लिए तैयार हुआ। लोगों को छोड़ने पर भी राजी हुआ। उसके राजी होने का एक बड़ा कारण यह था कि साथ आए सभी औरतों-बच्चों से मैंने कहा था कि पुलिस-स्टेशन के सामने धरना देकर बैठो, जब तक वह तुम्हारे लोगों को छोड़े नहीं, तब तक उठना ही नहीं। इस कारण इन्स्पेक्टर डर-सा गया। इसलिए वह सख्ती की जगह नरमी बरत रहा था। कुछ लोगों को उसने छोड़ भी दिया, तीन पर उसने मामला दर्ज किया।

इसी तहसील में कुछ और भी डरावनी वारदातें हुई हैं। गाँजूर नामक देहात की यह घटना है। व्यक्ति का नाम जायबा गायकवाड़ है। जायबा गाँजूर (तहसील अहमदपुर)

का निवासी है। वह खेती करता है और फर्श पर पॉलिस करने का काम भी करता है। जब किसी भी प्रकार का काम नहीं मिलता और फसल भी ठीक से नहीं हो पाती, तब सरकारी काम पर चला जाता है। लातूर के किसी व्यापारी का दस हजार का बटुआ किसी ने उन दिनों उड़ाया। पुलिस चोर को ढूँढ़ नहीं पा रही थी। पूछताछ जारी थी। जब कहीं भी सुराग नहीं मिला तब पुलिस गुनहगार जाति के लोगों की बस्तियों पर पहुँचने लगी। गाँजूर गाँव का एक व्यक्ति उन्हीं दिनों जमादार बन उसी तहसील में आया था। कई दिनों से वह जायबा की जमीन बहुत कम कीमत में माँग रहा था। परन्तु जायबा ने स्पष्ट रूप से कहा था कि उसे अपनी जमीन बेचनी नहीं है। इस कारण जमादार जायबा से खार खाता था।

जायबा पाथरूट का अर्थात् अपराधी जाति का था। इसी ने चोरी की है, इसे पकड़ लेने पर चोर अपने-आप मिल जाएगा—ऐसा इस जमादार ने इन्स्पेक्टर से कहा। इस कारण जायबा की खोज करते हुए पुलिस गाँजूर गई। वहाँ पता चला कि जायबा सरकारी काम पर मजदूरी हेतु गया है। पड़ोस के गाँव में सरकारी तालाब का काम चल रहा था। वहाँ जायबा को मजदूरी करते समय पकड़ा गया। वह गिड़गिड़ाने लगा, ''साहब मैं पिछले छह माह से इस तालाब पर मजदूरी करने आता हूँ। मैंने कोई गुनाह नहीं किया है। आप मुझे क्यों पकड़ रहे हैं ?'' पर उसकी किसी ने नहीं सुनी। जायबा को पता नहीं था कि उसका जन्म ही एक ऐसी जाति में हुआ है, जहाँ जन्म लेने मात्र से माथे पर उठाईगीर का ठप्पा लग जाता है। अन्ततः जायबा को उसकी जाति के कारण पकड़ा गया। समाचार-पत्रों में यह खबर दी गई कि एक बहुत बड़े जेबकतरे-डकैत को पकड़ने में लातूर की पुलिस को सफलता मिली है।

अब कई गुनाहों की खोज में सहायता मिलेगी—ऐसी खबरें भी आने लगीं। उस जेबकतरे की खोज करना पुलिसवालों की प्रतिष्ठा का प्रश्न बन चुका था; क्योंकि जिसकी जेब कटी थी, वह बहुत बड़ा व्यक्ति था और एक मंत्री का करीबी था। इस कारण चोर पकड़कर पुलिस उस मन्त्री से पीठ ठुकवाना चाहती थी। इसलिए निरपराध जायबा को चोर कहकर पकड़ा गया और सात दिन के लिए पुलिस कस्टडी में भेज दिया गया। वहाँ उसकी इतनी पिटाई की कि दो-तीन दिन अगर और पिटाई होती तो वह पुलिस-स्टेशन में ही मर जाता।

मैं उससे मिला। उसने सारी स्थिति स्पष्ट की। इन्हीं दिनों बीड़ में भी एक चोरी हुई थी। जायबा ने ही वह चोरी की है—ऐसा निष्कर्ष कर उसे बीड़ भेजा गया। पर यह वह चोर नहीं है, ऐसा कहकर बीड़ पुलिस ने उसे वापस भेज दिया। जिस वक्त जायबा मेरे पास शिकायत लेकर आया था, तब इस घटना को हुए 15 दिन बीत चुके थे। जायबा की चमड़ी उधेड़ दी गई थी। उसे पुलिस-स्टेशन में दिन में तीन बार उल्टा टाँगकर हंटर से मारा जाता था। आँखों में मिर्च डाली जाती थी, गुदा में भी मिर्च डाली जाती थी। यह घटना 1982 के अक्तूबर महीने की है।

जायबा को पीटते समय पुलिस कहती कि जब तक तू चोरी का अपराध कबूल

नहीं करता, तब तक रोज तुझे पीटते रहेंगे। अन्ततः जब पिटाई असह्य हो गई तब जायबा ने स्वीकार किया कि "उसने चोरी की है। पैसे घर में हैं, चलिए देता हूँ।" पुलिस उसे उसके घर ले गई। पूरे घर की तलाशी ली गई। झोंपड़ी में कुछ भी नहीं था। वहाँ तो चूहों तक को खाने के लिए कुछ नहीं था। जिस झोंपड़ी में अनाज का एक दाना भी नहीं था, वहाँ दस हजार कहाँ से आते !

मार के भय से जायबा भी बरगलाने लगा। उस समय जायबा की पत्नी और लड़का खेत में थे। पुलिस उसे लेकर खेत में गई। उसकी पत्नी से पूछने लगी, "बता, इसने रुपए कहाँ रखे हैं ?" पत्नी ने कहा, "साहब, हम गरीबों के पास रुपए कहाँ हैं ?" तब पुलिसवाले ने जायबा की पत्नी की बूटों से पिटाई की। वह वहीं जमीन पर गिर गई। तब दूसरे ने जायबा की पत्नी के बालों को पकड़कर उठाया और कहा, "नाटक करती है, साली, रंडी।" और उसे भी बुरी तरह पीटा गया। इस मार को जायबा देख नहीं पाया। उसने सोचा कि मेरी आँखों के सामने मेरी पत्नी की यह दशा की जा रही है, अब जीने का मतलब ही क्या है ? पास में कुआँ था। जायबा ने हिम्मत की। पत्नी को खींचकर कुएँ तक ले गया। कहने लगा कि इस प्रकार मार खाने की अपेक्षा दोनों ही मर जाएँगे। उसी समय पुलिस दौड़ती हुई गई और उन दोनों को कुएँ में कूदने से पहले ही पकड़ लिया। फिर पिटाई शुरू हुई।

अड़ोस-पड़ोस के किसान भागते हुए आए। उनमें से किसी ने हिम्मत से कहा, "साहब, जायबा किसान है, चोर नहीं।" परन्तु पुलिसवालों ने कहा, "कुछ मत बोलो, उसने गुनाह कबूल किया है।" जायबा ने एक किसान से कहा, "मेरा खेत तुम रेहन रख लो, और मुझे दो हजार रुपए दे दो।" उसकी हालत पर तरस खाकर वह किसान रुपए देने को तैयार हुआ। पुलिस की जीप से सभी गाँव में आए। पुलिसवालों ने गिरवी रखने के लिए आवश्यक कागजात खुद तैयार किए। एक पुलिसवाले ने कहा, "और पाँच सौ अधिक लिखो। हमें ऊपर के खर्चे के लिए चाहिए। ढाई हजार लिखो।" वह कागज आज भी मेरे पास प्रमाण के रूप में सुरक्षित है।

दूसरे दिन वह किसान लातूर के एक बैंक से पैसे निकाल, खुद पुलिस स्टेशन गया। इन्स्पेक्टर को उसने दो हजार रुपए दिए। उसी दिन वे दो हजार रुपए कोर्ट में भरे गए। जायबा को साथ लिए मैं अनेक पत्रकारों के पास गया। जायबा के प्रकरण को मैं दुनिया के सामने लाना चाहता था। जायबा को लेकर मैं जहाँ भी जाता, वह कुरता और धोती उठाकर दिखाता था। इसका अपेक्षित परिणाम तो नहीं हुआ पर कुछ ही दिनों में दस हजार का बटुआ, जिसने मारा था, वह चोर पकड़ा गया। तब पुलिस-स्टेशन जाकर उस हृदयहीन इन्स्पेक्टर से मैं मिला। उसने कहा, "जायबा निर्दोष ही था। परन्तु किसी के कहने पर हमने उसे पकड़ा था, तकलीफ दी थी। मैंने उसके रुपए कोर्ट में जमा किए हैं, जायबा की ओर अगर निर्णय नहीं हुआ तो मैं अपनी जेब से वे रुपए दे दूँगा। पर गायकवाड़ साहब, आप मेरे विरोध में कुछ न कीजिएगा।"

7 नवम्बर, 1982 को महाराष्ट्र के मुख्यमन्त्री श्री बाबा साहब भोंसले लातूर आए

थे। तब मैंने जायबा के परिवार पर हुए अन्याय के सम्बन्ध में एक विस्तृत पत्रक निकालकर लोगों में बाँट दिया। मुख्यमंत्री को भी मैंने पत्रक दिया और जाँच समिति की माँग की। पर कुछ नहीं हुआ। 1986 के दिसम्बर में जायबा के केस का निर्णय हुआ। जायबा निर्दोष साबित हुआ। परन्तु कोर्ट ने रुपए नहीं लौटाए। तब मैंने निश्चय किया कि अब तक जो अन्याय हुए हैं, उन सबके विरोध में एक बड़ा मोर्चा निकालना चाहिए।

इन्हीं दिनों लातूर जिला घोषित हुआ। एस.पी. पटनायक नामक एक अनुशासन-बद्ध और ईमानदार ए.एस.पी. आया। लोग उससे बहुत डरते थे, मोर्चा निकालने की हिम्मत कोई नहीं कर रहा था। पर मैंने यह निश्चय किया कि लातूर में एक भिन्न प्रकार का मोर्चा निकालूँगा ही क्योंकि इन अन्यायों को रोकना जरूरी था। विमुक्त जनजातियों, शोषितों और श्रमिकों का एकता-प्रदर्शन जरूरी था। विमुक्त जनजातियों पर अन्याय करनेवालों को मैं सावधान करना चाहता था कि अब हम और नहीं सहेंगे। इसलिए मैंने इस मोर्चे को 'हथौड़ा मोर्चा' नाम दिया। यह नाम देने के मूल में उद्देश्य यह था कि हम पर अन्याय करनेवालों का मुकाबला हथौड़े से होगा। इस मोर्चे की तैयारी के लिए मैं पूरे मराठवाड़े में घूमा। कार्यकर्ताओं से मिला, पूरी तैयारी की।

तैयारी के सिलसिले में मैं मोटरसाइकिल पर निलंगा निकला था। पर औसा के पास गाड़ी का एक्सिडेंट हो गया। मेरे साथ उत्तम माने नामक जो कार्यकर्ता था, वह बीस फीट दूरी पर जा गिरा। मैं मोटरसाइकिल के साथ बहुत बड़े गढ़े में गिरा। पेट्रोल की टंकी की मार नाजुक स्थान पर लग गई। मैं बेहोश हो गया। सड़क पर जानेवाले कुछ लोग इकट्ठा हुए। उन्होंने मुझे पानी पिलाया और औसा के दवाखाने में भरती कर दिया। किसी और की मोटरसाइकिल मैंने ली थी, इस कारण उसका काफी नुकसान हुआ। मुझे उसी बात का सबसे अधिक दुःख महसूस हुआ।

मोर्चा 25 नवम्बर, 1982 को निकलना था। इस कारण उसी हालत में मैं घूमने लगा। अन्ततः वह दिन आया। 25 नवम्बर के दिन लातूर के नेहरू चौक से मोर्चा निकाला। इसमें सम्पूर्ण मराठवाड़ा से (सात जिले) विमुक्त जनजातियों के स्त्री-पुरुष सम्मिलित हुए थे। इस कारण पूरे महाराष्ट्र में इसकी चर्चा शुरू हुई। इस मोर्चे में विमुक्त जनजातियों के स्त्री-पुरुष परम्परागत वेशभूषा में सम्मिलित थे। मसानजोगी, राईदर, वासुदेव, गोंधली, वड़ार, पाथरूट, गोसावी, कैंकाड़ी, वैदू, पारधी, मांगम गारुड़ी, कातकरी, भिल्ल, लमानी, शिकलकरी, घिसाड़ी ऐमे अनेक लोग गधा, कुत्ता, सुअर, मुर्गा और हथौड़े लिए दस हजार की संख्या में पहली बार इकट्ठे हुए। "हमें अन्याय से बचाओ", "घर दो", "काम दो", "जाति के नाम पर हमें गुनहगार न समझो" आदि घोषणाओं के साथ यह मोर्चा निकला। इस मोर्चे के लिए लक्ष्मण माने, बालकृष्ण रेणके आए थे। जब हम निवेदन देने गए तब जिलाधीश यह कहकर निकल गए कि मेरे पास समय नहीं है। अनेक पत्रकारों की उपस्थिति में उन्होंने यह उत्तर दिया।

लातूर के इतिहास में यह सबसे बड़ा मोर्चा था। जंगलों में रहनेवाले लोग अपने

अधिकारों के लिए सड़क पर उतर आए थे। जिलाधीश हमारी व्यथा को न सुनते हुए, 'समय नहीं है' कहकर घर से निकल जाता है, यह आश्चर्य का विषय था। महाराष्ट्र के सभी समाचार-पत्रों में मोर्चे की यह खबर तस्वीरों के साथ छपी। न्यायाधीश की गैर-जिम्मेदारी पर काफी टीका-टिप्पणियाँ हुईं। उन दिनों अनेक विचारकों ने मोर्चे के समर्थन में समाचार-पत्रों में लिखा। अनेक समाचार-पत्रों ने विशेष अग्रलेख छापे। इस मोर्चे के कारण पुलिस भी घबरा गई। अत्याचारों की संख्या कम होने लगी। लेकिन अत्याचार समाप्त हो गए हों--ऐसी स्थिति आज भी नहीं है।

विमुक्त जनजातियों में जागृति आने लगी। आन्दोलनों की संख्या बढ़ने लगी। निरन्तर संघर्ष से लोग ऊब गए थे। ऑक्सफाम नामक एक संस्था से मैं आर्थिक सहायता ले रहा था। अब यह सहायता न लूँ, ऐसा सोचने लगा। मैं उनसे जो पैसा लेता था, वह आन्दोलनों के लिए ही खर्च किया करता था। अब मैंने सहायता लेना बन्द कर दी तो घर-खर्च का सवाल उठ खड़ा हुआ। इस कारण फिर से परेशानियाँ बढ़ने लगीं। मेरी जीवनसाथी छबुबाई गायकवाड़, बड़ी लड़की कु. संगीता, कु. मंजूषा और लड़के प्रफुल्ल कुमार की जिम्मेदारी तो मैं टाल नहीं सकता था। इस कारण अब घर की हालत फिर से खस्ता होने लगी। कुछ दिनों तक मित्रों से सहायता मिली। पर अब ? ऐसी स्थिति में भी संगठन का काम पूरे उत्साह के साथ कर ही रहा था। पैसे के अभाव में काम बंद नहीं किया। पर उन दिनों मेरी स्थिति इतनी बुरी हो चुकी थी कि बच्चों को एक वक्त का भोजन भी देना मुश्किल हो रहा था। मुझे याद है कि एक बार मैं उस्मानाबाद गया था, किसी विमुक्त जन-जाति के व्यक्ति पर हमला हुआ था। उस दिन मेरा लड़का प्रफुल्ल कुमार बहुत बीमार था। उसे दवाखाने ले जाने के लिए पैसे नहीं थे। दो दिन से वह घर पर ही पड़ा हुआ था। मेरा एक कार्यकर्ता मित्र सुड़े उसी दिन निलंगा से मुझसे मिलने आया। हमेशा की आदत के अनुसार उसने मेरी पत्नी से कहा, "भाभी, कुछ खाने के लिए दे दो।" घर में प्रफुल्ल बीमार, दवा के लिए पैसे नहीं और घर में खाने के लिए कुछ भी नहीं। मेरी पत्नी छबुबाई मेरे वैचारिक संपर्क में भी निरन्तर रही है। इस कारण सामाजिक प्रतिबद्धता की भावना उसमें भी बढ़ने लगी है। उस कार्यकर्ता के सामने उसने अपने मन की बात कह दी। तब सुड़े ने तुरन्त चालीस रुपए दिए। तब पत्नी प्रफुल्ल को दवाखाने ले गई। जवार ले आई। खाना बनाकर उसने बच्चे को खिलाया। मेरे लौटने पर उसने यह सब मुझे बताया। मुझे बहुत बुरा लगा। दुनिया की सारी दरिद्रता मेरे ही हिस्से क्यों आई—ऐसा सोचता हूँ। अब कहीं नौकरी ढूँढू या फिर होटल डालूँ, मैं सोचने लगा। इन्हीं दिनों मेरा जवान भाई भगवान गायकवाड़ अधिक शराब पीने के कारण अचानक मर गया। वह लातूर की सूत मिल में काम करता था। रोज शराब पीता था। उस दिन उसे उसके पुराने साथी मिल गए। देशी शराब पीने के बाद उसने तेल के पकौड़े खा लिए। इस कारण रात में उसे हिकचियाँ शुरू हुईं। दूसरे दिन सबेरे मेरी भाभी केसरबाई आकर यह सब बतलाने लगी। "तुम्हारे भाई को अस्पताल में भरती करना है, चलो।" मैं घबरा गया। अण्णा कल तक तो ठीक था।

अचानक यह कैसे हुआ, यह सोचते हुए मैं तेजी से निकला। उसे रिक्शे में अस्पताल ले गया। परन्तु मामला हाथ से निकल चुका था। अण्णा लगातार हिचकियाँ ले रहा था। अन्ततः अचानक उसकी साँस रुक गई। डॉक्टर ने कहा, "इसे घर ले जाइए। जान चली गई है।" मैं रोने लगा। मुझे अण्णा के लड़कों की चिन्ता होने लगी। अण्णा की एक लड़की और तीन छोटे-छोटे बच्चे थे। उनकी शिक्षा कैसे होगी, इसकी चिन्ता थी। अण्णा की मृत्यु का समाचार सभी रिश्तेदारों को भेजा गया। रिश्तेदार इकट्ठा होने लगे। पर बिरादरी की परम्परा के अनुसार रिश्तेदार शराब पीने लगे, मेरा बड़ा भाई माणिकदादा, जो भी रिश्तेदार आता, उसके साथ चला जाता, शोक कम करने हेतु वे उसे शराब पिलाते, वहाँ से लौटकर वह शव पर गिरता और जोर-जोर से रोने लगता। अण्णा के क्रिया-कर्म के लिए पैसे नहीं थे। औरंगाबाद के भाई की प्रतीक्षा थी। उसकी स्थिति हमसे अच्छी थी। अण्णा के क्रिया-कर्म के लिए वही पैसे लाएगा, इसी उम्मीद में हम उसकी प्रतीक्षा करने लगे। पर वह आ ही नहीं रहा था। भाभी से कैसे माँगूँ ? उसका तो पति ही गुजर गया था। इसी चिंता में बैठा रहा। अन्ततः संबा भाऊ औरंगाबाद से आया। मैंने उसके सामने सारी स्थिति स्पष्ट कर दी। पूरा खर्चा कितना आएगा, इसका हमने हिसाब लगाया। तीनों मिलकर खर्चा उठाएँगे--ऐसा निर्णय हमने लिया। मैं अपने एक दोस्त से पचास रुपए ले आया था। वह मैंने भाई के हवाले कर दिए। सारा सामान खरीदा गया। जब अर्थी लेकर निकलने ही वाले थे कि रिश्तेदारों ने माणिकदादा को इतनी पिला दी कि उसे सँभालने के लिए एक व्यक्ति की अलग से व्यवस्था करनी पड़ी। किसी ने यह अफवाह उड़ा दी कि अण्णा को उसकी पत्नी ने ही शराब में जहर देकर मार दिया है। फिर क्या था ? रिश्तेदार भाभी की ओर सन्देह से देखने लगे। भाभी की हालत देखिए! एक तो पति की मृत्यु का दुःख और दूसरी ओर रिश्तेदारों की सन्देह-भरी नजरें। वह इतना रोने लगी कि दुःख के मारे उसकी घिग्घी बँध गई। मैं उसे धीरज देने लगा। "लोग कुछ कहते हैं, हम घरवाले तो कुछ कहते नहीं न," मैं समझाने लगा। माणिकदादा से कहा गया कि वह क्रिया-कर्म के लिए आगे जाएँ। परन्तु नशे के कारण वह ठीक से चल भी नहीं पा रहा था। संबा भाऊ को तुरन्त औरंगाबाद लौटना जरूरी था। इस कारण सभी लोग मुझसे कहने लगे कि मैं ही आगे बढ़ूँ। सारी तैयारियाँ हो चुकी थीं। मेरे लिए मना करना मुश्किल था। मेरी इच्छा न होते हुए भी अन्ततः मुझे ही सभी क्रिया-कर्मों की जिम्मेदारी उठानी पड़ी। मैं परम्परा को न माननेवाला पूर्णतः नास्तिक था। परन्तु रिश्तेदारों के आग्रह के कारण मुझे चुपचाप हाँ भरनी पड़ी। मुझे और अण्णा के शव को नहलाया गया। मटके में धधकते कोयले रखकर उसे मेरे हाथों सौंपा गया। बदन पर गीले कपड़े और हाथ में धधकते कोयले से भरा मटका लिए मैं अर्थी के आगे-आगे चलने लगा।

अर्थी को जितने लोग कंधा दे रहे थे, वे सब के सब नशे में झूम रहे थे। सामने हलगियाँ (एक वाद्य) बज रही थी। शवयात्रा आगे बढ़ी, पर माणिकदादा इतना अधिक नशे में था कि बीच में ही वह कंधा छोड़ हट गया। शव सड़क पर गिरते-गिरते बचा।

दादा के हटने के तुरन्त बाद साथ चलनेवाले मेरे एक रिश्तेदार ने तुरन्त कन्धा दे दिया। वह भी शराब पिए हुआ था। शव के सबसे पीछे औरतें रोती हुई आ रही थीं। उनमें से किसी ने शराब नहीं पी थी। पुरुषों में कोई भी रो नहीं रहा था क्योंकि दुःख को दबाने के लिए ही उन्होंने शराब पी थी। कुछ बहादुर तो बीच-बीच में जाकर शराब पीकर आते। इस तरह शवयात्रा श्मशान भूमि में पहुँची।

रिश्तेदार शव को उठाकर चिता पर ले गए। अण्णा की जवान पत्नी के कंगन फोड़े गए। मंगलसूत्र तोड़ा गया। माथे की बिन्दी पोंछ दी गई। फूटे कंगन और काली मणियाँ चिता पर फेंक दी गईं। भाभी लगातार रो रही थी। उसकी घिग्घी बँधी हुई थी। चिता को अग्नि दी गई। मुझसे कहा गया कि मैं गीले कपड़ों से ही चिता के चारों ओर चक्कर काटता रहूँ। थोड़ी देर बाद हम सब घर लौटे। इस दिन चूल्हा नहीं जलता। पड़ोसियों ने रोटियाँ लाकर दीं। कुछ खाने लगे। मुझे भी कहने लगे, "लक्ष्मण, रोने से कोई फायदा नहीं। जानेवाला जाता है, ले थोड़ा-सा खा ले।" मैंने चुपचाप खा लिया। मुझ पर भूत-प्रेत सवार न हो, इसलिए हाथ में कुल्हाड़ी दी गई, आँखों में काजल डाला गया। माथे पर भी काजल लगाने लगे, इससे भूत नहीं लगता। उन दिनों मेरा स्पर्श सभी लोग टाल रहे थे। "अण्णा की आत्मा इसके भीतर तीन दिन तक रहेगी," ऐसा कहकर मुझे कोने में बिठाया गया। खाने को भी ऊपर से ही परोसते थे। मेरी थाली, कटोरी, लोटा अलग से रखा गया। मुझे लगने लगा कि पाथरूट जाति में जन्म लेने के कारण बचपन में मुझे गाँव में कोई नहीं छूता था। आज अपने ही घर में मैं अछूत बन गया था।

तीसरे दिन कड़वाहट उतारी जाती है। महाराष्ट्र की कुछ जातियों में किसी की मृत्यु के तीसरे दिन उसके नजदीक के रिश्तेदार घर आते हैं और घरवालों को चाय, दालमोठ, मिठाई या शराब लाकर देते हैं, खिलाते हैं, पिलाते हैं। सभी रिश्तेदार श्मशान भूमि पर अस्थियाँ इकट्ठी करने जाते हैं। कन्धा देनेवालों के कन्धों पर दही, तेल, दूध मला जाता है। उन्हें नहलाया जाता है। उसके बाद ही कन्धा देनेवाले पवित्र हो पाते हैं। मुझे तो अभी भी किसी जच्चा की तरह अलग रखा गया था। पता नहीं मेरी कब छुट्टी होने वाली थी। बेकार में इस झंझट में फँस गया—ऐसा लगने लगा। परन्तु मजबूरी जो थी। वे जैसा कहते, मुझे करना पड़ता था। अपने नास्तिक विचारों के कारण उस वक्त मैं परिवारवालों को या रिश्तेदारों को दुःखी नहीं कर सकता था। कन्धे देनेवाले तीसरे दिन मुक्त हो गए। वे मुझे नदी पर ले जाना चाह रहे थे। उस दिन मुर्गा काटा गया। अण्णा को जिन-जिन वस्तुओं की आदतें थीं, वे सब ली गईं। पान, सुपारी, तम्बाकू, सूखी मछली और एक बोतल में शराब। मुझे बहुत बुरा लगा, जिस शराब के कारण अण्णा मर गया, वही शराब मृत्यु के बाद भी उसे पिलाई जा रही थी। ये सारी वस्तुएँ एक नए छाज में रखकर, मैं सभी के साथ नदी पर गया। वहाँ मुर्गे के मटन को पकाया गया। प्रसाद बनवाया गया। नाई साथ में ही था। मेरे सिर के सभी बाल उतारने का निर्णय लिया गया। मैंने कहा, "मेरे बाल क्यों उतारते हो ? चाहो तो पाँच-दस बाल काट दो।" पर रिश्तेदार बिगड़ उठे। कहने लगे, "तुम लोग शहर में रहकर बिगड़ रहे हो।

परम्परा को भूल रहे हो। यह नहीं चलेगा। रीति-रिवाज छोड़कर जा नहीं सकते। यदि यह चाहते हो कि अपने भाई की आत्मा को शान्ति मिले, तो जाति के रीति-रिवाजों को चुपचाप निभाओ।" तब मैंने कहा, "जाने दीजिए, अब कुछ नहीं कहूँगा। गलती मेरी ही थी।" मैं क्रिया-कर्म के लिए तैयार हो गया और नाई के सामने बैठ गया। उस्तरे से वह सारे बाल उतारने लगा। सिर में जलन होने लगी। मेरी ऐसी हजामत कभी दादा, कभी भाऊ और कभी अण्णा, ब्लेड से किया करते थे। आज मुझे बचपन की वे बातें याद आने लगीं। जो भाई बचपन में मेरी हजामत खुद किया करता था, उसी भाई के लिए मुझे आज हजामत करानी पड़ रही थी। क्या हर्ज है, मैंने मन में सोचा। इसके बाद मुझे नदी में नहलाया गया। पेड़ों के पत्ते पर बिठाया गया। मुर्गे का मटन और प्रसाद खाने के लिए दिया गया। एक कप में शराब दी गई। मैंने मना किया, तब मुझे डाँटा गया। यह रिंवाज है, पीनी पड़ेगी, ऐसा कहा गया। मैं अकेला विरोध में था, बाकी सभी समर्थन में थे। इस कारण परेशानी थी। छाज में ही मुझे खाना दिया गया। अण्णा की जितनी आदतें थीं, उन सबको मैंने उस वक्त स्वीकार किया। उसकी आत्मा को शान्ति मिले, इसलिए मुझे उसकी पसन्द की चीजें खानी पड़ीं। खाना खाने के बाद मुझे तम्बाकू का पान दिया गया। मैं तम्बाकू कभी नहीं खाता। बावजूद इसके मुझे वह पान खाना पड़ा। तम्बाकू का स्पर्श होने से ही मेरा पूरा शरीर थरथरा उठा। मैं तुरन्त थूकने लगा। इसके बाद मेरे सिर पर वह छाज रखी गई। 15-20 लोगों ने मुझे पकड़ा। नदी में बहुत भीतर तक वे मुझे ले गए। छाज के साथ मुझे पानी में डुबोया गया। कुछ क्षणों के बाद मुझे ऊपर उठाया गया। छाज पानी में फेंकने के लिए कहा गया। प्रत्येक ने मुझे नहलाया। अब वे मुझे किनारे पर ले आए। कहने लगे कि अब मैं खुला हो गया हूँ। तीन दिन तक मुझमें अण्णा की आत्मा थी। अब वह आत्मा सन्तुष्ट होकर नदी के पानी में घुल-मिल गई है, ऐसा उन्होंने कहा। घर लौटने पर सबने खाना खाया। मुझे भी खाने के लिए कहा गया। नदी पर कौए और गाय को अन्न दिया गया। उसी दिन के बाद मैंने निश्चय किया कि अब भविष्य में मैं कभी किसी के क्रिया-कर्म के लिए अगुवाई नहीं करूँगा।

इन्हीं दिनों मुझे आर्थिक प्रश्न बहुत परेशान कर रहे थे। हालत बहुत खराब हो चुकी थी। मैंने सोचा कि नौकरी या दुकान से यह प्रश्न हल होनेवाला नहीं है। अब मैं पैसे कमाने की बात सोचने लगा। इन्हीं दिनों मेरे एक मित्र ने कहा कि ठेकेदारी में काफी पैसा मिलता है।

औरंगाबाद में जायकवाड़ी में मेरा एक परिचित इंजीनियर था। उससे काम के बारे में मैंने पूछा। उसने काम देने का आश्वासन दिया। काम के लिए पूँजी की आवश्यकता थी। मेरा एक प्लॉट लातूर शहर के बाहर बहुत पहले से पड़ा हुआ था। बहुत कम कीमत में मैंने उसे कभी खरीद लिया था। लातूर अब जिला बन गया था, इस कारण जमीन के दाम काफी बढ़ चुके थे। मैंने वह प्लॉट पाँच हजार में बेच दिया और ठेकेदारी करने जायकवाड़ी गया। इस काम का मुझे कोई अनुभव नहीं था, इस कारण बहुत तकलीफ

हुई। अन्ततः वहाँ के डिप्टी इंजीनियर ने मुझे चौबीस हजार का एक टेंडर दिया। मैंने काम की शुरुआत की। एक महीने में काफी काम हुआ और पास के पैसे खत्म हो गए। मैंने रनिंग बिल निकालने के लिए इंजीनियर से कहा। उसने मेरा बिल निकाला। पैठण और अम्बड तहसील के कई ठेकेदारों से पहचान इन्हीं दिनों हुई। उनमें से एक ने कहा, "अब तो बिल निकल गया है, पर आगे कैसे ?" दूसरे ने कहा, "गायकवाड़जी, अगर चार पैसे कमाना चाहते हो तो यहाँ ऑफिस में प्रत्येक को परशेंटेज देते जाइए। तभी आगे काम मिलता जाएगा। काम में सहूलियतें भी हो जाएँगी।" मैंने उससे परशेंटेज के सम्बन्ध में पूछताछ की। उसने कहा, "सभी साहब लोगों को मिलाकर 30 से 35 प्रतिशत देना पड़ता है। डी. इंजीनियर 10%, जे.ई 10%, इ.ई. 5%, असिस्टेंट ई. 1%, टेक्नीकल ई. 1%, एकाउन्टेंट, कैशियर, चेक देनेवाले, प्रत्येक को 25 रुपए, 15 सिपाही को, ओ.स. डिवीजन का क्लर्क, गोडाउन क्लर्क को 2% देने ही पड़ते हैं।" मैंने आज तक किसी को रिश्वत नहीं दी थी। उलटे रिश्वत लेनेवालों के खिलाफ शिकायत करता था। यहाँ रिश्वत देने की नौबत आ गई थी। मतलब, अब तक मैं आन्दोलन करता रहा, अन्याय के विरोध में संघर्ष करता रहा और आज मैं खुद रिश्वत दूँ। बहुत बुरा लग रहा था। परन्तु घर की भयावह स्थिति याद आती। इस कारण मैंने निश्चय किया कि अगर मुझे ठेकेदारी करनी है तो यह सब करना ही होगा। डिवीजन कार्यालय से मैं पहली बार 15,000 रुपए का बिल लेकर आया। नए ठेकेदार के रूप में मेरी ओर सभी की नजरें थीं। डी. इंजीनियर को मैंने नमस्कार किया। सबके लिए चाय मँगवाई। सबसे परिचय करा लिया। मैंने कहा, "साहब आपका भी जो परशेंटेज होगा, मैं देता जाऊँगा।" उन्होंने मान्य किया। मैंने 150 रुपए दिए। बिल आगे गया। वहाँ पर भी मैंने यही कहा। इस तरह बिल पास हो गया। दूसरे दिन चेक कैश हुआ। सबका परशेंटेज मैंने दे दिया। कार्यालय में यह सब खुल्लमखुल्ला, दिन दहाड़े चल रहा था। हम रिश्वत ले रहे हैं--ऐसा इनमें से किसी को भी कभी नहीं लगता था। उलटे हम ठेकेदारों को काम देते हैं, उनका फायदा करके देते हैं, इस कारण परशेंटेज लेना हमारा हक है, ऐसा ही वे समझते हैं। पच्चीस हजार के भीतर ही मैंने अपना काम करवा लिया। पच्चीस हजार के टेंडर का काम दस हजार में हो गया। कुल पन्द्रह हजार बच गए। उनमें से आधे से अधिक परशेंटेज में चले गए। कभी-कभार मैं किसी साहब को उसका परशेंटेज नहीं देता। परिणामस्वरूप अगले बिल के समय मेरा बिल रुक जाता। "फलाँ साहब का परशेंटेज तुमने पिछली बार नहीं दिया," ऐसा वे कहते। दो-दो, तीन-तीन दिन बिल पास नहीं होता था। इस मामले में आफिस में सबकी जबरदस्त एकता थी। कभी-कभी तो मेरे पास चाय तक के लिए पैसे न होते। लेबर पैसे माँगती और "पिछली बार तुमने परशेंटेज नहीं दिया" कहकर ये लोग बिल रोक देते। मैं आन्दोलनकारी, कार्यकर्ता, पर यहाँ मेरी कुछ नहीं चलती। किसी ठेकेदार से हाथ-पैर जोड़कर मैं रुपए उधार ले आता। सबका परशेंटेज देता, साहब लोग बिना किसी संकोच के रिश्वत लेते। इन बड़े साहबों को रिश्वत देने के बाद भी जू.ई. या क्लर्क के हाथ जोड़ने पड़ते थे।

उनके सम्मुख गिड़गिड़ाना पड़ता था। मैं कहता, "साहब बिल जल्दी निकाल दीजिए, मेरहबानी कीजिए।" मैं लाचार हो गया था। मुझे लगता कि मैं रास्ता भटक गया हूँ। भ्रष्टाचार के विरोध में गरजने वाला आज भ्रष्टाचार के सम्मुख पराजित हो चुका था। जहाँ आकाश ही फट चुका हो, जहाँ कदम-कदम पर भ्रष्टाचार की गंगा बह रही हो, वहाँ कौन क्या कर सकता है? जायकवाड़ी की नहरों का पानी जहाँ तक गया, सीमेंट 10-15 रुपए बोरी बिका। ठेकेदार, ट्रक के ट्रक देहातों में बेच देते थे। इस कारण इन नहरों के आसपास गरीबों के घर सीमेंट से बनाए गए हैं। ठेकेदार और इंजीनियर दोनों की मिलीभगत से हजारों बोरी सीमेंट यहाँ बिका है। औरंगाबाद और परभणी में अनेक इंजीनियर और ठेकेदारों की बड़ी-बड़ी कोठियाँ बन चुकी हैं। मैं अकेला इस भ्रष्टाचार को रोक सकता हूँ ? मेरे साथ के अनेक ठेकेदार, कुछ मजदूर भी लखपति हो गए। वहाँ मैंने ऐसे कई जू. इंजीनियर, एक्जीक्यूटिव इंजीनियर देखे हैं जो ठेकेदारों से 30-30, 40-40 लाख का बोगस बिल लेते। उसे मंजूरी देते और बिल पास होने पर मिलकर बाँट लेते। नहर की मिट्टी निकालने का टेंडर निकाला जाता। प्रत्यक्ष मिट्टी निकालने का काम कभी होता ही नहीं था, पर लाखों का बिल निकाला जाता था और जब नहरों से पानी बहने लगता तब मिट्टी फिर से जमा हो गई, इसलिए फिर से टेंडर निकाला जाता। इस कारण इस भ्रष्टाचार को कोई चैलेंज नहीं कर सकता। सबकी सहमति से यह सब चल रहा था। इसमें एस.ई. चीफ इंजीनियर सबका हाथ होता था। जहाँ काम चलता था, सीमेंट दस रुपए बोरी बिकता था। ऐसी कोई लॉटरी लगे, इसलिए मैं साहब के यहाँ जाता, परिचय करा लेता, पार्टियाँ देता। वे मेरी पूछताछ करते। परन्तु मैं कोई लीडर हूँ, इसकी भनक उनके कानों में पड़ जाती और वे मुझे टालते। उनके अपने ठेकेदार थे। जायकवाड़ी में तो ठेकेदार और इंजीनियर बड़े काम पार्टनरशिप में किया करते थे। ऊपर के अधिकारी डिपार्टमेंट की खरीदी में 12 प्रतिशत अगर दाम बढ़ाकर लिखें तो लाखों की आमदनी हो जाती है। इस कारण डी. इंजीनियर, ई. इंजीनियर बगैर बँगले के नहीं हैं। कुछ अपवाद होंगे। कई इंजीनियर तो ऐसे हैं कि जहाँ तबादला हुआ वहाँ एक बँगला बना लेते हैं। कई बार बड़ी मजेदार बातें होती हैं। अपने निचले अधिकारी या बाबुओं को कोई हिस्सा न देते हुए अगर किसी बड़े अधिकारी ने अकेले में ही सारा परशेंटेज मार लिया हो, बोगस बिल निकालकर किसी को कुछ न दिया हो, तो ऐसी स्थिति में ही उस रिश्वत की खुलेआम चर्चा शुरू हो जाती है। उस कार्यालय का कोई व्यक्ति, किसी नेता या पत्रकार को खुद पूरी जानकारी देता है। कई बार नेता या पत्रकार का मुँह बन्द करने के लिए अधिकारीगण हजारों रुपए उन्हें देते हैं। ऐसी घटनाएँ पैठण, जालना, परभणी आदि स्थानों पर हुई हैं। पर इसके लिए कोई प्रमाण नहीं दिए जा सकते। इन दिनों अलबत्ता मैं समाज के मन की एक विसंगति को जान गया। विमुक्त जनजाति के किसी व्यक्ति को या पूरी जाति को समाज और पुलिस चोर समझती है। उनके घर की तलाशी लेती है। उनके टूटे-फूटे बर्तन भी उठा लाती है। परन्तु इन अधिकारियों के पास करोड़ों की जायदाद होते हुए भी इनकी तलाशी तो दूर,

पूछताछ भी नहीं की जाती। मुझे इसका प्रत्यक्ष अनुभव हो चुका है। ठेकेदारी करते-करते जालना, बीड़ और परभणी जिलों में मैं विमुक्त जनजातियों के लिए अनेक कार्यक्रम कर रहा था। विमुक्त जनजातियों का आन्दोलन बढ़ाने का मैं प्रयत्न कर रहा था। जायकवाड़ी के कारण मराठवाड़ा का जो भी विकास होना हो, वह तो होगा ही, पर यह सच है कि इसके कारण मराठवाड़ा के ठेकेदार, दलाल और पुणे के कुछ पत्रकारों का अलबत्ता बहुत विकास हुआ है। आज कुछ बड़े अधिकारी शौक से 10-15 हजार रुपए के कुत्ते पालते हैं। कुत्तों को चूमते हैं। मैंने अपनी आँखों से देखा है। एक ओर हमारे लोग पेट भरने के लिए, शिकार के लिए शिकारी कुत्ते पालते हैं और ये तथाकथित बड़े अधिकारी रिश्वत का पैसा अधिक हो जाने के कारण चूमने के लिए कुत्ते खरीद लाते हैं।

एक बार कवठा में जात-पंचायत बैठी थी मेरी पत्नी की बहन के लिए। उसका नाम सालूबाई था। सालूबाई की शादी सोलापुर में हुई थी। उसका पति अच्छा जेबकतरा था, इसलिए उसने अन्य स्थानों पर शादियाँ कीं। इस कारण सालूबाई की माँ ने रीति-रिवाजों के अनुसार सालूबाई के पति को 251 रुपए लौटाकर अपनी लड़की को मुक्त कर दिया। सालूबाई अब माँ-बाप के पास कवठा में ही रहने लगी। वह जवान थी। इस कारण कवठा के ही रावण नामक हमारी ही बिरादरी के एक युवक के सम्पर्क में आई। रावण उसे विवाह का आश्वासन देता रहा। "मेरी शादी नहीं हुई, तेरे ही साथ कर लूँगा," ऐसा कहकर दो वर्ष सम्पर्क में रहा। इस बीच सालूबाई को एक लड़की हुई। पूरी बिरादरी को इसकी खबर थी, पर किसी ने कुछ नहीं कहा। रावण के माँ-बाप ने दूसरी लड़की देख रावण के विवाह का निर्णय ले लिया। सालूबाई तो शादीशुदा थी। रावण की शादी नहीं हुई थी, उस कारण उसकी शादी जरूरी थी। तब सालूबाई ने जात-पंचायत बुलाई। दूर-दूर से लोग आए। सालूबाई को रावण से लड़की हुई है, इस कारण अब उसकी शादी सालूबाई से ही होनी चाहिए, दूसरी से वह शादी न करे, ऐसा निर्णय हुआ। तब काफी हो-हल्ला हुआ। अन्तिम दिन मेरे ससुर ने कहा, "देखिए, सालूबाई एक गाय है। मैंने उसे एक को बेच दिया, उसके साथ वह कुछ दिन रही। उसके बाद, यह गाय दूसरे स्थान पर आई। अब कवठा में बिना मालिक की है।" जात-पंचायत का निर्णय हुआ। सालूबाई की पेशाब में रावण अपनी नाक डुबोए और सालूबाई को 251 रुपए हर्जाना दे, इस पर सहमति हुई। सालूबाई एक कटोरी में अपना पेशाब ले आई। जात-पंचायत के सामने उसने कटोरी रख दी। उस पेशाब में रावण ने नाक डुबोई और दूसरी शादी के लिए वह मुक्त हो गया। मेरा ससुर एक आँख से अन्धा है, इस कारण मुझे लगा कि न्याय देते समय सारा कारोबार वह अन्धे ढंग से ही करता है।

मेरा ससुर जन्म से अन्धा नहीं था। एक बार मेरे ससुर ने दस हजार का बटुआ उड़ाया। सोलापुर की पुलिस पीछा करते हुए कवठा आई। बस्ती को घेर लिया गया। परन्तु छोटे-से लड़के को साथ लिए मेरा ससुर गन्ने के खेत में, गुड़ तैयार करने के लिए

गन्ने का रस जिस बड़े चूल्हे पर पकाया जाता है, उसमें जाकर छिप गया। चार दिन तक वहाँ से निकला ही नहीं। भूख से बेहाल होकर जब चौथे दिन वह बाहर निकला, तो पुलिसवालों ने उसे पकड़ लिया। वे उसकी बेतहाशा पिटाई करने लगे। चमड़े के बेल्ट से जब उन्हें पुलिस मार रही थी तब बेल्ट की पीतल की बक्ल अचानक ससुर की आँख में घुस गई और वह इतनी तेजी से गई कि आँख फट गयी। उसका काला हिस्सा बाहर निकल आया। ससुर ने उसे तोड़कर फेंक दिया। तब उसकी बायीं आँख हमेशा के लिए चली गई। दस हजार रुपए उसने पचा लिए। अपनी लड़की के सम्बन्ध में जो निर्णय उसने दिया, वह पता नहीं किस आँख से निकला था। सालूबाई पराजित हो गई। आज सालूबाई की लड़की छह-सात वर्ष की है। परन्तु बाप का नाम न होने से उसे स्कूल में नहीं लिया जाता। बिन बाप की यह लड़की अशिक्षित ही रहने वाली है। कभी किसी दिन कोई उसे चोरियाँ करना सिखलाएगा।

कार्यकर्ता के रूप में मराठवाड़ा के सभी कार्यकर्ताओं से मेरा परिचय बढ़ने लगा। यूँ मैं किसी भी राजनीतिक दल से जुड़ा हुआ नहीं था। केवल विमुक्त जनजाति संगठन का काम कर रहा था। मराठवाड़ा का संगठन था। इन्हीं दिनों संसद के चुनाव घोषित हुए। मुझे विधानसभा, संसद का कुछ पता ही नहीं था। इन संस्थाओं का अर्थ तक उन दिनों मुझे मालूम नहीं था। बावजूद इसके आन्दोलन के एक कार्यकर्ता के रूप में बहुजन समाज पार्टी के लोग मेरे पास आए और संसद के लिए मैं चुनाव लड़ूँ—ऐसा आग्रह करने लगे। शुरुआत में मुझे लगा कि मुझ जैसा फटीचर और गरीब आदमी संसद के चुनाव के लिए कैसे खड़ा हो सकता है ? क्या ऐसा कभी सम्भव हुआ है ? सोचता था, राजनीतिक नेताओं, पार्टियों से दूर रहकर केवल संगठन का काम करता रहूँगा, परन्तु बहुजन समाज पार्टी वालों ने मुझे बहुत समझाया। कहने लगे, "इस व्यवस्था के भीतर राजनीति से दूर रहकर कुछ होनेवाला नहीं है। प्रत्यक्ष राजनीति में हिस्सा लेने से दलितों, शोषितों, पीड़ितों और श्रमिकों को न्याय मिलेगा।" उनकी बातें मुझे ठीक लगने लगीं और संसद-सदस्य बनने के स्वप्न देखते हुए मैंने उनके प्रस्ताव को स्वीकार किया। मैं सोचने लगा कि एक गरीब कार्यकर्ता के रूप में अगर मैं सचमुच चुनकर गया तो जिन लोगों के लिए पिछले कई वर्षों से काम करता आया हूँ, उनकी आवाज मराठवाड़ा की अपेक्षा दिल्ली में उठा सकूँगा। अन्ततः चुनाव लड़ने का मैंने निर्णय लिया। गुत्तेदारी से मिले 8-10 हजार रुपए मेरे पास थे ही।

बहुजन समाज पार्टी के लोगों ने मुझसे कहा था कि मेरे लिए वे पचास-साठ हजार रुपए खर्च करेंगे। उन्होंने मुझे टिकट दे दिया। मैं उनकी दो-तीन बैठकों में गया। काफी प्रभावित हुआ। इतना बड़ा चुनाव मैं लड़ने वाला हूँ, इस बात से मैं बहुत खुश था। चुनाव फार्म भरने का दिन आया। पाँच सौ रुपए जमानत के भर दिए। गवाहों के हस्ताक्षर लेकर फार्म जमा कर आया। लातूर की सभी राजनीतिक पार्टियों के लोगों में खबर फैल गई कि लक्ष्मण गायकवाड़ चुनाव के लिए खड़ा हो गया है। विमुक्त जनजाति के एक लाख से अधिक मत वह ले जाएगा। मुझे तो ग्राम पंचायत के चुनाव तक का

अनुभव नहीं था। पर अब मैं संसद का चुनाव लड़ रहा था। दो मोटरसाइकिल (इनमें से एक मेरी खटारा जावा गाड़ी थी) और छह साइकिल नीले झंडे को लगाए प्रचार के लिए लातूर में घूमने लगीं। अनेक महत्त्वपूर्ण स्थानों पर, दीवारों पर मेरा नाम दिखाई देने लगा। पूरे जिले में मेरे नाम की चर्चा शुरू हुई। मैं अपनी ओर से पूरी कोशिश करने लगा। परन्तु बहुजन समाज पार्टी के लोगों ने खर्च के सम्बन्ध में जो कहा था, उसे वे निभा नहीं रहे थे। यह पार्टी पैसे वालों की नहीं थी। चन्दा इकट्ठा करके ही वे मुझे पैसे देने वाले थे। मेरे विरोधी बहुत पैसे वाले थे। कार्यकर्ताओं के खाने-पीने पर वे लाखों रुपए खर्च कर रहे थे। दूसरी ओर मैं पत्नी से रोज 5-10 किलो जवार मँगाता और रात-बेरात जवार की रोटी और चटनी कार्यकर्ताओं के सामने रखता। ये कार्यकर्ता दीवारों पर मेरा नाम लिखने के लिए पूरे जिले-भर में घूम रहे थे। कुछ ही दिनों में मेरे पास के 8-10 हजार रुपए यूँ ही खत्म हो गए। मैं परेशान हो गया। मतदान 10-15 दिनों पर आ गया। बहुजन समाज पार्टी ने कहा था कि वे एक जीप और रुपए भिजवा देंगे। परन्तु न जीप आई और न पैसे। मेरा दिवाला तो निकल ही चुका था। मित्रों से रुपए उधार लेकर कार्यकर्ताओं को जैसे-तैसे मैं खिला रहा था। परन्तु लाउडस्पीकर वाले, रिक्शावाले पैसों के लिए रोज घर आकर बैठने लगे। पैसे मिले बगैर आएँगे नहीं— ऐसी धमकी देने लगे। गालियाँ देने लगे। ऐसी प्रतिकूल स्थिति में मेरा एक जिम्मेदार कार्यकर्ता श्री वांझरझे दूसरे उम्मीदवार के गुट में चला गया। वह मेरे अन्य कार्यकर्ताओं को रोज ले जाता; मुझसे कहता, "गायकवाड़ साहब, मैं देहातों में कई जगह आपका प्रचार कर आया हूँ।" और शिकायत करता, "हमारे साथ के अन्य कार्यकर्ता रोज चिकन, मटन, बिरयानी खा रहे हैं। जेबों में सौ-सौ के नोट लेकर ही प्रचार के लिए निकल रहे हैं और आप तो हम कार्यकर्ताओं को चटनी-रोटी तक नहीं खिला पा रहे हैं। हम दो दिन और राह देखेंगे। अगर आपका ऐसे ही चलने वाला है तो हम दूसरे उम्मीदवार के खेमे में चले जाएँगे।" यह जिम्मेदार कार्यकर्ता उधर विरोधी पार्टी वालों से सौदेबाजी भी करने लगा। दूसरे उम्मीदवार से रुपए ऐंठने लगा। मेरे कार्यकर्ताओं को कहने लगा, "लक्ष्मण गायकवाड़ के पास है ही क्या ? वह खुद भिखारी है। एक जून का खाना भी वह नहीं दे सकता। तुम मेरे साथ चलो।" पैसे दे-देकर वह मेरे कार्यकर्ताओं को तोड़ने लगा।

बहुजन समाज पार्टी से पैसे आएँगे, इस आशा से मैं रिक्शेवाले, लाउडस्पीकर वालों को आश्वासन दे रहा था। परन्तु निर्धारित समय पर पैसे न दे पाने के कारण रिक्शे वाले मेरा प्रचार करने के बजाय मुझे गालियाँ देने के लिए घर पर आने लगे। मैं बहुत परेशान हो गया। प्रातः पाँच बजे उठकर मैं घर से बाहर निकल पड़ता और दिन-भर कहीं छिपकर बैठा रहता। मुझे लगता कि बहुजन समाज पार्टी ने मुझे धोखा दिया है। अपनी पार्टी के प्रचार के लिए उन्होंने मुझे बलि का बकरा बना दिया है। अन्ततः उनका काम्बले नामक एक कार्यकर्ता आया। उस दिन मैं घर से गायब था। बी.एस.पी. के लोग आए हैं, कहने के बाद मैं घर पर आया। उस वक्त रिक्शे वाले, स्पीकर वाले भी आए और गालियाँ देने लगे। मेरी इस दयनीय अवस्था को देख, उस कार्यकर्ता ने अपनी

उँगली से सोने की अँगूठी निकालकर दे दी। मैंने अँगूठी बेची और सबको थोड़े-थोड़े पैसे बाँट दिए। बी.एस.पी. के ऐसे जुझारू और त्यागी कार्यकर्ताओं को देख उस पार्टी के प्रति प्रेम भी महसूस हुआ।

मतदान के लिए अब आठ दिन ही शेष थे। तब बी.एस.पी. ने एक जीप भिजवा दी। जीप से प्रचार शुरू हुआ। जीप में बैठकर मैं ही प्रचार करता। "गरीबों के लिए गरीब को वोट दो। लक्ष्मण गायकवाड़ को चुनो।" ऐसा मैं कहता। गाड़ी के साथ बी.एस.पी. वालों ने पेट्रोल के लिए केवल पाँच सौ रुपए दिए थे। तुम पर चालीस हजार रुपए खर्च करेंगे—ऐसा कहनेवालों ने केवल पाँच सौ रुपए भिजवा दिए। वे रुपए तो दो दिन के लिए भी काफी नहीं थे। डीजल के लिए अब पैसे ही नहीं थे। इस कारण डीजल के अभाव में गाड़ी घर के सामने खड़ी रही। एक दिन तो मुझे बहुत रोना आया। पार्टी के लोगों ने ऐसा क्यों किया, इसी पर मैं बार-बार सोचता। मैंने इनका क्या बिगाड़ा था कि उन्होंने इस तरह बदला लिया। ऐसा कह हम पति-पत्नी बैठकर रोते। मुझे बी.एस.पी. के विचार अच्छे लगते। इस पार्टी के कार्यकर्ता जुझारू और ईमानदार थे। मेरे प्रचार के लिए नादेड़ से पार्टी का एक कलापथक आया था। वे बेचारे भूखे रहकर 18-18 घंटे कार्यक्रम करते घूमते थे। अनेक स्थानों पर जाकर वे गीत गाते, दीवारों पर मेरा नाम लिखते। मुझे धीरज बँधाते। कई कार्यकर्ता नौकरियों पर थे। पर मेरे प्रचार के लिए वे छुट्टी लेकर आए। इस कारण कार्यकर्ताओं के अनुशासन और प्रामाणिकता से मैं प्रभावित होता था। उनके प्रति मेरी कभी कोई शिकायत नहीं थी। परन्तु ऊपर से मुझे सहयोग क्यों नहीं मिल पाया, इसका रहस्य मैं आज तक नहीं समझ पाया।

जीप बिगड़ जाने के कारण मेरी बहुत हँसी हुई। ऐसी स्थिति में भी मैंने और मेरे कार्यकर्ताओं ने प्रचार जारी रखा। मुझे माननेवाले कई कार्यकर्ता भूखे पेट साइकिल पर प्रचार कर रहे थे।

लातूर का यह चुनाव पूरे देश में चर्चित रहा। मेरे विरोध में दोनों उम्मीदवार लाखों खर्च कर रहे थे। एक उम्मीदवार का प्रचार तो विशिष्ट जाति के लोग रात-दिन कर रहे थे। उस जाति के सैकड़ों लोग जाति के आधार पर ही प्रचार कर रहे थे। एक उम्मीदवार, तो हमारे समर्थन में नाम पीछे लो, काफी रुपए दूँगा—ऐसा कह रहा था। मैंने इस मोह को टाल दिया। मेरी जिद थी अन्त तक टिके रहने की। परन्तु मेरी यह जिद पूरी नहीं हो सकी। बी.एस.पी. के लोगों ने किसी प्रकार की सहायता नहीं दी। अब मैं पैसे-पैसे के लिए मोहताज हो गया। जिनके रुपए देने थे, वे रोज आकर गालियाँ देने लगे। कुछ कार्यकर्ताओं को साथ लिए मैं विचार करने बैठा। अब हम सबने मिलकर निर्णय लिया कि प्रचार जारी रखना असम्भव है। इसलिए कांग्रेस के उम्मीदवार को समर्थन दिया जाए। वैसे मेरी नजर में दोनों उम्मीदवारों में से एक भी गरीबों का संरक्षक नहीं था। बावजूद इसके "पत्थर से ईंट भली" के न्याय के आधार पर मैंने और कार्यकर्ताओं ने सोचा कि दोनों में से एक ठीक है, उसी को समर्थन देंगे। मेरे एक साथी ने कहा कि

विमुक्त जनजातियाँ कांग्रेस को ही वोट देती आई हैं, कांग्रेस का ही राज है। उनके हाथों में सत्ता है। वे कभी-न-कभी हमारी सहायता कर सकते हैं। मैं सोचने लगा कि इस देश में चुनाव लड़ने के लिए केवल अच्छे और ईमानदार कार्यकर्ताओं से काम नहीं चलता बल्कि सम्पत्ति, प्रतिष्ठा और उच्च जाति में जन्म लेने की भी आवश्यकता होती है। इसके अलावा गुंडागर्दी, झूठे आश्वासन, मारपीट आदि विविध कलाओं की जानकारी भी होनी जरूरी है। इतनी बातें हों तो ही राजनीति में कूदना चाहिए। विशेषतः चुनाव लड़ने के लिए इन गुणों की अत्यधिक आवश्यकता होती है। इसका एहसास मुझे इन्हीं दिनों हुआ। इनमें से एक भी गुण मेरे पास नहीं था। इस कारण चुनाव में खड़ा होने का मुझे कोई अधिकार नहीं था। दूसरों की सुनकर मैंने एक बहुत बड़ी गलती की, ऐसा अब मुझे लगने लगा।

दो-तीन कार्यकर्ताओं को साथ लिए मैं खुद कांग्रेस उम्मीदवार के यहाँ पहुँचा। मैंने कहा, "साहब, मैं आपको समर्थन देना चाहता हूँ।" वे आश्चर्यचकित रह गए।

मतदान के केवल तीन दिन थे। "लक्ष्मण गायकवाड़ अब मुझे समर्थन देगा" इस पर उनको विश्वास नहीं हो रहा था। इसमें भी कुछ चाल होगी—ऐसा उन्होंने समझा। भीतर जाकर आपस में उन्होंने चर्चा की। पहले उन्होंने अपने समर्थन में मेरी आवाज टेप कर ली। उन्होंने मुझे समर्थन की शर्तें पूछीं। मैंने स्पष्ट कहा, "मुझे रिक्शे का, स्पीकर का और अन्य चीजों का किराया देना है। करीब सात हजार। केवल इतने दे दीजिए और चुनाव के बाद आप विमुक्त जनजातियों के लिए कुछ अच्छे काम कीजिए। हम कार्यकर्ताओं को किसी कमेटी में लीजिए। इतनी ही अपेक्षा है।" मेरे एक कार्यकर्ता को वे दूसरी ओर ले गए, उसे उन्होंने पाँच हजार दे दिए। उसने मुझे दे दिए। मैं रुपए लेकर रिक्शावालों, स्पीकरवालों, पंडालवालों के पास गया। उन सबकी उधारी मैंने चुका दी। फिर कार्यकर्ताओं के दो दिन के खर्चे के लिए मैंने दो हजार रुपए दे दिए। इतने पर मैंने समझौता किया था। मुझे आशा थी कि चुनकर आने के बाद वह उम्मीदवार मुझे याद रखेगा, किसी कमेटी में लेगा पर उस व्यक्ति का मुझे बहुत बुरा अनुभव हुआ। चुनाव के अन्तिम दिनों में मैंने उसे अचानक समर्थन दिया था, इसलिए मेरे अनेक ईमानदार कार्यकर्ता मुझसे नाराज हो गए। दूसरी ओर, सामान्य जनता में ऐसी चर्चा शुरू हुई कि लक्ष्मण गायकवाड़ ने कांग्रेस से डेढ़ लाख रुपए लेकर समर्थन दिया है। डेढ़ लाख रुपए देकर उसका मुँह बन्द किया गया है। कोई कहता, गायकवाड़ ने काफी पैसे कमा लिए हैं। मेरी बहुत बदनामी हुई। मैंने अनेक मित्रों से कहा, "मैंने कोई पैसे नहीं लिए हैं। मेरा पूरा खर्च भी उन लोगों ने नहीं दिया है।" परन्तु कहाँ और कितनों को कहते घूमता ? अलबत्ता यह अनुभव हुआ कि मुझ जैसा कोई कार्यकर्ता आगे आना चाहता है तो लोग उसे बदनाम करते हैं। नेता लोग जनता की नजर में उसे गिरा देते हैं, हमेशा के लिए उसे अपने घेरे में ले लेते हैं। मेरे इस अनुभव की सच्चाई तो समय ही निश्चित करेगा। उस समय की राजनीति ने मुझे बलि का बकरा बना दिया था, यह सच है। मैं इसे बलि न समझते हुए कटु राजनीतिक अनुभव ही समझता हूँ। इन नेताओं से सजग

कैसे रहना चाहिए, चुनाव के दिनों में वे किस प्रकार के आश्वासन दिया करते हैं और बाद में कैसे मुकर जाते हैं, कितने झूठे होते हैं, इसका अनुभव स्थायी रूप से मेरे भीतर घर कर गया है। चुनाव हुआ, पर भविष्य का सारा जीवन ही अस्थिर महसूस होने लगा है। अब क्या करूँ, समझ नहीं पा रहा हूँ।

मराठवाड़ा में विमुक्त जनजातियों का संगठन करने के लिए मैंने एक जावा मोटरसाइकिल खरीद ली थी। चार हजार रुपए में वह बेच दी। किसी-न-किसी प्रकार गुजारा करने लगा। संगठन का काम तो जोरों से चल ही रहा था। रोजी-रोटी की स्थायी व्यवस्था कर, पूर्ण समय संगठन को देने का विचार है। विमुक्त जनजातियों के लिए पूर्णरूप से काम करना चाहता हूँ। परन्तु पिछले बारह वर्षों से रोजी-रोटी का ही प्रश्न हल नहीं हो सका है।

बैंक से ऋण लेकर मैंने अब पत्नी को एक जनरल स्टोर खुलवा दिया है। मेरी पत्नी छबु पढ़ी-लिखी नहीं है। परन्तु आन्दोलनों में मुझे वह पूर्ण सहयोग देती रही है। मोर्चे में सहभागी होकर स्त्रियों को सुधारने और संगठित होने के लिए प्रवृत्त करती है। मुझे अब दो लड़कियाँ--संगीता और मंजुषा तथा एक लड़का प्रफुल्ल है। ये तीनों स्कूल जाते हैं। इन दिनों लातूर में ही हूँ। मेरे माँ-बाप, भाई पेट भरने के लिए उठाईगीरी करते हुए निरन्तर भटकते रहे। उन्हीं में से एक मैं आज समाज-व्यवस्था के परिवर्तन के लिए न्याय, अधिकार और समता की स्थापना के लिए राजनीतिक और सामाजिक आन्दोलन करता हुआ भटक रहा हूँ। मेरे भटकने में और उनके भटकने में निश्चित ही मूलभूत अन्तर है। बावजूद मेरी इस भटकन के आज भी विमुक्त जनजातियों का एक भी प्रश्न हल नहीं हो पाया है। विमुक्त जनजातियों की ओर तथा मेरी ओर देखने का नेताओं और समाज-सुधारकों का दृष्टिकोण आज भी भिन्न है। मेरा नेतृत्व न उभरे, इसलिए आज भी राजनीतिक नेता प्रयत्न करते हैं। वे लोग अपनी ही बिरादरी के लोगों को राजनीति में आगे ले आते हैं। अलबत्ता मेरे साथ मीठी-मीठी बातें कर 'विमुक्त जन-जातियों का कार्यकर्ता हमारे साथ काम करता है,' ऐसा बार-बार कह, राजनीतिक और सामाजिक दृष्टि से मेरा उपयोग कर लेते हैं। एक प्रकार से मेरा शोषण ही करते हैं।

'विचार' को केन्द्र में रखकर आन्दोलनों को आगे कैसे बढ़ाया जा सकता है, इन आन्दोलनों को अधिक तेज करते हुए विमुक्त जनजातियों, दलितों, शोषितों और पीड़ितों की स्थिति में किस प्रकार परिवर्तन लाया जा सकता है, इसके लिए मैं निरन्तर प्रयत्नशील रहूँगा, ऐसा मुझे विश्वास है।

●●●